SARABANDES X

DU MÊME AUTEUR

L'Inclinaison
Gallimard, 2022

CORENTIN DURAND

SARABANDES X

roman

ÉDITIONS DU SEUIL
57, rue Gaston-Tessier, Paris XIXe

Au fil du texte :
André Breton, *Manifestes du surréalisme*, © J. J. Pauvert, 1972,
© Société Nouvelle des Éditions Pauvert, 1979
Jean François Billeter, *Leçons sur Tchouang-tseu*,
© Éditions Allia, 2002, 2006

ISBN 978-2-02-156490-7

www.seuil.com

Histoire de la solitude
solitude de l'histoire

Histoire(s) du cinéma,
Jean-Luc Godard

PROLOGUE

UN LIVRE À BRÛLER

Saigon, 1953

La radio crachote un drôle de boogie vietnamien, au plafond tournoient les pales silencieuses des ventilateurs et, comme chaque nuit, perle çà et là l'humidité des soirs de la mauvaise saison. Paul-Bernard ne saurait dire si ce sont les chemises qui sont trop lourdes ou si c'est l'air lui-même qui n'a jamais été respirable. Il suffoque. La cigarette glissée entre ses deux doigts a la combustion lente et le goût gluant. La fumée, comme l'air chaud qui couve dans le bar, est difficile à avaler. Il songe aux clopes des nuits d'été qu'il fumait quand il était *là-bas*, en Occident, celles qui se consumaient en trois baisers. Le bruit des voix qui l'entourent est inquiétant. Il ne s'est jamais habitué au son de la langue en Cochinchine, ses tonalités indénombrables et ses structures chancelantes qui ont peu à voir avec la clarté des Tonkinois. Une langue saccadée, animale, qui l'effraie. Dans les bars, à l'heure où le dialecte se fait encore plus sonore et imprévisiblement joyeux ou désespéré, à l'heure où certains en viennent à se coller un couteau sous la gorge et une pute sous le bras, la chanson de cette langue est infernale. Il se retourne, croyant que les soldats hurlent mais ce n'est rien qu'une partie de jeux avinée. Il lui semble ensuite que viennent des avions pour brûler de bas en haut la ville humide. Là encore, fausse alerte, ce n'est qu'un orage. Il ne se l'est jamais formulé mais c'est sans doute le bruit des mines, leur explosion vive et poussiéreuse, qui l'a rendu inquiet des éclats de voix de la langue d'ici.

Si Pierre Motton avait été là, il l'aurait rassuré. Il aurait raconté quelques histoires de mandarins et de livre à brûler, quelques autres de belles Orientales et de fumée bleue. Ce soir, absence du camarade. Un départ pour le nord du fleuve, un peu plus tôt cette semaine. Le médecin était parti en explorateur, après avoir entendu parler d'un bonze défroqué qui vivait dans un panier de jonc à Hoa Binh. On ne sait jamais où s'arrêtent les expéditions qui vont *plus haut* sur le fleuve. Elles ne redescendent jamais. On prétend qu'il y a des sirènes là-bas. On croit avoir vu un tigre. On ne sait trop quand se tarissent les bras boueux qui remontent les forêts sauvages et les étangs saumâtres. On prétend encore que le delta va jusqu'aux quatre mille îles, ensuite, peut-être la Chine ou la mort. Et dire que Bonaparte avait ordonné à ses troupes de remonter le sillage du fleuve pour découvrir le chemin de Nankin. Ils ne trouvèrent que de la boue, des macchabées et quelques tambours de bronze. Depuis, a-t-on seulement appris que remonter les eaux indochinoises était un échec sans cesse répété ? Un même itinéraire qui toujours menait au néant ?

Motton aurait dû savoir. Lui qui avait tout vécu des désillusions du petit Blanc en terres vertes. Il avait connu le Shanghai des nuits rouges, il avait vu la Chine disparaître à trois reprises et il avait connu l'Annam des dragons. Durant les soirées passées à tenir le zinc dans ce même bar, il laissait parfois quelques portes ouvertes sur son passé, racontant les événements spectaculaires d'un continent qui, en ces années où tout semblait être rejoué chaque décennie, se vivait comme une scène de tragédie. Sur l'Indochine, il pouvait raconter les premiers hommes qui sculptèrent le fer jusqu'aux siècles chinois, en passant par les femmes indociles montées sur des éléphants, les épées perdues et les bonzes. Motton avait science de tout. Peut-être inventait-il des dynasties pour combler les vides qui subsistaient dans l'histoire officielle. Peut-être complétait-il aussi les légendes de quelques drames que lui inspiraient les arabesques des rivières du Sud, mais était-ce mentir quand, sinon lui, tous ignoraient ce monde plus inquiétant qu'une mer de sang ? On avait depuis tant de décennies tenu à distance raisonnable le mystère indochinois qu'il ne restait, à ceux qui venaient jusqu'ici mourir en soldats, pour seule connaissance qu'une vague idée de beauté et d'étrangeté, et une angoisse des maladies vénériennes.

*

Deux semaines auparavant, Motton s'était avancé au milieu du bar. Il avait préparé son exposé et un feu d'alcool de riz luisait dans son œil. Son ombre vacillait sur le sol sans que son gros corps bouge. La lumière oscillait bizarrement à cause du générateur électrique créant cette impression de contours flous, d'ombres changeantes. Et tout, de cette nuit d'après la pluie dans laquelle la fumée de Gitanes creusait une brume, s'incrusta dans son récit.

Pierre Motton prétendit, ce soir-là, avoir déjà remonté le fleuve Bleu. Il avait vu, en des années où n'existaient pas les villes et où ne flottait pas encore le drapeau rouge, le monde meurtri des résistants de la folie de l'Histoire : petits paysans, mandarins en cavale, enfiévrés des marchés noirs et colons dépouillés. Sur les plaines du continent séchait le sang des révoltes, Taiping, Boxer, République, et quelques autres complots chaque fois plus meurtriers. Quand on avançait depuis la mer vers l'intérieur des terres, l'Asie se révélait. Lui qui était de la civilisation du contraire avait vu que résistait une part jamais réductible d'inconnu, cet inconnu, jugea-t-il, c'était son éternité. Les fleuves d'Extrême-Orient, disait-il, remontent plus que des rives : il y a, au bout de leurs mystères, les secrets des mondes enfouis et peut-être même les morts qui nous parlent. Motton s'embrouilla un peu, Paul-Bernard ne parvenait plus à le suivre. Il parla de la mémoire que l'on ramasse dans le courant des rivières. Il prétendait que toute l'éternité persistait soufflée ci et là par les flots. Il gageait qu'on pouvait parler à ceux qui sont partis. *Mais si tout le passé se trouve dans les fleuves, il nous reviendra toutefois sans plus de clarté, sera pour toujours éclaté et rapiécé. Il faut être patient, les petites rivières font les grands estuaires. Vous comprenez ?* Paul-Bernard hocha la tête, songeant que l'intelligence avait parfois ses dangers.

La première fois que Pierre Motton avait posé les pieds sur ce continent, c'était en Chine où il était venu sûr de sa mission : sur le Yang-Tsé, il cherchait alors la trace d'un mandarin nomade, Li Wen, qui avait quitté sa charge avec, sous son bras, un *livre à brûler*. Depuis plus de trois décennies Motton parcourait ainsi des estuaires jusqu'aux plus fins torrents, toujours en quête du livre ou d'un de ses disciples. Motton approchait des soixante-dix ans et, quand bien même ce qu'il restait de la colonie serait promis à une guerre éternelle, il demeurait là, explorateur désespéré du livre à brûler. Qu'importait si, selon tous les informateurs et les financiers, l'heure n'était plus à la fête et si le monde oriental se condamnait, Motton avait prévu de crever en Indochine, à petit feu, au rythme de l'Empire.

Que fait-on encore ici ? lui avait demandé Paul-Bernard. Motton avait posé sa main sur l'épaule du jeune homme en tirant sur sa pipe. *Rien d'autre que perdre le goût de la raison.* Et c'était ainsi, à force de cynisme et de bavardages, que les deux hommes s'étaient liés sur cette terre si lointaine du pays qui les avait vus naître.

*

Seul à présent dans ce bar, Paul-Bernard craint pour la vie de Motton. Quelle est encore cette lubie de remonter le fleuve une nouvelle fois ? C'est suicidaire. Il regrette de n'avoir pas réussi à dissuader Motton. Épuisé, il jette un regard distrait sur la foule. Il n'y a plus désormais que de récents conscrits, à peine égayés par l'alcool. Une étrange ville peuplée de jeunes gens s'apprêtant à mourir.

PARTIE I

CE QUI EST SOUFFERT

Paris, automne 2017

C'était fin août, le soleil avait été clair et chaud.

Les oiseaux piaffaient depuis la cime des arbres, et au loin claironnaient des enfants. Dans ces cimetières boisés de la grande couronne, les adultes allaient en procession silencieuse tandis que des cousins à qui on avait pourtant demandé de se tenir à carreau se tordaient de rire en s'échangeant des pommes de pin et les derniers décilitres d'une bouteille d'eau. On n'a pas d'absents quand on a huit ans – cela vient après, par macération dans la mémoire, comme une vérité qui toute une vie, ensuite, s'agite. La mère portait le deuil avec une moue attristée, alors qu'elle était plus dévastée que triste, mais chacun fait comme il peut. Les amis étaient là, en bandes minces, disparates, ennuyés et assoiffés, ils n'étaient pas plus de vingt. Pierre, le fils, concentrait son attention sur les cousins. C'était un soulagement de voir cette agitation mauvaise de l'enfance quand partout sinon les adultes mimaient la grandiloquence de la mort. Il pensa aux cloportes qui avaient dû fuir quand la terre avait été soulevée. Bientôt, ses élucubrations furent parasitées par les mots mal assortis que psalmodiait sa mère. Il ne comprenait rien à ce qu'elle disait. Les enterrements lui faisaient le même effet que les mariages : incompréhension parfaite. Elle termina en larmes et ce fut pour Pierre un supplice. Voir pleurer sa mère était un spectacle presque aussi sidérant que celui de voir le père, dans sa grande boîte de silence, descendre sous la surface du monde. Dans le charabia ponctué de pleurs, il entendit toutefois ces mots familiers prononcés, le *cri que peut nous arracher à chaque minute l'effroyable disproportion de ce qui est gagné à ce qui est perdu, de ce qui est accordé à ce qui est souffert.* La phrase qui définissait le mieux Paul-Bernard, ce père que l'on emportait vers la nuit. À entendre la langue d'André Breton, Pierre eut la confirmation qu'il était bien à l'enterrement de son père et non pas à celui d'un quelconque inconnu dont la mère brossait l'hagiographie bizarre. Il versa alors seulement sa première larme. Cette larme avait mis du temps à venir. Cela faisait maintenant plusieurs jours que l'on savait – il est mort –, que l'on organisait – sépulture, inhumation, cérémonies, plus prosaïquement, assurances, état civil –, que l'on parlait – *Pierre, ça va ?* –, que l'on restait seul et silencieux – *Tu as besoin de parler ?* –, que l'on voulait que ça s'arrête un peu, juste quelques heures, pour savoir ce que l'on ressentait au fond de soi, puis que l'on voulait que ça passe, vite, plus vite, car les choses s'éclairaient peu à peu :

on ne saurait jamais vraiment ce que l'on ressentait, ça ne se passerait pas comme ça. Il fallait s'habituer à être une eau troublée par la mort, une incertaine clarté qui se découvrait vacillante. Pour endurer tout cela, le fils ne pleura pas, il ne put pas, il n'y avait pas d'eau dans son corps pour ça. Et puis la mère pleurait, c'était suffisant. Pierre ne voulut pas en rajouter, il garda cela en dedans. Il retint autant les larmes que l'angoisse. Dans la petite foule, il déporta son attention sur une femme qui se distinguait du groupe. Elle était en avant, appartenant à sa propre bande. Il regardait ses lèvres s'agiter doucement comme si, tout bas, elle faisait sa propre oraison. Il avait l'impression que celle-ci aurait voulu parler à la place de sa mère. Elle arborait dans le décolleté une longue chaîne au bout de laquelle pendait une Vierge à l'enfant. Il ne put s'empêcher de descendre encore sur le fil de la peau pour s'enfoncer entre ses seins. Les mêmes que ceux qui avaient été, il y a des années déjà, retenus dans la pellicule de *Couples et autres farces*. Car c'était bien elle, Marguerite Anouet – Veronica Billa –, le corps désarticulé par les raccords alors qu'elle prenait la queue d'un inconnu à la nuque blondie dans un film de 1976. C'était elle qui avait fait la fortune de Paul-Bernard : tantôt comtesse, tantôt guerrière, tantôt soubrette, tantôt sorcière. Elle qui, d'aussi loin que puisse s'en souvenir Pierre, était la muse secrète et célèbre du père. C'était bien elle et ce monde secret qui avaient fait dire au père par un soir de juillet sur la terrasse de la Villa Caprice, *On croit mourir à la guerre, puis on finit par filmer des éjaculations au petit déjeuner*, et, citant Breton : *L'effroyable disproportion de ce qui est gagné à ce qui est perdu, de ce qui est accordé à ce qui est souffert...* Veronica, ainsi, était devenue cette muse qu'on ne voyait plus, qui embarrassait, qui à elle seule témoignait de ces années-là. Les années pornos. Pierre ne savait pas si le père avait vraiment le dégoût de sa vie passée, de ces années perdues sur les plateaux louches et furtifs de l'industrie pornographique, ou si, plus vraisemblablement, il jouait sa pénitence par la parole depuis qu'il était un vieux monsieur, un père de famille. Il aurait fallu qu'il parle à son fils de cette vie, un jour qui serait venu avant celui-ci. Ça ne s'était pas fait et Pierre avait laissé glisser le mystère sur son enfance, sans même l'admettre. Cela avait été une ombre portée sur le mur de sa chambre, une ombre qu'il eût juré avoir toujours connue.

Toujours est-il que Veronica Billa s'était approchée de lui. Elle avait fait un détour pour éviter la mère et s'était positionnée dans le dos du jeune homme. Elle avait finalement articulé, *Vous êtes le petit Pierre, n'est-ce pas ? Je ne crois pas que nous ayons été présentés... mais je suis Veronica, vous savez... l'actrice.* Il avait senti sa présence aux relents de patchouli et de tabac. Sans se retourner, intimidé, il avait bredouillé, *Enchanté.* Elle tenta un sourire mais se ravisa et, nerveusement, chercha un paquet de cigarettes dans son sac. Veronica Billa avait des manières à n'en plus finir et semblait faire peser sur chaque geste une science sophistiquée de la dramaturgie : une fois qu'elle eut trouvé les clopes, elle tassa un peu le fond du paquet, en pinça une, la saisit au vol et, la glissant entre deux doigts, l'alluma avec assurance. Pierre ne manquait rien de ces gesticulations, et elle, retournée à la situation, haussa les épaules. Elle articula difficilement, *Votre père, sacré bonhomme...* Elle aspira une grande bouffée de fumée. Dans la foule, certains la suivaient du regard depuis qu'elle s'était approchée de Pierre, d'aucuns avec une sorte de bienveillance fascinée, d'autres avec un dégoût ennuyé. Elle jeta un dernier regard autour d'elle, de ses yeux bleus, dans leur beauté intacte, puis se lança, *Vous et moi, quittons un instant ces gens, j'ai un mot à vous dire concernant Paul-Bernard...* Ils firent quelques pas. Il fallait, expliqua-t-elle, qu'il vienne chez elle. Elle conservait des collections de bobines et de photographies que le père n'avait jamais voulu rapporter chez lui. Elle dit qu'elle avait gardé le studio des tournages dans son état d'antan. Elle croyait que cela pourrait l'intéresser. Elle dit, *Après tout, vous ne savez rien de cette vie de votre père, n'est-ce pas ?* Elle ajoutait systématiquement des *n'est-ce pas* à ces affirmations qui soulignaient son angoisse. Derrière les solaires qu'elle portait, Pierre entraperçut un regard fuyant et rougi par les larmes. Elle aurait voulu refaire l'enterrement à sa façon : choisir les compositions florales, sortir ses photos et faire un autel à Paul-Bernard sur lequel elle aurait pu pleurer. Car, jugeait-elle, *son* Paul-Bernard devait lui aussi connaître une cérémonie avant de partir pour de bon. La vie n'avait pas accordé à Marguerite Anouet d'être l'épouse. Il n'empêche, aujourd'hui, à l'enterrement de l'*homme de sa vie*, le cœur se serrait encore. *Vous savez, j'imagine très bien ce que vous et votre mère devez penser de moi, mais votre père, je l'ai aimé plus que je n'ai jamais aimé personne. Que cela plaise ou non, ce travail, ces films, ce fut toute notre existence. Et cette existence, vous, son fils, vous ne devez pas l'ignorer...* Pour dissiper son accablement, elle sortit de son sac une nouvelle cigarette. L'allumant, elle ajouta, derrière ses lunettes de soleil, *On a été plus heureux que vous pouvez l'imaginer... Venez donc, je vous montrerai les choses que vous jugerez décentes...* Pierre lui trouvait une beauté préservée par le temps, ses cheveux blonds étaient désormais argentés sur ses tempes, sa peau accusait un certain vieillissement mais une grâce d'une étonnante verdeur subsistait chez cette femme. Quelque chose portait Pierre à croire tout ce que l'actrice disait. Soudain, il voulut chasser toute cette tristesse qui engourdissait Marguerite, qui la rendait si précautionneuse. Il aurait voulu lui montrer l'imitation qu'il faisait de son père. Il aurait dit, *Vous savez, Veronica, je ne vous ai jamais oubliée.* Mais il n'était pas encore prêt à consoler quiconque, il soupira. Elle ajouta, *Je ne peux pas traîner, il est déjà tard. Mais venez, c'est au 8, rue du Repos, dans le 20e. Vous reconnaîtrez peut-être...* Sur ces mots, elle partit. Pierre se rapprocha alors de sa mère qui, désormais, était portée par sa tante vers la sortie du cimetière. Marchant à leurs côtés, observant la douceur de cette journée d'été, il ne pensa plus à rien. C'était terminé, bien que rien n'ait permis de terminer véritablement l'enterrement. Sans doute est-ce toujours ainsi : nous arrêtons faute de parvenir au geste pur, celui qui allège la peine des survivants et qui, telle une assomption, absorbe le cadavre et la mort, pas exactement l'oubli mais presque. Chacun s'y était essayé : du curé à l'employé des pompes funèbres, de l'eau bénite à « The Sound of Silence » joué en mineur, du buffet faramineux au livre d'or, de la supplique à la main posée sur le cercueil, de la larme qu'on réprime à la parole qui nous manque. Alors cela s'arrêtait comme ça : un cimetière vide, une épouse voûtée, sa sœur qui la soutenait et le fils, un peu devant, dont les chaussures essuyaient le pavé.

Pierre savait que souvent Paul-Bernard avait eu l'occasion de mourir.

Pendant la guerre d'Indochine, le père aurait donné le moindre souffle et la moindre piastre pour s'en sortir vivant car c'était ainsi qu'il en allait avec la guerre, la jeunesse et la mort arbitraire : elles vous faisaient goûter toute l'abjection de la fin précipitée. Il avait tant de fois patienté, tandis que les démineurs flairaient sur la piste le bon fil à couper pour que l'on poursuive sur le chemin bordé de rizières, qu'il avait su, en ces instants-là, qu'il était programmé pour vivre. On entendait toute la vie siffler. Un bourdonnement incessant qui, même d'un cri, serait venu à bout. Bruit blanc et crépitement noir d'un monde près de s'éteindre. Et puis finalement, *Pas pour cette fois, sergent.* C'était curieux pour un garçon de vingt-cinq ans d'avoir peur de crever quand, il fallait l'admettre, il l'avait bien cherché. L'Indochine était une affaire de *volontaires*. Tout le monde s'en foutait à part les communistes et les vichystes. Pour y aller, il fallait l'avoir voulu ou bien n'avoir plus rien voulu et avoir été entre prison et prostitution. Paul-Bernard l'avait désiré. Non pas comme les gamins qui traînaient des pieds à ses côtés sur les routes sablées en quête d'on ne sait quoi qui effacerait le souvenir d'un créancier ou d'une jolie brune, mais parce que lui avait choisi son arme, sa vie, son grand chemin : la caméra. Les services de l'information feraient de lui un Frank Capra en dix jours – croyait-il. Le prix à payer fut les bottes, les Gauloises et le jargon qui fit dire *schlabord* et se coltiner le long murmure poisseux de « La Petite Tonkinoise » chantée dans tous les états de l'ébriété connus. Le prix remporté, c'étaient l'honneur, l'orgueil et la fureur. Enfin, c'est ce qu'il pensait sur le seuil du départ et qu'importe qu'il se soit trompé car, en Indochine, il n'était pas mort.

En revanche, quand il fallut rembourser les banques et payer le procès contre la Gaumont, là, il pensa à en finir. On ne sait plus qui fut remboursé, ni quoi. On ne saurait pas vraiment expliquer non plus pourquoi, après une carrière plus que modeste en salle, il engagea tout ce qui lui restait de sa fortune pour réaliser un *giallo* où les nazis vivaient dans les décombres du métro, ourdissant leur revanche sur le monde. Quand Pierre entra dans la salle du cinéma du Panthéon, le seul cinéma de France qui projetât *L'Aigle et la Belle* en cette lointaine année de défaite, il eut un frisson. À l'échelle de sa vie de fils, il n'avait jamais vu que le désastre de cette carrière qui s'était arrêtée net.

Mais qu'importe, de cela non plus, Paul-Bernard n'était pas mort.

Les scandales ensuite, les images des malades, des femmes abusées, les étranges fantômes du sida, puis Angelo Molino, ce vieux compère qui s'était mis une balle dans le crâne, cela encore avait été un sort jeté sur la vie du père. Pierre n'en connut que des bribes, des rumeurs curieuses qui parurent planer sur l'enfance puisqu'elles ne furent entendues que dans des conversations téléphoniques dont on ne sut jamais trop rien, sinon qu'elles avaient lieu pas si loin de la chambre du fils et qu'elles fabriquaient une enfance pas si douce. Qu'est-ce que ce fut alors, la tristesse, la vérité des grandes personnes ? Parfois le grésillement du répondeur automatique. Maman qui portait sa main à la bouche. Le ciel qu'on regardait un peu trop souvent, comme si on espérait qu'il veille. Pourtant, là encore, il n'était pas mort. La menace s'était essoufflée, Paul-Bernard était resté.

Un été avait suffi à l'anéantir. Et le fils se demandait si ce n'était pas la vision de la Villa Caprice, cette étrange demeure du littoral, à nouveau dans un état de siège végétal, qui l'avait finalement achevé. Pierre avait la certitude que la villa avait ce pouvoir funeste. Et il regrettait d'avoir été, ces deux derniers mois, si préoccupé par sa petite amie Anne, ce copain Alexandre qu'il s'était fait et par ses problèmes de narcolepsie, qu'il avait finalement perdu de vue cette minuscule érosion dans la rue de la Ville-d'Hiver. Ce goutte-à-goutte qui, avant même que les premiers orages d'août ne tapissent d'ombres bleues les fenêtres, avait emporté le père. En silence, les aubépines avaient réussi ce qu'aucune jungle d'Orient n'était parvenue à réaliser jusqu'ici : tuer le père. Tandis que lui nageait jusqu'à la dernière bouée pour impressionner une fille qui, elle, pensait à avancer dans la vie.

Paris, automne 2017

Avant Veronica Billa, une seule personne avait parlé à Pierre de la *vie cachée* de son père. C'était un technicien qui venait parfois dîner et pour lequel Paul-Bernard s'était pris d'affection. On disait qu'il lui devait sa reconversion dans le porno, on ne donnait jamais trop de détails. Le technicien s'appelait Joël et était communiste ou trotskiste, il avait oublié : c'était au siècle passé.

Joël n'avait pas connu l'Indochine. Aurait-il même su la placer sur une carte maintenant que c'était un continent disparu ? Joël n'avait pas connu Motton non plus. Joël était seulement un type bizarre, les cheveux trop longs, une obsession pour Manchester et des vrais airs de tapette. Il avait fait le son et l'assistant-réal' sur les tournages du père. Et c'était là le seul intérêt que lui portait Pierre. Joël avait eu droit à tout cela : les tournages, les discussions dont on le tenait éloigné – *Ton père parle affaires* –, les anecdotes de plateaux, les bons mots sur la presse, les souvenirs cousus de mensonges, les colères contre les maquilleuses, enfin, l'incroyable vie qui devait se cacher derrière le silence sinon partout présent. Une fois, après un dîner, Joël dit, quand ils furent seuls dans la chambre du fils, *Tu sais, ton père, il peut pas t'en causer... Mais moi, à ton âge j'aurais tellement voulu...* Joël avait dégagé une mèche poisseuse qui lui tombait sur les yeux, avait fouillé dans la poche de son jean délavé et avait sorti, un peu froissée, rainurée comme une vieille carte des mers partout trimballée ou plutôt comme un Panini après la machine à laver, une photo petite comme une icône. Dans un océan de velours bleu marine, Veronica Billa, vingt ans, des yeux d'Anna Karina et des seins de Botticelli, ronds, fermes, opulents, se tenait à quatre pattes, avançant vers l'objectif comme une panthère dans une publicité de la TV, nue. Pierre avait gardé la photo. Et c'était déjà plus qu'une photo, c'était tout un monde, toute une vie, tout un père. Il la gardait dans son cartable, dans cet autel qu'il avait installé au fond de son sac en l'honneur de la photo de Veronica Billa. Un lieu bizarre habité comme une pagode du Tonkin : un peu plus, et on sentait l'encens entre deux odeurs de cartouches écrasées et de blanco.

*

Depuis son appartement, Pierre devait prendre deux lignes pour arriver jusqu'au quartier du studio. Lorsqu'il sortit de la bouche du métro, il découvrit une petite place au macadam tapissé de feuilles jaunes étalées comme une fine grêle. Un soleil d'automne peignait d'orange les arêtes des bâtiments. Il eut une drôle d'impression en parcourant une première fois la rue du Repos. Celle-ci était exactement voisine du cimetière du Père-Lachaise et s'en trouvait comme un rebut. Les immeubles avaient poussé si près des tombes qu'ils en avaient gardé la contrition et la couleur. Le silence y était pareillement lourd et épais. Le 8 était placé quasi au milieu de l'artère et, de l'extérieur, rien ne semblait distinguer le bâtiment des autres. Seulement, Pierre savait que l'immeuble avait appartenu à son père qui avait progressivement acheté les appartements et transformé, au rythme des expansions de son entreprise, l'intégralité des habitations en une manufacture de secrets et de cinéma. Une usine pratique, silencieuse, à peine visible de l'extérieur, sans plaque sur la porte, une usine d'images. Veronica Billa avait hérité de l'ensemble quand étaient venus les ennuis de 1998. Ça, Pierre le savait. Comment oublier les disputes qui avaient teinté la vie familiale d'une ambiance de crépuscule lorsque la mère avait eu connaissance du legs ? Lui, désormais timide et un peu somnolent, maintenant qu'il se trouvait devant le lieu du crime, n'aurait pour rien au monde voulu de cet héritage. Il sonna à l'unique interphone qui avait encore une étiquette. C'était, sur un petit papier arraché à un cahier à spirale, des initiales au feutre vert : *M. A. V. B.*

Vous reconnaîtrez peut-être, avait-elle dit avec une délicate perversité. Elle aurait aimé qu'il soit, même fugacement, venu chez elle lors d'un rêve d'enfance ou dans un souvenir de masturbation. Elle aurait voulu que les choses soient comme dans sa jeunesse : des hommes feignant de ne pas la reconnaître quand, d'elle et de la rue du Repos, ils avaient détaillé jusqu'au reflet que déposait la fenêtre du deuxième lorsque le soleil s'attardait sur le carreau. Elle répondit à l'interphone d'une voix manquant de naturel, *Qui est là ?* Question inutile, il n'était plus venu personne depuis si longtemps.

Saigon, printemps 2017

Quelques mois auparavant, l'employeur de Pierre lui avait annoncé qu'il avait trouvé pour lui un contrat *taillé sur mesure. Tu parles vietnamien, n'est-ce pas ? Pas vraiment*, avait répondu Pierre qui n'en avait que de vagues souvenirs d'enfance, quelques mots entendus chez son père. *Tu partiras pour Hô Chi Minh-Ville début mai, on a un distributeur local qui cherche à récupérer des droits TV. Tu verras ça par toi-même quand on te transmettra le dossier. Ce n'est pas grand-chose.* Pierre avait un sentiment étrange. Quelque chose semblait remiser loin le Vietnam, quelque chose d'inconnu qui plongeait profondément dans son existence. Il sentait qu'il y avait une source quelque part qui rendait le pays non seulement inatteignable mais plus exactement interdit. De ce sentiment absurde, il parla à Paul-Bernard qui chassa ses doutes d'un laconique, *Mais bon Dieu, Pierre, tu crois que c'est la RDA ?* Pierre lui-même se jugeait : après tout, n'était-ce pas juste parce qu'il avait tant désiré y aller quand il était enfant – à cause de *La Légion des honneurs*, des cartes peintes du bureau de la Villa Caprice, des rêves qui, montés sur bicyclette, remontaient la rue Catinat – qu'il avait finalement acquis une trop importante idée du Vietnam pour s'y rendre ? Pierre était trop jeune pour écouter ces avertissements qui vinrent confusément et il partit, un pincement dans le ventre, en direction de la ville du fleuve : HCM City, Saigon.

L'aéroport de Saigon était central, ou plutôt la ville avait été si densément étendue, rejouant à chaque mètre sa limite avec l'infinie succession de bâtiments à peine dévorés par ce qu'il restait de la nature du Sud, qu'il était devenu comme un nombril dans l'immense débarras de vies ramassées au bord du fleuve. Les Orientaux ont eu une conception plus mouvante des limites d'une ville que celle que nous connaissons nous-mêmes. La notion de frontière qu'ils instituèrent avant de faire la triste rencontre des pères de la broderie westphalienne comprenait la campagne cultivée par les hommes. Ainsi, dès lors qu'un échange allait du champ jusqu'à la ville, le champ devenait la ville. En somme, dès lors qu'un homme trouvait dans le berceau urbain de quoi appartenir à la communauté des vivants, Saigon – et tous ses noms qui nous précèdent et nous succéderont – s'étendait comme un fleuve en crue dans la demeure de cet homme. Aujourd'hui, à Paris et dans quelques supermarchés californiens, subsistent, telles des bouches de métro menant vers les fonds marécageux de la ville du fleuve, des passages qui partout sur le globe étendent Saigon. Pierre n'avait aucune idée du surgissement des villes et de leurs frontières dilatées dans l'arrière-cuisine d'un restaurant parisien. Il n'avait pas non plus regardé l'aéroport se dessiner dans la ville. Ce dont lui se souvenait, c'est qu'il n'avait pas le cœur de regarder l'avion atterrir sur le tarmac. Le choc le prit à la gorge lorsqu'il quitta la climatisation de l'aéroport.

Le taxi ne s'était pas présenté et il errait, hagard et encore poisseux de la sueur accumulée lors du vol, sur les parkings attenants au terminal quand, pareille à un étranglement, l'humidité de l'atmosphère le fit déglutir à plusieurs reprises. Il faisait 36 degrés et la journée ne faisait que commencer ; plus tard, ce serait pis encore. Pierre ne savait rien de cette chaleur-là. À peine avait-il retenu le conseil de Paul-Bernard, *Le lin, Pierre, le lin !* Touchant du bout des doigts sa chemise en lin, il fut traversé par une illumination, c'était donc pour ça. Mais en vérité, sa pensée s'arrêta aussitôt, abruti qu'il était par la chaleur. Il aurait pu passer encore quelques minutes ainsi, enchaînant les inspirations d'air qui semblaient faire couler de l'encre dans sa gorge, à caresser le tissu rêche pour tenter d'éclairer un peu les événements, mais un jeune Vietnamien en costume noir lui tira le bras en répétant son nom comme un automate. Le taxi venait d'arriver.

Le type, pas plus vieux que lui, avait une expression illisible sur le visage qui tenait à ses immenses lunettes de soleil mangeant la moitié de son nez. Il s'efforça de lancer une conversation dans un anglais bizarre ; Pierre, encore secoué d'incrédulité, émit une phrase dans la langue de l'enfance. Le chauffeur se raidit alors, laissa tomber la valise de Pierre sur le sol. Puis il se retourna d'un coup, laissant Pierre découvrir son visage, hilare. *You speak vietnamese ? Funny, very funny*, répéta-t-il en poussant le jeune Français dans une berline qui sentait le plastique. *Very funny.*

Derrière les fenêtres de l'auto défilait un paysage surréaliste. Le père avait eu beau se vanter d'avoir tout dit de l'Indochine, il n'avait finalement pas tant parlé. Et quand bien même il l'aurait fait, que restait-il de ce monde englouti où dans les provinces on s'éclairait à la bougie, où on prenait Da Lat pour Annecy et la chaîne Annamitique pour des sommets bleu, blanc, rouge ? Comme pour vérifier qu'il n'y avait pas escroquerie sur sa destination réelle, Pierre demanda au chauffeur s'il connaissait la rue Catinat. *Rue Catinat ? Funny, very funny ! Dong Khoi ! Very funny...* Puis, sur un air qui reprenait vaguement Offenbach, il se mit à chantonner, *Catinat, Catinat, Catinat...* Pierre venait d'entrapercevoir Notre-Dame de Saigon, rose, désuète, minuscule, au milieu d'une ville immense dont chaque tour semblait moquer la petitesse de la cathédrale française. À peine avait-il eu le temps de deviner sa silhouette qu'elle avait été dissipée par la circulation, par les arbres aux feuilles plongeantes qui dévoraient les parterres routiers, le jeu fou des constructions, des échoppes et des scooters, et enfin par les deux monstrueuses vitres noires que le chauffeur gardait sur le bout du nez et qui obstruaient la moitié du rétroviseur. Ne sachant s'il croisait le regard du Vietnamien en fixant le miroir, Pierre se convainquit qu'il était plus prudent de s'en tenir à une observation stricte de ses pieds et de la banquette arrière. *Very funny*, éructa encore, imprévisible, le chauffeur à quelques moments pour remplir le silence de l'habitacle. Pierre, plus effrayé par l'agitation qu'il devinait partout autour d'eux que par le silence de la berline, ne relevait pas. Enfin, le taxi s'arrêta devant l'une de ces tours qui disputaient le ciel aux nuages de pollution et aux grues. C'était l'hôtel que la firme vietnamienne avait réservé pour le Français, une enseigne clignotante en couvrait plusieurs étages. Dans le *fog* compact de la ville, le néon laissait une empreinte bleu et jaune dans le ciel, pareille à un phare dans la bruine. Angelo Molino, le meilleur ami de son père, chanteur des années 1970 qui, comme Paul-Bernard, avait fait ses armes ici, avait écrit une chanson sur les chambres d'hôtel de l'Indochine. Une ballade supposément romantique mais défigurée par une réverb excessive sur une guitare qui rendait déprimante, sinon angoissante, la chanson. Angelo y décrivait des ventilateurs bruyants, des lumières hésitantes, des couloirs où nul ne dormait jamais, des vapeurs d'alcool, des fumées d'opium, des moisissures noires sur des fenêtres fermées, des papiers peints qui se décollent en restant suspendus comme des corps morts dans le vide, soit l'extrême et collante anxiété de la guerre et son cortège de fausses distractions. Pierre connaissait ces paroles par cœur. Il avança jusqu'à l'immense baie vitrée qui siégeait au bout de la chambre. Ébloui par l'impeccable blancheur clinique de l'hôtel, il se mit à fixer la ville. Au-delà, on distinguait comme autant de cheveux boueux les bras sinueux du fleuve. Ils dessinaient, sur la carte, tant de virages en épingle que Pierre ne sut vraiment s'orienter. Harassé, il se jeta sur le lit *king size*, tout aussi blanc que les murs, et, en une fraction de seconde, s'assoupit. Il chuta dans le sommeil tel un obus dans le vide.

Ce fut la toute première manifestation d'un mal qui ne cesserait de croître en lui et qui viendrait, partout, le harceler. Il avait vingt-huit ans, et ce mal étrange s'était déclaré sans préavis ce jour-là. Doucement, le sommeil contaminerait ensuite l'ensemble de sa vie et avalerait des pans entiers de ses journées sans qu'il puisse rien y faire.

Il se réveilla en fin d'après-midi. Il lui fallut quelques instants pour remettre le voyage, l'avion, la ville. Il quitta l'hôtel rapidement, visant sur son téléphone les appels manqués et les rendez-vous ratés. Un taxi l'attendait à nouveau et il prit ainsi la direction du quartier d'affaires. À travers la vitre du taxi, il ne distinguait plus vraiment les rues. À peine voyait-il les motocyclettes qui, en essaim, poursuivaient la berline. Le trajet fut interminable, la circulation impossible. La pluie se mit à tomber sur la voiture. Tout alors lui parut gris à travers le pare-brise. Le chaos devint plus intense sur la route et les motocyclettes se dispersèrent. Finalement, il atteignit le restaurant où il était attendu avec une bonne heure de retard.

On coupa sa rêverie avec des shots : quatre petits verres pleins de liqueurs translucides où flottaient, respectivement, viscères de serpent, crevettes, boyaux minuscules et la chair d'un crabe. Jetant un regard à ses hôtes, il vit leur amusement. À sa gauche, son interprète pour le voyage, un jeune homme de son âge, élégant et froid, l'air absent, lui glissa, *Ça porte chance, faites-leur plaisir*. Pierre, incrédule, sans trop s'attarder sur le contenu du verre, le vida comme on le fait d'une huître. Alors, on poussa des cris de satisfaction. *Bravo*, lâcha l'interprète en posant une main sur son épaule. Tout cela était encore pris dans un brouillard et Pierre tentait de fixer son regard sur les hommes autour de lui, mais il lui semblait que le restaurant tournait, vacillait. Au plafond, des lumières blanches palpitaient jusqu'à l'aveugler. Dans la grande pièce, le bruit venant des tables crépitait. On lui fit goûter une bonne dizaine de plats, les hôtes étaient sympathiques, amusés du tout jeune garçon qui venait négocier leur contrat. Ils lui firent reprendre de l'alcool. Pierre sentait confusément cette camaraderie l'entourer, il se sentait bien malgré les vertiges que lui procurait la soirée. Ensuite, il se laissa porter par le groupe. On le tint par l'épaule et on le fit monter dans un ascenseur. Au sommet, un bar. Les lumières étaient toutes dissimulées derrière des rideaux lourds et, ainsi tamisées, elles ajoutaient une obscurité à la nuit. Au loin dans quelques fenêtres grondait l'animation de la ville. Pierre se sentit voler quand il se laissa tomber dans un fauteuil. Ses camarades s'installèrent tout autour. On parlait de lui, il le comprit. L'interprète prit son pouls. Soudain, ses pieds lui parurent faits de plumes. Il eut peur de les perdre. Sa tête tourna encore un peu. Il huma un parfum, de l'encens. La peau d'une femme contre sa main et, enfin, il ne perçut plus rien.

Le lendemain, il se réveillait à l'hôtel. Encore chaussé dans son grand lit. Au-dehors, le même matelas de pollution que la veille, le même clignotement du néon par-dessus la ville. Rassemblant ses esprits, il prit une douche et rejoignit le lobby de l'hôtel. Là, un chauffeur de taxi l'attendait, encore. Il refusa de monter dans la berline. Il commençait à paniquer. Tout semblait se passer autour de lui sans qu'il y comprît rien. Il retourna vers le lobby, une main se posa sur son épaule. C'était de nouveau l'interprète. Le jeune homme portait un complet gris perle, une chemise blanche et des lunettes argentées. Il avait un air sympathique mais un ton toujours changeant. Il dit, *Vous allez mieux ? Saigon peut être une ville difficile pour un étranger.* Quelque chose d'inquiétant pointait dans sa voix. Pierre chassa cette idée. Il répondit plutôt, *Très bien, merci, mais je ne trouve plus mon téléphone.* L'interprète, sortant de son sac le mobile, le lui rendit en prétextant l'avoir trouvé dans le taxi qui l'avait ramené. C'était faux, Pierre le comprit. Mais que pouvait-on bien lui vouloir ? Il n'avait pas la force de comprendre, il prit le téléphone et le remisa dans sa poche. Plus tard, il s'apercevrait que le fond d'écran avait été changé. C'était désormais un petit lapin qui souriait. Adorable. Énigmatique. Pierre n'osait pas demander ce qu'il se passait à l'interprète, il ne savait même plus où en était la négociation. Avait-elle déjà eu lieu ? Essayant de ne pas trop en dire, Pierre l'interrogea simplement sur le programme du jour. Le jeune homme lui sourit et dit, *Une simple visite, et ensuite vous serez libre. Votre avion est ce soir. Nous l'avons avancé.* Pourquoi ? Pierre n'en saurait jamais rien.

Quelques heures plus tard, il se trouvait à quatre-vingts kilomètres de Saigon, dans un chantier en bord de mer. L'humidité était dense, la chaleur hostile. On lui fit visiter ainsi des immeubles en construction, un hôtel probablement. Au-devant, des piscines creusées dans le béton, vides, béantes. Au loin, des grues qui levaient çà et là la structure métallique d'un grand huit. Bien sûr, tout cela n'avait aucun sens et les vagues de l'océan butaient dans l'écume blanche. Pierre opinait lentement en écoutant des chefs de projet d'un sérieux absolu. On lui demanda de poser pour une vidéo. Il s'exécuta. Il fallut lever les bras et mimer un cri. L'interprète n'était jamais loin. N'intervenant que pour s'assurer que Pierre suivait la visite. Puis, quand ils atteignirent le parking du chantier, on se salua, Pierre fut chaleureusement remercié par un tas d'ouvriers qu'il n'avait pas même rencontrés précédemment. On lui servit une coupe. On trinqua à nouveau puis on l'installa dans une berline. Sa valise était sur la banquette arrière – qui l'avait faite ? Il lui sembla que le chauffeur était celui du premier jour. L'homme aux lunettes immenses démarra, prit la route de l'aéroport, et Pierre, aussitôt, s'assoupit.

À son retour à Paris, le petit lapin était toujours sur le fond d'écran de son portable. Parfois, Pierre le fixait pendant quelques minutes, essayant de voir si la bête était heureuse ou triste : elle souriait mais avait des yeux humides. Des jours plus tard, il reçut dans un mail sans objet une vidéo de lui, harnaché au wagon d'une montagne russe, levant les bras et dévalant dans un ciel turquoise. Il semblait crier quelque chose mais à qui ? À la fin du clip scintillait dans des lettres dorées : *Vinh Paradise is waiting for you.*

Au bureau, on le félicita pour le contrat dûment signé – *Ah bon !* – et on lui proposa de renouveler l'expérience. Il préférait une rupture conventionnelle, si c'était permis. On la lui accorda avec étonnement. *C'est vrai qu'il a l'air au bout du rouleau*, jugea-t-on alors. Ainsi, il en fut rapidement fini de cette carrière. Et il deviendrait l'homme de cet été-là, l'homme qui perdrait un père dont il ne saurait presque rien. Un jeune homme qui dort, un lapin étrange au fond de son mobile.

Côte atlantique, été 2017

Après cette aventure vietnamienne, la narcolepsie prit toute la place dans la vie de Pierre. Et la somnolence parut le poursuivre même hors du sommeil. Cette curieuse maladie n'aida guère le jeune homme à mener sa vie. Mener sa vie consistait pourtant en peu de chose : rendre Anne, la petite amie, heureuse ou quelque chose de similaire – qu'est-ce qu'on en sait à cet âge ? –, et suivre, nonchalamment, une carrière sans trop d'ambitions. Tout cela avait volé en éclats avec l'invasion du sommeil. Son travail fut abandonné et la petite amie ne pensait plus qu'à partir. Pas tout de suite bien sûr, elle avait l'âge de croire qu'on peut changer un homme. Qu'un homme, ça n'existe pas. Ça se fabrique. Ainsi, elle fabriquait. Et, vacances d'été approchant, Anne avait voulu qu'ils aillent chez ses parents en Corse. Malheureusement, dès qu'elle commençait l'éloge de la Méditerranée, il s'endormait. Il en fut de même avec le travail : Anne avait voulu lui présenter des gens, des bureaux, des formations et des diplômes, elle disait qu'il était quelqu'un de bien, qu'il allait réussir. Elle prononçait « réussir », il s'endormait. Il était résigné à occuper le travail que son père lui avait trouvé après la découverte de sa condition : guichetier au cinéma du Panthéon. Aux instants épars d'éveil, il était désormais au service de la caisse enregistreuse dans ce lieu bizarre, aux lumières vacillantes, plein de ses fantômes. Ce n'était pas un emploi épuisant, il s'y endormait bien. Anne aimait répéter qu'elle avait *trop* essayé avec lui, qu'elle ne savait plus quoi faire, que quelqu'un d'autre devrait se charger de le *sortir de sa folie* ! Elle avait dit « folie » mais elle ne le pensait pas. Elle croyait simplement qu'il était devenu complètement con. Victoire, sa confidente, la corrigeait, *Non mais arrête, ça a commencé le jour où il a démissionné.* Pierre aurait déraillé le jour où il avait quitté son emploi dans la société de production en revenant de Saigon. Les curieux événements qu'avait vécus Pierre dans la ville lointaine, ainsi vus par des jeunes filles du XXIe siècle, n'avaient pas de signification particulière. Pour elles, sa décision avait été brutale et quelque peu incompréhensible.

Nous étions pour lors en juillet et Anne était quelques pas devant Pierre. L'océan avait cette teinte claire qu'il prend lorsque le soleil est argenté. Il reculait sur la terre avec cette souplesse visqueuse et boueuse de l'estuaire de la Gironde, en laissant visibles quelques rebuts, méduses et algues sur la longue rive. Pierre observait cela avec un léger détachement, repensant à ce qu'Anne avait dit de l'océan : il était, avait-elle jugé, froid et les marées rendaient la vie impossible. Anne en avait marre, plus que marre, de la rue de la Ville-d'Hiver, de la Villa Caprice et de cette mer qui refluait. La jeune femme avait commencé à aligner les reproches sur toutes sortes de choses qui concernaient plus ou moins Pierre. C'était comme si, au fond, elle cherchait dans tout ce qu'il affectionnait la raison de ce brouillard qui persistait dans l'humeur du jeune homme. Ces récriminations confuses n'avaient jamais eu d'autre cible que ce qui inexorablement les séparait : la sensibilité. Anne n'aimait pourtant pas ce mépris qui croissait en elle ; elle n'était justement pas femme de grands sentiments. Pierre, lui, croyait savoir que quand la mer est stable, le temps est trop chaud. Il y avait aussi trop de touristes à Porto-Vecchio. Et puis, il n'avait jamais eu idée d'aller ailleurs qu'ici. Les souvenirs qui logeaient le long de la rive, le phare que l'on devinait quand la brume s'éclaircissait, les aubépines sauvages qui rampaient dans le jardin, les jeunes qui avaient toujours le même âge sur la plage, cela, c'était la vie même, ainsi qu'elle s'était toujours présentée à lui. L'idée que l'on puisse avoir un avis là-dessus l'étonnait sincèrement. Ils marchèrent jusqu'au point où la côte rocheuse se fend en une longue plage de sable et, se trouvant ainsi à découvert, subissant tous les deux le fouet du vent, ils revinrent sur leurs pas en silence. Anne consultait son téléphone et Pierre une voix intérieure.

Ils allèrent dîner au restaurant de la plage. La terrasse était bondée et ils furent placés au premier étage. Elle dit, *Quand même, on vient une fois par semaine depuis je ne sais combien d'années, ils pourraient faire un effort.* Il répondit que c'était toujours comme ça et que le patron était un type affreux qui avait une liste secrète de gens à bien placer. Il lui raconta également que, quand Paul-Bernard l'avait appris, cela l'avait rendu furieux, si bien qu'en la présence du père la famille s'interdisait l'établissement, lui préférant toujours son voisin immédiat sur la corniche – un restaurant qui n'accueillait, en vérité, que les quelques échoués refusés au précédent. L'histoire décrocha un léger sourire à Anne. Plus jeune, elle avait trouvé charmante cette famille qui semblait vivre pour l'échec et qui paraissait tellement loin de la sienne. Elle avait une tendresse particulière pour le père et son passé qu'elle feignait d'ignorer mais qui avait attisé une sorte de désir chez elle. Elle pensait que Paul-Bernard était, au fond, une sorte d'archevêque placide qui, n'ignorant rien des secrets de l'amour que se font les corps, jetait sur le monde un regard plus vif que le commun des mortels. Et, la curiosité la titillant, elle aimait l'entretenir sur les choses concernant l'amour et les femmes, glissant toujours un fond de séduction dans ce charabia de jeune fille. Lorsque leur plat fut servi, Pierre jugea opportun de partager avec Anne la rencontre avec un étrange inconnu à la plage, *Eh bien, ce garçon m'a demandé si j'habitais la maison d'Angelo Molino ! Tu te rends compte, personne ne m'avait plus demandé ça depuis si longtemps. Comment connaissait-il Angelo ?* Anne, moqueuse, remarqua que plus de personnes connaissaient Molino qu'il ne croyait. *Avec Internet, plein de gens écoutent ses disques. Victoire m'a dit que ses chansons passaient sur une playlist de vieux morceaux qu'elle adorait.* Incrédule, il avait voulu vérifier : l'algorithme faisait en effet remonter, comme une bulle d'air dans la calotte glaciaire, certaines chansons d'Angelo Molino dans les recommandations automatisées. Cela fascina Pierre. Il y avait donc, par correspondance sémantique ou plus mystérieusement, des gens qui découvraient encore Angelo sans savoir quel drôle d'homme il avait été et, de surcroît, en le trouvant du dernier chic. *Tu pourrais peut-être essayer de proposer des rééditions en vinyle, tu sais ? Je suis sûre que ça se vendrait. C'est ton père qui gère les royalties, non ?* Pierre se sentit soudainement très encombré par cette discussion et regretta d'avoir partagé son histoire. Il savait que maintenant la jeune femme ne le lâcherait plus avec cette idée de vinyle. Il se resservit du vin blanc. Par la fenêtre, Anne observait une tablée installée à la meilleure place – celle où l'on voit et la mer et le bout de la corniche colorée des dernières lueurs du jour – qui sablait le champagne. Elle aussi se sentait abattue. *J'ai l'impression*, dit-elle, *que tu ne connais qu'à peine Angelo. Tu racontes que c'était l'ami de ton père, qu'il venait quand tu étais enfant, mais c'est parfois comme si tu ignorais tout le reste... Ce n'est pas commun quand même, un chanteur dans une famille.* Pierre l'observa un instant puis il tenta, *Il n'était pas vraiment de ma famille...* Mais il s'arrêta net. Il n'était même plus certain de rien. Les rumeurs, les gens, les affaires de l'enfance lui étaient passés devant sans jamais l'intéresser. Il avait fait sa vie dans cet emmêlement-là, ces chanteurs disparus, ces actrices perdues, ces réalisateurs maudits, à peine put-il nommer chacun. Il se souvenait bien de la barbe d'Angelo, de son blouson, du tabac. Mais ne se rappelait pas comment il avait connu son père. Un brouillard, l'Indochine. Quelle avait été leur jeunesse ? Les yéyés, croyait-il, mais qu'est-ce qu'étaient les yéyés sinon Jean-Marie Périer et la photo du siècle, cornée, passée, à laquelle Angelo ne s'était jamais présenté ? Et jusqu'où sa célébrité allait ? Le connaissait-on en URSS et en RFA ? Difficile à dire.

Ils revinrent vers la colline et trouvèrent la rue de la Ville-d'Hiver dormant dans son habituel silence. Seules les griffes des pins bruissaient sous le vent léger. L'océan, retiré, ne tonnait que lointainement. Pierre posa une main sur l'épaule frêle d'Anne – comme il avait aimé cette épaule qui soudain sortait les journées de la nuit – et murmura à son oreille, *Regarde là-bas.* Au-delà des derniers pins, on discernait une nuée de lampions rouges et verts qui semblaient lentement plonger vers l'océan. La seconde suivante, d'autres vinrent, dorés cette fois, éclatant dans la nuit en gerbes de feu. Ils retombèrent aussitôt vers le large sans plus de bruit. *C'est le feu d'artifice de la fête foraine.* Anne jugea qu'il n'y avait rien de plus triste qu'un feu d'artifice dont les éclats ne nous parviennent pas à temps.

Elle dit, *Ça me fout la chair de poule.* Dans la nuit claire, les fumerolles grisonnantes tachaient le ciel comme les bavures d'un écolier, longtemps après leur éclat. Bientôt, le vent emporta ce drôle de cortège de fantômes vers la rive et là, les dissipa.

Côte atlantique, automne 1997

Pierre n'avait pas dormi dans la voiture. Ils étaient partis au matin, quand l'aube éclairait la tour voisine en faisant des éclats doux sur le béton. Il avait fallu être silencieux. Sur le périphérique, on quitta Paris au niveau d'une porte de l'Ouest et ce fut ensuite un grand dévalement de prairies humectées de rosée, de bois éclaircis et de rails rouillés du train gris qui passe le long de la route. À la fin, ce fut l'océan. Dans le coffre de la Renault, il y avait de quoi passer l'hiver.

La famille, bouffie d'angoisse et de sommeil, se gara dans la rue de la Ville-d'Hiver à 11 heures du matin. C'était le 7 novembre 1997. Angelo Molino avait été retrouvé mort le 30 septembre. Sur sa tempe droite, on avait découvert un simple baiser pourpre laissé par un calibre. Dans son crâne, une pâtée pour chien. Pierre n'avait pas vu ce corps mutilé, ni Paul-Bernard. C'était la petite Marie qui, faisant les courses le mardi et le jeudi, avait découvert le corps. Elle en était devenue folle. En recevant la nouvelle, Isabelle avait dit, *Ah* en portant sa main à sa bouche. Paul-Bernard avait alors connu l'attaque d'un chagrin qui semblait lui arracher l'essentiel de sa vie, comme si la mémoire même pouvait être sèchement retirée. À peine soutenu par ses jambes, il avait hurlé étrangement, bientôt sourdement, étouffé par les larmes. Le pire, sans doute, était qu'il ne pouvait ignorer que l'événement lui forçait la main. Alors, après les pleurs, il avait tranché, *Il faut qu'on aille s'installer à la villa.* Isabelle avait répondu, *C'est hors de question, Paul-Bernard, pense à ton fils*... Et Pierre, lui, avait tout entendu : la petite Marie, la carabine, la colère de sa mère, les hurlements de son père. Dans la voiture, en hommage, la radio avait passé une chanson de Molino :

Pour une si belle vie, comme je te maudirais
Si nous, les damnés, avions perdu l'envie[1]...

Paul-Bernard avait coupé le poste de l'auto et formulé au programmateur inconnu de la station FM, *Tu crois vraiment que c'est le moment ?* La rue de la Ville-d'Hiver était calme, l'air frais et humide, et quand Pierre baissa sa fenêtre passager, il se laissa bercer par le parfum singulier de l'iode.

1. 45 tours monophonique, Angelo Molino, 1969.
Face A : « Une si belle vie ». Face B : « Marine ».

Le soleil lâchait sur la route des bribes d'éclats blancs. Toutes les villas étaient un peu pareilles : grandes, riches et dotées de pierres peintes aux couleurs de leur charpente. Les jardins étaient taillés de près et leurs gazons s'inclinaient en direction de l'océan. C'était une ville que l'on ne voyait que l'été, qui s'affaissait quand venait l'autre saison. Des pins parasols faisaient des ombres pâles sur les façades et, au milieu de ce lotissement impeccable, se dressait une jungle. On ne discernait rien, sinon l'écriteau posé sur la colonne d'un portail : *Villa Caprice*. Ils étaient arrivés. Cela ressemblait aux vacances.

Quand, enfin, on avait pu descendre du véhicule et que le gosse était parti, armé de deux grosses malles, à la conquête de la maison, Isabelle avait tiré sur la chemise de Paul-Bernard qui s'affairait à sortir les sacs et les valises de la Renault. Elle avait rapporté à son mari que le gamin était mort de peur. Il la regarda, effaça de son pouce une trace humide de khôl sur la joue de sa femme et, avançant vers elle, la voix tremblante, murmura une promesse inutile. Il lui assura que tout finirait par s'arranger et il l'embrassa. Fermant les yeux lors du baiser, il sentit en lui une profonde désolation. *Maman ! Regarde, je me suis coupé !* Pierre venait de rencontrer les aubépines. La Villa Caprice était sens dessus dessous. Dans la cuisine jaune d'œuf, il y avait une empreinte laissée par le tir de la carabine et partout, dans les salons et les chambres, des mégots, des bouteilles vides, du beurre suspendu à la fenêtre du jardin d'hiver et quelques moutons de poussière sur le pelage d'un gros chat roux. Tout ce fatras ressemblait aux rejets de la marée basse.

Le lendemain, il y avait eu l'enterrement d'Angelo. Pierre se souvenait vaguement des nuées de gens qui descendaient du bac, des petits aréopages aux tristes mines qui, comme des moucherons, se déplaçaient. À l'église, tout le monde – des fans obsessionnels dont personne n'avait soupçonné l'existence, de simples curieux, des lecteurs du journal local, dans le tas quelques amis peut-être, Marie que l'on a vue ici pour la dernière fois, la voisine et son époux, le prof de surf, des élèves du conservatoire, un journaliste, etc. – avait pleuré. Pierre, non. Angelo était sympathique mais jamais il n'avait cru sa présence éternelle. Il y avait toujours une heure de la journée où Angelo semblait déjà un peu partir quand on le voyait à Paris. Il y avait toujours des vacances scolaires où il ne venait pas malgré la tradition. Il y avait toujours des jours où il perdait le prénom de la mère. En revanche, il l'appelait Pierre, comme ça, en toutes lettres, sans jamais employer de surnom. Il disait cela avec la même gravité que le père quand il appelait le garçon. Maintenant, c'était fini. Il n'y aurait plus ce corps étrange dans le salon à Noël, qui sentait la cendre et le pétrole, ce vieux chanteur dont on avait oublié les succès – Pierre ignorait l'existence même des yéyés –, et Pierre ne s'en perturbait pas encore. On n'a pas d'absent quand on a six ans.

Paris, automne 2017

Dans la solution saline, c'est d'abord une forme obscène aux blancs terrifiants qui conduit le regard. Parfois baleine à la cuirasse immaculée, secouant son grand corps lisse dans la nuit de l'océan, parfois étoiles filantes argentées traversant un ciel sans lune, autre part fœtus visqueux et lumineux dans le liquide amniotique, la première forme est toujours ainsi : mythologique, terrifiante, obscène. Puis, quand viennent les détails du second plan, l'œil se calme et l'esprit s'adoucit. Dans le néant de l'image, la profondeur de champ réinvite le monde tel qu'on le connaît. Quelques minutes encore et les formes chimériques, les peurs et les monstres ont disparu, le temps seul repose, fourmillant des éclats du réel, suspendu à l'épingle à linge dans la chambre noire. Tout apparaît d'abord, ici-bas dans les caves éclairées de rouge où l'on fabrique de l'éternité, comme là-haut, sous la lumière du jour, dans une forme plus réelle que la réalité elle-même. La baleine, l'étoile, le fœtus, autant de formes primaires qui en appellent à la nuit de la réalité.

Dans la cage d'escalier, hagarde et habillée d'une chemise de nuit, Veronica Billa était apparue ainsi : tache informe et spectrale, lumière à peine déposée sur sa chevelure blonde, peau émoussée par un lointain reflet d'éclairage artificiel, satin reflétant fugacement cette même lumière. Comme tout négatif, elle était d'abord chimérique. Pierre, l'ayant vue ainsi, se sut condamné. Quelques minutes encore et le réel déposerait partout sa multitude de détails rassurants, ici une console en bois, là une fissure dans le mur, à ses pieds un tapis effilé, mais pour le moment, gravissant l'escalier sans qu'aucune ampoule achève la nuit sur son passage, Pierre monta, silencieux, vers l'horrible rêve, la baleine, l'étoile, le fœtus, le sexe de la mère tel qu'on le voit au premier jour de sa vie. Et Veronica dit, s'excusant, *Il n'y a plus l'électricité que dans mon appartement... Je vous attendais plus tard... Venez, entrez. Laissez-moi un instant, je vais me changer.*

Pierre observait la décoration vieillotte du salon, un mélange de broderies, de bibelots en porcelaine, des paysages campagnards peints à la va-vite dans des cadres trop grands, une lampe Empire et un tapis persan. Il flottait dans l'air une odeur de renfermé et de patchouli. Sur la table était laissé – depuis combien de jours et pour combien d'années encore ? – un service à thé dont la faïence s'imprimait d'une pellicule de théine brunâtre. Un bouquet de roses aux pétales flétris manquait d'eau sur une desserte. Il s'approcha de la fenêtre qui donnait sur la cour et s'installa vers le radiateur pour attendre que la vieille actrice se change. À l'extérieur, un jardin étroit et tapissé de feuilles et d'herbes sombres remontait jusqu'à un mur de pierre écroulé. Bientôt s'éleva une voix dans son dos, *Vous savez, c'est un désastre, rien ne pousse dans cette terre. Il n'y a jamais de soleil et le sol est mauvais. Je vous débarrasse de votre veste, peut-être ?*

Elle repoussa le service à thé d'un bras, apporta un cendrier et alluma une cigarette. Elle sortait de la douche et la pointe de ses cheveux était encore humide. Elle avait enfilé un chemisier blanc et un pantalon droit. *Vous ne fumez pas ?* Pierre, répondant par la négative, crut la décevoir. Il songea un bref instant qu'il n'aurait pas dû venir, que ce coin sombre de la vie de son père ne lui appartenait pas. Mais elle s'excusa pour sa question, *Ah, ce n'est rien, c'est que votre veste, elle sent le tabac, alors j'ai cru...* Il sourit, charmant soudain, moins rigide, il s'expliqua, *La veste est à mon père, enfin, était...* Elle tira sur la cigarette. *Je sais*, articula-t-elle encore pour contenir le silence qui, inéluctablement, se fit quand même. Il n'osait pas la regarder, alors il passa à nouveau en revue les bibelots de céramique, les fenêtres, la desserte, les peintures, les roses. Elle se sentit vieille devant ce jeune homme timide et beau. Beau comme son père, du temps où elle-même était belle. Et soudain, tout lui sembla pénible. Ce fut à son tour de songer à une erreur, qu'avait-elle pu imaginer en l'invitant ici, dans ce clapier de vieille dame entourée de traces du passé ? *Elles sont horribles, ces roses, non ?* finit-elle par juger. Il rigola. À nouveau, elle retrouva dans son visage celui de

Paul-Bernard. *Bon, visitons.* Elle lui proposa de se saisir d'une lampe de poche, il faudrait descendre au disjoncteur pour allumer les appartements qui dormaient dans l'obscurité depuis des années. *Naturellement, je n'y vais jamais et je n'ai pas la force de ranger.* Il dit, *Je crois que mon père a fini par abandonner cet immeuble pour ne jamais avoir à ranger.* Elle ricana, *Vous voulez dire qu'il m'a enterrée ici ?* Pierre se retourna vers la vieille actrice, elle avait les yeux vifs, un sourire malin sur les lèvres et avait ramassé ses cheveux en queue de cheval. Il devina quelque chose de la volonté et de la détermination de Marguerite Anouet quand elle était devenue Veronica Billa dans cet air de défi qu'elle lui offrait, et il se rappela la terreur que cette femme avait pu provoquer chez sa mère. Toujours, pour Pierre, elle avait été une sorte de typhon qui venait, hurlant, faire vaciller chacun des murs du ménage, laissant, après elle, mourir un mince remous au milieu des colères effondrées. *Allons, ne traînons pas*, le pressa-t-elle en posant une main sur l'épaule du jeune homme.

Paris, 1971

Marguerite Anouet attendait sur le banc qui se trouvait devant le studio. Elle enchaînait les clopes, il semblait que le nombre de cigarettes qu'elle fumait était proportionnel à la distance qu'elle mettait entre elle et le domicile familial. Elle venait d'entamer sa cinquième et, il est vrai, elle avait pris le grand train de banlieue pour accompagner Linda au studio. La petite brune s'était présentée chez les Anouet après le déjeuner. Elle avait dit à la mère de Marguerite, *Je l'accompagne jusqu'à Jules-Fe' aujourd'hui, m'am.* Elle avait pris le bras plein de bracelets en tissu de la gamine et l'avait traînée dans la ligne de Paris. *Pas de lycée cet aprèm, Marguerite, je vais te présenter les types du studio.* Le gros bâtiment gris de Jules-Fe' s'éloignait comme un ancien rivage et Marguerite avait pris le train de banlieue comme on monte à bord d'un ferry-boat. Elle regrettait de ne pas s'être peigné les cheveux en arrière. Linda et elle, c'était pour la vie

– en attestait la table du labo de langue où leurs initiales avaient été emmêlées par la mine d'un compas –, et pour Linda, elle aurait pris tous les trains et séché tous les cours. Ce n'était pas tant le tempérament de la gamine qui l'absorbait que le mystère adolescent qui nappait son existence : on ne lui connaissait pas de parents, des types venaient la chercher en berline au lycée, elle disparaissait parfois des jours et elle parlait de Paris comme d'un vieux jardin d'enfance. Linda avait le teint mat et des yeux un peu clos, une raideur capillaire orientale. D'un père militaire, elle n'avait retenu que la rage : métissage de la misère, eurochinoise, indofrançaise, fille de pute jaune, tout de ce legs paternel se jouait sur le tempérament. De la mère, elle avait le visage en amande et une tristesse immense. Elle ne devait sa venue en métropole à la chute de Saigon qu'à la mère supérieure du couvent d'orphelines où elle avait été recueillie. Elle, comme toutes les germinations de la poussière qui grelottaient de froid sur le bateau retour, avait été *ramenée à sa terre* – aussi inutiles que soient de pareilles frontières pour les enfants d'aucune nation. Si Marguerite en avait su davantage sur Linda, la mère qui avait accouché d'une fille dans un bain de sang en maudissant l'existence du père, si elle avait su combien les guerres ignorent les enfants qui poussent dans leur ventre, elle n'aurait pas changé d'avis, elle l'aurait suivie au bout de la ligne du Francilien, qu'importe. Cette silhouette de nuit, d'ébriété et de passions, c'était Linda.

Marguerite s'en voulait un peu de ne pas avoir dit bonjour à cet Angelo Molino dont Linda s'était entichée. Elle avait scruté la starlette derrière la vitre du studio, s'était arrêtée un instant sur son visage penché vers les consoles, sur les cheveux aux larges boucles qui lui retombaient sur les yeux, sur les épaules, sur les doigts perdus dans les machines agitant çà et là des molettes, elle en avait alors conçu une admiration : le sérieux énigmatique du chanteur-producteur, son aura de célébrité aidant, l'avait réjouie. Mais elle avait préféré jouer les effrontées faute d'avoir le genre d'audace qu'avait dû montrer sa meilleure amie pour se trouver désormais son amante et sa muse. Il avait hoché la tête, jetant à peine un regard lorsque la petite brune l'avait présentée. C'est dommage, pensa Marguerite, elle aurait aimé faire un chœur sur un titre. Elle avait entendu une chanson de Linda sur une petite bande et elle avait été déconcertée par cette voix si familière qui avait arrêté de sortir des lèvres mauves de sa meilleure amie et qui, comme un parfum, s'était mise à flotter dans l'air. Elle s'était promis qu'elle trouverait aussi un moyen de graver quelque chose de son existence à elle sur une bande, puis, en conséquence, dans l'air. Depuis, elle travaillait sa stratégie : elle aurait voulu que Linda s'aperçoive qu'elle ne pouvait pas se passer d'elle, devenir sa supplétive le temps d'un refrain. Et alors, peut-être, songeait Marguerite, on finirait par l'entendre dans un grand dancing alors qu'elle y serait commise au vestiaire, faisant ainsi mentir les pronostics sur son avenir. La poussière irait à la poussière mais sur la bande magnétique, tout à côté de Linda, entre deux effets d'arrangements du producteur, un miaulement signerait pour l'éternité que Marguerite

Anouet avait été une jeune fille. Ce ne serait toutefois pas pour aujourd'hui puisqu'on lui demanda d'attendre Linda hors du studio, dans la cour du bâtiment.

C'était déjà la septième cigarette et le ciel ne variait pas, le silence des quartiers périphériques de la butte du télégraphe non plus. Cependant Marguerite préférait encore s'ennuyer ici sur un banc qu'en cours de maths à Jules-Fe'. *Ah ! Tu m'as attendue ? T'es trop bonne avec moi, j'ai cru que tu allais filer au bistrot.* Linda, comme à son habitude, lui attrapa le poignet et la tira en direction de la rue. *Il ne vient pas ?* s'émut Marguerite en pensant à Angelo Molino. *Ah non, sûrement pas, on s'est encore engueulés, dépêche-toi, je veux pas qu'il nous course.*

Linda venait de faire tomber son verre de Suze sur le carrelage d'un bistrot. Le geste était intentionnel. Elle faisait ça quand l'après-midi s'apprêtait à basculer, Marguerite connaissait le signal, elle s'y était préparée. La jeune fille, feignant l'ivresse, s'arrachait des bars dans un grand concours de cris d'ivrogne et de bousculades. Linda se leva donc de sa table en titubant, manqua renverser la chaise. Marguerite se jeta alors à ses trousses et ramassa, avec une docilité exagérée, tout ce qui pouvait tomber dans la marche triomphale de son amie. Elle distribua par le même mouvement des excuses au barman et aux clients et, selon la procédure bien connue, passa un bras sous la tête de Linda et la conduisit jusqu'à la porte. Tout s'enchaînait si promptement et sans accroc que jamais elles ne furent retenues.

Il était déjà 18 heures et les deux jeunes femmes étaient attachées au flipper d'un énième bar de Ménilmontant. Marguerite poussait dans le vide le bouton de l'appareil mais aucune balle ne venait plus. Linda avait posé sa tête contre la vitre et y étalait ses cheveux sombres. Les minutes passaient et les clients ne faisaient même plus attention à elles. Linda parla de ses rêves : elle raconta à Marguerite ce qu'Angelo lui promettait. Il connaissait des tas de gens. Il vivait à cent à l'heure. Marguerite se demandait ce que ça pouvait signifier, elle savait seulement qu'il avait une moto. Linda dit encore, *Je l'appelle, tu ne crois pas ?* Pendant qu'elle s'approchait du comptoir pour passer son coup de fil, Marguerite récupéra la dernière pièce qui traînait dans la poche de son cardigan et l'enfila dans la fente du juke-box. Elle pesta en faisant défiler le bras mécanique : encore des disques de l'an deux. La voix de René Joly s'éleva dans le bar. Elle s'adressa au patron qui n'en avait pas grand-chose à faire, *Même si je prends la peine... Chimène, je t'aime bla-bla-bla, on est en 1972, faites place, les momies !* Dans le miroir troublé de salissures du bistrot, Marguerite jeta un regard à la toute petite blonde qui s'agitait dans son aquarium. *Tu as l'audace des grandes*, avait dit Angelo Molino à Linda qui, immédiatement, l'avait répété à Marguerite qui, elle-même, désormais, se le répétait tout bas en fixant ce qui, dans l'alcool et la liberté, se dévoilait d'une jeune fille de dix-sept ans prise dans la vague des années 1970. *Un jour, je n'y retournerai pas, en banlieue...* Quelle vie on se paie quand on prend le train.

Maintenant, elles dégagent, ces deux-là ! C'était le barman. On rigola. On finit à la rue, encore. Et c'est peut-être cette sensation qu'on préférait : le coup de balai sur les fesses, la jupe qui soudain collait aux jambes, le vent du soir, les regards, sentir qu'on était jeunes, qu'on emmerdait tout le monde et qu'on était bien trop jolies pour jamais payer l'addition. Elles descendirent ainsi, bras dessus, bras dessous, la rue de Ménilmontant et dans le ciel ne virent que les signes d'un beau printemps. Linda avait les horaires du train gravés dans le crâne : on se pressa d'un bus à l'autre, d'une gare à l'autre, et enfin ce fut le paysage, les cliquetis, la campagne, le retour. *Et ce coup de fil ?* demanda Marguerite. *Rien, rien, rien*, répondit Linda, grave malgré son intention de dissiper l'inquiétude.

En voyant défiler les quelques arbres nus qui poussaient à la lisière des champs, en sentant dans son cou le souffle de Linda, soudain si calme, Marguerite perçut dans le vide la présence d'une chose qui se gonflait. C'était, assise sur ses maigres genoux, sa liberté qui grossissait, informe et terrifiante. Cette vie où tout paraissait possible et où les chemins que l'on prendrait seraient autant de motifs inconnus. Comment Marguerite aurait pu résister à cette brûlure qui, depuis la nuit des enfants sauvages, consume l'innocence pour ne laisser, en nous, qu'une drôle de peur : celle de n'être jamais que soi, seul, dans un train, face à son destin.

Côte atlantique, été 2017

Dans l'encadrement du bow-window de son bureau, Paul-Bernard observa le vent qui soufflait dans les cheveux de son fils. Quelques mèches de cette chevelure aux reflets blondis par l'été s'envolèrent. Le père ne distinguait que le haut du crâne du fils qui s'était enfoncé dans un rocking-chair. Traînant le regard çà et là dans le jardin, Paul-Bernard feignit de ne pas voir que la végétation avait repris son cycle de destruction progressive. Cela faisait maintenant tant d'années qu'il tenait à distance les plantes qu'il en avait oublié combien la moindre distraction pouvait relancer leur croissance. Seulement, cet été, délaissant le jardin, il passait son temps dans des livres. Il s'était lancé dans une grande entreprise qui consistait non pas à relire sa bibliothèque – il prétendait avec orgueil qu'il ne lisait plus, qu'il n'y avait plus rien à lire une fois son âge atteint –, mais à la parcourir un crayon de papier à la main. Aussitôt son café bu, il allait s'asseoir devant le bow-window, dressait sur le bureau attenant une règle, un crayon, et ouvrait un livre sur la table. Jamais il ne prenait le livre dans ses mains, jamais il ne l'emportait avec lui, jamais il ne le posait sur sa table de nuit, non, il ouvrait le livre devant lui sur le bureau et insérait une règle dans la tranche puis, phrase après phrase, il laissait la mine du crayon survoler les caractères imprimés. Il parcourait ainsi la bibliothèque en espérant trouver quelques passages qui dans le legs laissé par l'humanité éclaireraient sa vie. Cet assemblage de phrases éparses devenait progressivement un tissu d'ombres du langage, reliées mystérieusement les unes aux autres par la mémoire trouée d'ellipses du vieil homme.

Ce matin-là, il passa une main sur son front, se pencha un peu plus sur la page et, soudain, se mordit la lèvre. Il retira la règle de la tranche, la posa sur la page et tira un trait vif de son crayon. Il reposa ce dernier tout à côté du livre, se leva et se dirigea vers le jardin. À peine sur le fronton de la terrasse, hélant son fils, il dit, *Pierre, viens, j'en ai trouvé une bonne, ce matin !* Il se répéta, faute de réaction du fils. Puis, s'approchant du rocking-chair, il s'aperçut qu'un rayon de soleil s'éternisait sur les paupières fermées de Pierre et que seule l'élévation calme de sa cage thoracique rappelait un peu la vie. Il dormait. Le père, intimidé et attendri, se tourna alors vers le jardin. Il ne restait aux buissons épineux plus que quelques centimètres à parcourir avant d'atteindre le rocking-chair. Il se promit d'y remédier mais d'abord, caressant les cheveux du fils, murmura,

Les oiseaux en cage me font tout autant de pitié que les peuples en esclavage. De toute la politique, il n'y a qu'une chose que je comprenne, c'est l'émeute. Il chercha dans sa mémoire la suite, il venait de la souligner, ça lui reviendrait sous peu. Une mouette passa en riant au-dessus du père et du fils. Le vent rapportait des étendoirs des odeurs de Soupline et de pins. Paul-Bernard se racla la gorge, lâchant les cheveux de son fils, retourna sur ses pas. Mais, alors qu'il allait passer la porte et retrouver son bureau, il pivota vivement et dit, *Ah ! fataliste comme un Turc, je crois que tout ce que nous pouvons faire pour le progrès de l'humanité, ou rien, c'est absolument la même chose. Flaubert, fataliste comme un Turc ! Alors ça, c'est pas rien quand même !* Il alluma une cigarette pour fêter ça.

Finalement, Pierre se réveilla, saisi par la chaleur et son visage poisseux. Il s'essuya d'une main et se trouva dans ces états qui l'accueillaient quand il revenait de ses rêves : angoisse passagère, difficulté à se remémorer, trouble d'être lui. Il quitta le rocking-chair et, pieds nus dans l'herbe chaude, gagna la maison. En passant devant la fenêtre du bureau de son père, il jeta un regard vers l'intérieur. Paul-Bernard était à nouveau plongé dans un livre ; dans la main tremblante, un crayon de papier. À la surface du bureau se découpait un rectangle de soleil qui reprenait les formes géométriques des boiseries de la fenêtre. Il songea qu'il devrait demander à son père s'il connaissait l'inconnu qui s'intéressait à la villa. Lui aussi trouverait sans doute curieux qu'un gamin vienne lui reparler d'Angelo, des années après ?

Dans la cuisine, il rejoignit sa mère qui, dans l'évier de céramique, noyait une salade aux teintes violettes. Les mains plongées dans l'eau froide, faisant frémir quelques gouttes en secouant les feuilles, elle demanda d'une voix lasse, *Tu dormais ?* Sans attendre de réponse, elle dit qu'Anne et elle s'étaient rendues au marché le matin. Il avait promis de les accompagner. Machinalement, elle prenait ce ton un peu sec et pinçant, tout à fait mécanique, pour lui reprocher sa conduite sans même avoir à formuler de reproches. Elle ajouta encore, *Nous avons donc pris les huîtres sans toi, oui, je sais que tu n'aimes pas ça, tant pis, tu dormais, non ? Tu deviens comme ton père, fantomatique...* Il s'assit sur une chaise qui traînait le long du vaisselier et, la basculant contre le meuble, se mit à regarder, par-dessus la frêle silhouette maternelle, une lucarne qui donnait au-dessus de l'évier. Ici encore, le soleil emportait dans la lumière une sorte de lourd rideau de poussière. Elle dit enfin, *Pierre, elle va te quitter.* Il se laissa retomber. *Qu'est-ce que tu en sais ?* demanda-t-il. *Je le sais, c'est tout*, répliqua la mère sans toutefois relâcher la salade qui devait, depuis, être plus qu'essorée. *Bien ce que je pensais...* siffla Pierre en se levant, s'approchant du vaisselier où il tourna la molette de la radio pour recouvrir la conversation du bulletin d'information de la station. *Sur ordre du président américain, la tenue d'un Conseil de sécurité sera – Pierre, baisse ça tout de suite, c'est assourdissant.* Il monta un rien encore le volume *– Nous retrouvons notre correspondant à Washington –*, un brouhaha s'ensuivit, il tournait de nouveau désormais la molette de la FM. Finalement, il éteignit la radio et quitta la pièce. Isabelle, s'apercevant qu'elle avait laissé retomber la salade dans l'eau, lança d'une voix haute comme le pépiement d'un oiseau, *Fait chier !*

Anne était à la plage, Paul-Bernard à son bureau, Isabelle à sa cuisine, Pierre à son rien. L'été se déroulait comme il se déroulerait toujours tant que ces quatre-là maintiendraient leur cohabitation. Pierre prit son vélo qui traînait dans le garage à bateau à l'arrière du jardin. Sur le chemin de la plage et dans le virage, on voyait tantôt le phare insulaire au loin, tantôt un pétrolier qui envahissait alors toute la rue. Sur la bicyclette, Pierre roula à faible vitesse et prit plaisir à ne pédaler qu'à de rares occasions. Les villas défilaient gentiment à sa droite, à sa gauche les arbres du bord de la route se succédaient en fabriquant une ombre clignotante sur la visière de sa casquette. Arrivé au parking de la plage, il baissait la béquille de son vélo quand, dans son dos, il surprit une voix familière. Il vit descendre d'une voiture de sport trois jeunes gens parmi lesquels Pierre reconnut le garçon qui lui avait parlé d'Angelo. Il attacha rapidement le cadenas de son vélo et partit à sa suite. Il dévalait maintenant le parking en hélant le garçon qui ne se retournait pas. Alors, il se mit à crier, *Eh !* Les deux amies du garçon, lui-même et quelques autres vacanciers qui abandonnèrent un instant le déchargement des glacières se retournèrent. L'apercevant, le garçon laissa son groupe et remonta en direction de Pierre. Sans paraître étonné, il lui dit, *Je suis content de te revoir, tu veux pas qu'on aille discuter ailleurs ? Ou plus tard même, je comptais aller à la mer.* Il se tourna alors vers les jeunes filles qui patientaient, leurs serviettes de bain sur l'épaule. Elles leur firent un signe de la main. Pierre ne sembla même pas s'en apercevoir et l'invita à prendre un verre à la villa.

Sur le chemin, son vélo dans une main, sa casquette dans l'autre, Pierre dit, *Comme ça, tu verras la maison d'Angelo, ta star.* L'autre, sentant comme un affront dans le ton, se ravisa, voulut faire demi-tour, mais à peine avait-il gravi les derniers mètres du chemin que la mystérieuse végétation et la beauté épuisée de la villa se dressèrent au-dessus d'eux. Séduit par l'étrange ombre dans laquelle elle était retenue, le curieux ne dit rien de ses hésitations et suivit Pierre en silence.

Alexandre, c'était le nom du garçon, était assis dans un des fauteuils en cuir bordeaux du cabinet d'Angelo. Il semblait minuscule, inquiet, timide, maintenant que Pierre l'avait introduit dans la seule pièce dont la famille n'avait pas songé à changer l'ameublement. Il contemplait sur les murs des cartes bouffées d'humidité, noires de temps, des tableaux inquiétants et anecdotiques, quelques statues animalières, et une pile de disques qui plongeait vers le sol où s'entassaient, comme des serpents, des masters dans leurs boîtes métallisées et leurs câbles noirs. *Tu l'as connu sur Internet, j'imagine ? J'ai entendu dire qu'il était revenu à la mode à cause des algorithmes ou un truc dans le genre...* Alexandre dit, *Non, c'était une relation de la famille vietnamienne de ma mère. Enfin, c'est compliqué, tu connais Linda Quartz, l'ancienne petite amie d'Angelo Molino ?* Pierre, se tenant dans l'ouverture de la porte du cabinet, observant le garçon soudain perdu, commençait à réviser son jugement sur le curieux. Il y avait eu tant d'autres garçons, filles, comme lui. Peut-être quinze, ou cinquante, il ne saurait dire, qui, durant son enfance, étaient venus, revenus, avaient appelé sur le téléphone, jeté un caillou dans une fenêtre, attendu sur le pas de la porte, pour quelques sels de ce qui fut Angelo Molino. Or il savait maintenant que ce n'était jamais vraiment par admiration qu'on venait mais parce que Angelo s'était tiré une balle dans le crâne. Puis ça s'était tassé, les scandales finissaient toujours par passer. Mais là, avec ce type, ça semblait visiblement différent. *Linda, c'était un peu comme la sœur de ma grand-mère à l'orphelinat, ça remonte au Vietnam. Quand Linda s'est tuée, ma grand-mère a voulu s'en prendre à Angelo. C'est elle qui avait écrit dans le journal le message...* Le message, Pierre ne le connaissait pas, alors Alexandre le rappela :

Sa famille de cœur, la seule qu'elle ait jamais eue, est au regret de vous faire connaître le décès de Linda Quartz. Dans la nuit du 27 au 28 mars, Linda s'est suicidée à cause d'une vie trop difficile à vivre. M. Molino est invité à prendre contact avec les proches avant les funérailles...

Peux-tu en venir à l'essentiel ? le coupa Pierre qui avançait dans le cabinet, les mains dans les poches de son jean, *Tu cherches un truc en particulier ?* Il finit par s'asseoir sur une bibliothèque à côté de la fenêtre du cabinet. Le garçon était maintenant pâle, tremblant, les yeux humides. Pierre dit alors, *C'est lequel, ton disque d'Angelo préféré ?* Dans son fauteuil où il semblait plus tôt s'enliser, le garçon se redressa et fit face à Pierre. Sous ses cheveux fins et noirs qui tombaient en pagaille sur son front, des yeux un peu lourds, orientaux. Le garçon dit finalement, *Celui qu'il n'a pas terminé, celui avec les hôtels d'Indochine. – T'es toi-même un peu vietnamien, pas vrai ?* demanda Pierre. *Oui*, le garçon scruta alors ses pieds parce qu'il se lançait dans une de ces tirades qu'il n'était jamais certain de terminer. *Ma grand-mère et Linda étaient des* bui doi *de la guerre, elles sont venues en France ensemble. C'est Linda qui a rencontré Angelo, il l'a vue dans un bus en banlieue, c'étaient les années 1970. Ma grand-mère a fini par perdre contact quand Linda s'est mise à traîner avec Angelo, qui était vraiment plus vieux et avec une autre fille, une fille qui est devenue une actrice porno, je crois... Bref, moi, je m'en foutais des histoires de ma grand-mère, mais elle radotait tellement les derniers temps que moi, j'étais forcé d'écouter... Je veillais dans la clinique car ma mère était en voyage d'affaires, enfin, bon, tu t'en fiches. Ma grand-mère était contente qu'il crève, je crois... Elle ressassait sans cesse qu'il l'avait détruite.* Pierre, qui n'avait pas quitté le garçon des yeux, lui dit sèchement, pour lui faire regretter ses paroles, *Tu sais, c'était un mec super, tu pourrais montrer un peu de respect, t'es chez lui là quand même...* Le garçon à nouveau se confondit en excuses, en phrases toutes tremblantes, jamais conclues. Pierre, désormais amusé, lui proposa de visiter le reste de la maison.

Quand ils atteignirent le jardin, Pierre apprit qu'Alexandre était en vacances avec des amies rencontrées la veille ou presque. Il venait dans la ville de l'Ouest pour la première fois. Sa grand-mère était morte en serrant dans sa main la sienne, il y avait à peine un mois, et il n'avait pas grand-chose à dire là-dessus. Il était devenu d'un tempérament mélancolique et l'été lui semblait un peu pénible. Pierre apprit aussi que malgré tout Alexandre trouvait belles les chansons d'Angelo. Pas toutes, précisa-t-il, mais celles qui sont brisées à l'intérieur. Pierre voyait très bien, celles aux réverbs qui crèvent les oreilles. Ils s'assirent sur les marches de la terrasse et Pierre expliqua comment sa famille avait récupéré la villa. Cette villa avait été à Pierre Motton, un médecin qu'Angelo et Paul-Bernard avaient rencontré en Indochine. Quand ils revinrent tous deux en France, Motton, qui avait disparu à la fin de la guerre, leur avait légué la maison. Angelo l'avait d'abord habitée. Ensuite, son père y avait emménagé peu après le suicide d'Angelo. Alexandre, qui écoutait sagement en scrutant l'obscurité gagnant les bosquets d'aubépines, se tut, calculant dans sa tête l'âge que devait avoir le père puisque sa grand-mère était, elle, plus jeune que Linda, qui elle-même était plus jeune qu'Angelo.

La guerre, 1954 : le père devait bien avoir quatre-vingts ans. Finalement, il osa demander, *Et ton père il...* Pierre répondit, *Je te le présente, viens !* Alexandre fut secrètement soulagé. Il y avait déjà eu tant de morts dans cette conversation.

Long Xuyen, 1951

Les corps formaient une boue gluante à l'odeur doucereuse de glaise, de plomb et de gâchis. Angelo s'éveilla, les yeux écarquillés, les paupières collées par le sang et la terre. Sa respiration lui revint d'un coup, tel un choc. En levant les yeux vers le ciel, il n'aperçut rien qu'un peu d'azur dans les lianes noueuses des arbres. La jungle avait regagné son état de tranquillité sourde. Maintenant, les cendres d'un feu désormais éteint s'élevaient dans l'air en le poudrant d'une odeur de chairs brûlées. Il faisait chaud. Angelo sortit ses mains de la glaise des cadavres, les tendit devant lui, les ausculta – elles étaient suintantes et dans les ridules du sang séché se condensait. La tête enfoncée dans d'autres corps tièdes, il les observa se mouvoir dans le carré de ciel au fur et à mesure qu'il bougeait un doigt, puis l'autre. Bientôt, il joua sur un clavier fantôme une mélodie absente. Le silence de mort n'en fut pas perturbé. Sentant contre sa jambe le macchabée qui le plaquait, il le repoussa. Le corps s'écarta en craquant faiblement. Angelo entendit – et par la suite, il n'entendrait plus que ça – le son que dans la nuit, quand la guerre se retire, les hommes perçoivent. Ce son provenant d'une boue ou d'un mort, indistinct.

Il marcha, toujours habité par ce large silence. Il passa à côté du feu éteint, on y avait brûlé des uniformes et quelques victuailles. Ainsi, le brasier passé, les pistes se brouilleraient et rien ne distinguerait plus les morts. La guerre avançant, les scènes comme celles-ci s'additionnaient en retirant dans le même mouvement la vague idée qu'une frontière avait un jour opposé les hommes. Angelo soupçonnait les Français de brûler les uniformes et les insignes avant de faire des trous dans la terre pour y abandonner les corps. Pris d'une folie administrative, quelques gradés auraient voulu que ne comptât plus la vie de personne, et qu'à Paris et à Saigon, on ne crût jamais plus que la guerre fît des morts. Il regagna lentement, avec précaution, la rizière attenante. Là, il tomba la tête la première. Des rhizomes s'accrochèrent à ses mains et ses jambes et il se laissa immobiliser. L'eau de la plantation était tiédasse et saumâtre ; lorsqu'il se releva, un humus d'encre lui faisait un masque qui gouttait sur son menton. De l'uniforme, il ne lui restait qu'un caleçon largement déchiré et maculé de sang. Il l'enleva et le fit glisser vers le fond de l'eau. Désormais, il avançait couvert de limon jusqu'à la limite de la rizière où un chemin de terre traçait une ligne nette dans les plantations. Il poursuivit ainsi, s'accrochant machinalement à la vie.

Lorsqu'il se réveilla, il fut pris d'un vertige. À la commissure de ses lèvres, une mouche sautillait. Au loin, il distinguait une agitation de village, les brouettes qui passaient et les enfants qui se hélaient. La chaleur l'avait réveillé. Elle entrait dans la maison par une fenêtre ouverte au-dessus de son lit. Il mit un pied sur le sol poussiéreux mais, sentant une douleur intense dans son bassin, se recoucha aussitôt. Une voix, au fond de la pièce carrée, dit, *Il est trop tôt, jeune homme, pour cela.* Une fumée bleue s'éleva dans l'air, suivie d'une odeur d'encens et de gruau grillé. Un homme d'une quarantaine d'années, des lunettes cerclées d'argent sur le nez, lui glissa une pipe dans la bouche. L'homme passa sa main dans les cheveux d'Angelo puis, soutenant son crâne, lui permit d'inhaler de l'opium par larges bouffées. La douleur s'effaça. Le sommeil lui revint.

Une semaine plus tard, Angelo était encore allongé. Il avait été transporté jusqu'à Saigon et l'homme aux lunettes d'argent l'avait gardé en observation dans sa demeure. C'était une grande bâtisse qui, viscosité fluviale aidant, avait pris des couleurs sombres et vertes à l'extérieur. Dans les pièces, une continuelle couche d'humidité modifiait de la même manière les teintes des papiers peints et des objets. Dans la chambre qu'occupait Angelo, les livres étaient brunâtres, un globe de carton avait pris une couleur orangée et le verre même de la fenêtre paraissait trouble et grisé. À heures régulières venait jusqu'à la chambre une mélodie lointaine. Pierre Motton, après sa sieste, jouait sur son piano désaccordé le *Concerto en ré mineur* de Bach. Seulement, arrivant à l'adagio, il finissait toujours par s'arrêter net et le son suivant n'était que le claquement sec du piano que l'on refermait. Alors, le médecin remplissait un broc d'eau et le montait jusqu'à la chambre d'Angelo. Il disait, *Comment allez-vous aujourd'hui ?* Angelo ne répondait pas. Il fixait d'un air tétanisé Pierre Motton, ses pupilles se dilataient et sa bouche, lentement, s'ouvrait sans qu'un son en sorte. Motton avançait jusqu'au lit, y posait sa cruche, récupérait celle de la veille, bordait sommairement le jeune homme et, s'installant sur un tabouret à ses côtés, se taisait.

Les semaines passèrent sans qu'Angelo parlât jamais. Seulement, par un jour de pluie où l'air semblait meilleur, moins vicié, où sa blessure avait été entièrement cicatrisée, et où le silence de Motton l'avait aidé, il était descendu, s'était glissé dans la pièce large qui servait de salon et où trônait le piano droit en bois clair. Au milieu de celle-ci, dans une lumière rose, l'homme aux lunettes d'argent se tenait assis sur un tabouret et, d'un crayon, griffonnait une partition. D'un pas calme, Angelo avança vers le piano. Surprenant dans son dos le médecin, il lui prit la partition des mains. Puis, une gamme en dessous de là où l'homme tenait généralement ses mains, à l'accord où Pierre Motton s'était arrêté les jours précédents, Angelo poursuivit et termina le deuxième mouvement du concerto. Alors qu'il plaquait les accords, avec une irrégularité étrange, ne tenant aucun rythme durablement, il murmura quelques sons. Une brassée de syllabes et de respirations feutrées, retenues dans sa bouche même, qui semblaient, sur les accords, faire durer encore la résonance. À son habitude, Motton se tut. Puis, se levant, prit le jeune homme dans ses bras. Derrière les verres des lunettes, une grosse larme coula sur la joue du médecin. Angelo, ahuri, perdu dans ce qu'il lui manquait de raison, continua à agiter ses doigts dans le vide.

*

À son bureau de la caserne, Paul-Bernard mit sous enveloppe une pellicule qui partirait le soir même pour Paris. Il venait d'en terminer la découpe. Il avait enlevé les passages trop obscurs pour être visibles une fois le négatif développé, une mise au point qui avait manqué, et quelques photos qui, il le savait, n'allaient pas être reprises par le commandement. À côté des ciseaux reposaient ainsi des négatifs où ne séjournait rien que du néant en nuances de blanc et de bleu. On lui apporta un télégraphe en échange de l'enveloppe. Pierre Motton, plus tôt dans l'après-midi, lui avait fait parvenir ce message : VENEZ POUR LE DÎNER STOP ICI UN BLESSÉ STOP BESOIN DE VOUS POUR RECONNAISSANCE STOP VOTRE PIERRE. Paul-Bernard relut le bandeau de papier siglé par l'armée puis le posa à côté des négatifs. Il était presque l'heure du dîner, s'il partait maintenant du quartier, il serait chez Motton pour la tombée du jour. Il ferma la porte du bureau des communications et disparut dans les allées où remuait avec ordre la vie militaire. Quand il arriva dans la rue, il reconnut l'ambiance des jours de pluie : les Vietnamiennes avaient quitté les trottoirs, les enfants se tenaient sous les porches à regarder l'eau tomber depuis les gouttières et seuls quelques pousse-pousse recouverts de toile traînaient les derniers passants vers leur domicile. Il se protégea de la pluie avec sa casquette et accéléra le pas. En traversant les pavés de la rue Catinat, il entendit au sol murmurer les rigoles fortuites que grossissait la mousson du soir.

Côte atlantique, été 2017

Tu l'as rencontré, toi, son copain ? demanda Anne à Isabelle. La jeune fille, qui avait refusé d'accompagner les deux garçons jusqu'à la côte sauvage, semblait avoir une sorte de ressentiment contre Alexandre. La mère, que plus rien n'intéressait vraiment dans la vie du fils sinon cette mélancolie qui aurait dû faire fuir n'importe quelle jeune fille, haussa les épaules. Elle répondit que Paul-Bernard l'avait jugé favorablement lors de leur rencontre – ce qui lui fit ajouter, narquoise, *Pour ce que ça vaut...* Isabelle préparait son cabas et s'apprêtait à enfiler sa veste en seersucker pour partir à Royan. Alors qu'elle ramassait un livre par terre, elle dit à la jeune fille, *Tu sais, depuis le temps, s'il y a bien une chose que j'ai décidé de ne plus comprendre, ce sont bien les amitiés des hommes, je te conseille*, elle tapota sur la couverture du livre et le posa sur un guéridon, *de te préserver, ce n'est jamais que triste ou navrant.*

Accompagne-moi à Royan, plutôt. Anne acquiesça, lasse. Elle remonta l'escalier pour récupérer dans la chambre sa besace et un paquet de chewing-gums nicotinés. En redescendant, elle surprit Paul-Bernard au bow-window, la tête penchée sur un livre. Elle s'approcha et d'une voix hésitante lui demanda ce qu'il faisait. Le vieil homme, sans poser son crayon, lâcha, *Je fais ce qu'il reste à faire quand on a mon âge… Je laisse ma trace.* Sur ces mots, il tira un trait de sa main tremblante sous une phrase de Blanchot.

Elles partirent alors toutes les deux vers la ville avec l'espoir, l'une et l'autre, de tirer de la journée une joie entièrement autonome des marasmes du petit ami pour l'une, de l'époux pour l'autre. Pour Isabelle, cela n'était qu'un jour de plus et elle ne faisait pas grand cas du dernier délire de Paul-Bernard. Elle comptait sur une fin rapide de cette lubie de surlignage, elle misait sur une fin aussi prompte que la fois où il avait décidé de remonter à l'envers un de ses films en ajoutant en voix off une lecture de la révolte des Macchabées. Dès le troisième jour, il avait abandonné en disant, *Trop de cendres, trop de fils, trop de temples, pas assez de révolte.* Pour Anne, l'amertume était plus fraîche. Elle restait néanmoins. Il semblait même que le mépris qu'elle avait développé à l'encontre de Pierre la portait. Elle se sentait encore plus forte et plus libre maintenant qu'elle le détestait gentiment. Sa propre réussite sociale et professionnelle lui importait davantage, sa beauté même faisait l'objet de plus d'attention de sa part. Elle rayonnait. Et quand cet éclat traversait brièvement la personne de Pierre, ils baisaient alors plus ardemment. Elle n'avait jamais été aussi satisfaite qu'à l'issue d'une de ces après-midi où, d'abord l'humiliant par des commentaires sur sa famille et sa vie, elle le forçait à s'énerver un peu, ce qui, dans les circonstances d'un été de vacances, transformait rapidement l'essai. C'était sans tendresse mais avec une ténacité nouvelle qu'elle prenait en elle la passagère excitation de Pierre. Elle reposait ensuite, ravie, sur le lit et le repoussait sans vraiment d'égards. Anne trouvait son compte, et en somme, si elle avait eu l'expérience que n'ont pas les jeunes filles sur ces questions, elle aurait découvert que ce bonheur étrange, énervé et radieux, n'était que le signe définitif qu'elle avait totalement quitté l'amour. Seulement, elle était de cette génération qui déclarait sa flamme en répétant des balivernes comme *Je suis bien avec toi* et, croyant à cette équation du *bien* et du *toi*, elle s'estimait amoureuse. Anne posa un bras sur la fenêtre baissée de la voiture d'Isabelle et regarda l'océan s'écrasant lentement sur les roches. Isabelle coula un bref regard sur la jeune fille et sourit. Elles avaient en partage une incompréhension teintée de lassitude face à ces deux hommes, le père pour l'une et le fils pour l'autre.

*

Leurs vélos se suivaient sur la longue piste qui avait été tracée dans les landes de pins. Le long de la côte, la route montait ainsi du bas de l'estuaire jusqu'au détroit que formait le continent avec l'île d'Oléron. Les garçons filaient à vitesse régulière sur le sentier, tantôt abrités par les frondaisons, tantôt à découvert. Parfois, Alexandre pédalait légèrement plus rapidement et alors, en soulevant la visière de sa casquette pour se faire comprendre, tentait d'échanger quelques observations avec Pierre – il disait, *Ils auraient pu aplanir les bosses quand même*, et aussi, *Tu as vu la silhouette du phare ?* –, son compagnon répondait à peine. Pierre était aspiré par la route et il s'en tenait à cette arrogante vérité de l'effort : tant qu'ils ne seraient pas arrivés, il n'y aurait rien à dire sur rien. Tout était comme suspendu à la nature même de l'hostilité du trajet, il y avait la brûlure du soleil dans son cou, la soif qui montait en mousse dans sa bouche, la tension des jambes et les kilomètres restants qui défilaient trop lentement sur les plots le long de la piste. À Pierre, cette brutalité soudaine de l'existence parut plus douce qu'un sommeil. Alors, il s'y livra et accéléra encore la vitesse de son vélo. Alexandre suivit.

Ils parvinrent sur la côte à l'heure où le soleil était impitoyable. Alexandre s'en inquiéta. En rejoignant cette partie désertique du rivage, ils avaient définitivement perdu la trace des pins et désormais ils étaient, sur un kilomètre au moins, à la merci du soleil. Pierre n'en eut rien à faire. Alexandre songea à s'énerver, énoncer les dangers, mais une fois les pieds posés sur le sol et le vélo attaché, il se laissa prendre par un abandon qui était proche de celui dans lequel se trouvait Pierre. Ils gagnèrent la plage, euphoriques. Posèrent leurs sacs à dos, leurs serviettes, burent dans les gourdes et se lovèrent dans le soleil brûlant sans plus aucune prudence. Large et infinie, la plage de la côte sauvage s'étendait à perte de vue. Alexandre n'avait jamais connu de paysage aussi agressif. En dirigeant son regard vers le continent, il ne vit que la maigre bande de fourrés d'un vert pâle qui bordait l'étendue vallonnée de sable blond. Il se sentit frissonner de chaud, de peur, puis se ressaisit et, auscultant de nouveau le paysage, vit grandir en lui une joie confuse, animale. Il se tourna vers le soleil, exposa son corps de tout son long ainsi que Pierre l'avait fait, et ferma les yeux en écoutant dans le plein silence du monde inhabité le chant ancien de la chaleur. Il lui apparut, dans le souffle du vent sur le sable, d'étranges hallucinations sonores pareilles à des frictions profondes qui survenaient de sous la surface du monde.

Pierre réveilla Alexandre. Tous deux s'étaient endormis trop longtemps. Alexandre fut d'abord traversé d'une stupeur, il se sentit étourdi, voyant au-dessus de la silhouette de Pierre flotter des flammèches, puis, aidé par ce dernier, se releva. Hagards, ils se dirigèrent vers l'océan. Prudemment, ils entrèrent l'un après l'autre dans les flots. Quand leurs jambes furent immergées, se tournant vers Alexandre, Pierre dit, *Cette fois, mon vieux, je crois qu'on se rencontre pour de vrai.* D'abord, le jeune homme chercha un peu le sens de la phrase dont la gravité l'indisposait mais l'autre était déjà plongé dans le roulis blanc d'une vague. Alexandre la sentit remonter contre son corps, lui arracher légèrement les pieds du sol, et finalement, sans l'emporter, poursuivre plus loin sa chute lourde sur le sable. Il ne retrouva

Pierre que quelques secondes plus tard, la tête émergeant dans le ressac, les cheveux plaqués contre la nuque par l'eau, un sourire immense sur les lèvres. Alors Alexandre s'abandonna à son tour. Ce fut lors de la prochaine vague qu'il se jeta, les yeux ouverts et se pinçant le nez, dans le tumulte. Une force incompréhensible le souleva, lui retira tout contrôle, puis, une fois qu'il fut désaccordé du sol, il y eut une seconde force qui le jeta plus avant dans un remous incompréhensible où l'eau sembla venir, partir, se disperser en écumes blanches, aussitôt recouvertes par une seconde salve d'un rideau azur, et enfin, sur les dernières secondes, il y eut contre la peau de son ventre la griffure légère du sable. Puis la vague se retira. Il demeura étendu dans un fin filet d'eau qui suivait la fuite du roulis. Il fixa le soleil métallique. L'eau logée sur son torse chauffa instantanément et, les mains encore pleines de sable, il tenta de se protéger de cet éclat violent. Une autre vague le souleva et le ramena vers le large avec la même puissance et la même férocité que la précédente. Alors, quand le cycle sembla faiblir, il se releva et s'ancra dans le sol. Pierre était quelques mètres plus loin. Il le rejoignit, extatique.

En riant, ils retrouvèrent leurs draps de bain. Pierre ne disait rien et éprouvait simplement une sorte de pleine satisfaction. Alexandre, intimidé par cette étrange proximité qu'avait produite entre eux l'embrasement des vagues, finit par articuler, *Et tu fais ça souvent ?* Pierre se tourna légèrement vers son nouvel ami et raconta que si son père avait retenu une chose de son passage dans l'armée, c'était l'onction salvatrice d'un effort qui terrasse. Pierre dit encore, *Quand j'étais enfant, je ne comprenais pas cette souffrance, puis, quand dans ma vie il n'y a plus eu vraiment de souffrance comparable... ce jour-là, elle m'a manqué.* Alexandre continua, *Ma grand-mère, pendant une semaine ou peut-être même deux, avant qu'elle ne se mette à parler de sa vie, de Linda et du reste, elle me répétait qu'il n'y avait que la souffrance. Je crois qu'elle savait que nous ne comprenions pas ça, ma mère et moi. Plus encore que la maison de retraite où elle allait mourir, je crois que la souffrance physique avait établi autour d'elle un mur. Je crois*, poursuivit Alexandre, *que c'est un truc du Bouddha, souffrir, savoir que l'on souffre. Il me semble même que c'est la première chose qui lui est apparue. Ma grand-mère pensait beaucoup à tout ça.*

Alexandre raconta presque tout ce dont il se souvenait de ces dernières semaines avant la mort de son aïeule. Il confia même qu'il n'avait pu soutenir le regard de sa mère quand il l'avait revue après. Il dit, *Qu'elle n'ait pas été là quand sa mère était morte, c'était, je ne sais pas... inacceptable ? Pour nous, Vietnamiens, le culte des ancêtres est fondamental... Tu vois, si elle avait vu sa mère crever comme je l'ai vue, elle aurait peut-être dû elle-même... prendre une décision, changer quelque chose dans son existence. La mort nous fait ça, elle m'a fait ça à moi... Et quand elle est venue pour les funérailles, je n'ai plus vu que cette lâcheté.* Il s'allongea sur le sable. Il ne fut plus certain d'être en colère, il se sentait seulement vidé par l'évidence. Il sentit monter en lui une mélancolie. Le sable désormais s'enlisait dans ses cheveux bruns et Alexandre, poussant la tête d'un côté puis de l'autre, comme pour s'y enfoncer, continua, *À la fin, ma mère m'a dit qu'on allait faire une cérémonie et alors là, ce fut le truc le plus sordide qu'on puisse imaginer : elle avait acheté des lampions car j'imagine qu'elle pense que ça fait vietnamien et dessus, elle m'a demandé d'écrire « Jade », le nom de ma grand-mère, suivi d'une espèce de message à lui adresser. On a laissé ces merdes s'envoler dans le vent et ma mère, ravie d'elle-même, sûrement émue de se trouver si inventive, m'a déclaré : Ces messages, Alexandre, c'est une preuve qu'elle vivra tant qu'on pensera à elle. Comment peut-on dire un truc pareil ?* Il s'était levé. Amer et goguenard, il ajouta, *Tu sais ce que j'ai écrit sur la carte ? J'ai écrit : « La souffrance est finie. »*

Pierre fut rempli de compassion pour le jeune homme. Il aurait voulu trouver un moyen de lui témoigner sa gratitude d'être venu si loin sur la côte avec lui. Alors, il sourit. Il voulut qu'on se préparât à rentrer.

Sur le chemin du retour, les deux garçons s'arrêtèrent en contrebas du phare qu'avait aperçu Alexandre quelques heures plus tôt. Ils montèrent vers le promontoire et, arrivés en haut, le contournèrent par un parapet qui donnait sur le large. Le ciel était en train de se fondre dans la nuit et les plantes environnantes commençaient à dégager leurs parfums nocturnes. Sur le mur de pierre, ils s'assirent et fixèrent le mouvement des vagues. Vu de plus haut que précédemment, il s'agissait d'un tableau où la violence avait disparu, remplacée par le roulement mécanique de l'océan. Posant sa tête sur l'enceinte du phare, Pierre dit, *Tu sais, mon père, je le sens, il se prépare aussi à partir, ça ne peut pas être autrement, je le vois dans chacun de ses gestes. Plus l'été avance, plus je me trouve bloqué, c'est comme si je ne pouvais plus le regarder dans les yeux. Maintenant, les jours sont comptés et il faudrait parler, vraiment parler... mais alors, il saurait, il saurait que je sais qu'il va crever et ça, ça c'est impossible...* Il se tut. Un avion traînant dans son sillage une banderole commerciale rentrait vers Royan et le bruit lointain de l'hélice sembla ajouter à la torpeur du soir.

Pierre s'était endormi contre l'enceinte du phare. Son ami le réveilla doucement. Ils terminèrent le chemin en silence, la peau écarlate de soleil, les jambes absentes à elles-mêmes dans leur mouvement irréfléchi, la tête alourdie par la chaleur et l'esprit anéanti par la forme implacable des évidences. Sur cette terre, et pour longtemps encore, il n'y aurait que la souffrance et le ciel – et la jeunesse pédalant dans le soir tombant car, près de l'image, le néant séjourne.

La Seine, 1971

La mère de Marguerite dormait sur la table, la tête contre la nappe cirée. Ses cheveux allaient du blond peroxydé au brun des racines. La cuisine sentait un peu l'alcool, ou peut-être était-ce sa mère. Elle s'approcha de la table et baissa le volume du poste radio qui continuait de déblatérer à faible niveau. Alors, Marguerite retourna sur ses pas, prit la veste en gabardine qui pendait sur la porte d'entrée et elle quitta la maison. Dans la rue, un ciel d'un bleu cotonneux s'étendait par-dessus les toits. Elle marcha jusqu'à l'arrêt de bus.

Tu es venue alors ! s'enthousiasma Linda en la voyant descendre de l'autocar. Linda avait sur les épaules un immense ciré jaune qui la recouvrait comme un drap. Elle dit à son amie, *Ça va secouer...* On se mit en marche vers la grève. C'était le genre de terrain vague que les adolescents du siècle passé croyaient réservé à leur existence. Un endroit où l'on avait abandonné quelques deux-roues, un bandana, un transistor, sa virginité souvent, ses illusions plus rarement. Dans les fourrés, des mégots. Dans le grillage, des coupures nettes. Une table avait été recouverte d'inscriptions monogrammées. Le vent rasait les hautes herbes et les deux jeunes filles se tenaient l'une à l'autre, chancelantes entre les taupières et autres crevasses. Elles rirent car Linda faillit tomber, empêchée dans ses mouvements qu'elle était par le grand ciré. Elle se justifia, *Il sent son odeur.* Elles atteignirent, suantes et les tibias griffés, la rive. La plage était recouverte de gros gravier et de bois flottés abandonnés par la Seine. Plus haut, la grève était boueuse. On ne pouvait se rejoindre qu'ici. Linda expliqua à Marguerite qu'elle n'avait pas d'indication horaire précise, tout serait mis en œuvre par le fleuve, il ne faudrait pas manquer le passage du bateau. Alors, toutes les deux abritées sous le ciré jaune dans la fraîcheur du soir, elles attendirent.

Dans un grand bruit d'eau battue et de claquements métalliques apparut, une guirlande d'ampoules jaunes attachée au mât, le bateau. Les filles se levèrent, se secouant pour se débarrasser des fourmis qui les ankylosaient, et se mirent à héler la péniche. La nuit était tombée sur la campagne, tout semblait désormais s'iriser sous l'effet des miroitements de la lune claire. En passant lentement sur l'eau, le bateau éclairait d'une lueur jaunâtre les arbres de la rive. Sur les deux jeunes filles, des ombres se mirent à s'agiter. Linda prit dans la poche de son ciré une lampe de poche rectangulaire qu'elle alluma. Elle traça alors dans l'air de grands cercles de lumière dorée. Angelo, l'apercevant, répondit en faisant des cercles similaires depuis le pont. Il fallait désormais suivre le bateau sur la rive jusqu'à pouvoir monter sur un ponton en fer, et, de là, se jeter sur la grue de l'embarcation. On ne savait rien de ce qui adviendrait, le ponton pouvait s'effondrer, la chute être fatale, le froid dévorant, l'amour inutilement douloureux, mais on avait dix-sept ans. Alors, l'une puis l'autre, grimpant comme deux siamoises sur la structure, se poussant, se retenant, s'aidant, se glissèrent à temps sur le bateau. Linda tomba dans le conteneur où des feuilles mortes avaient été chargées et Marguerite chuta dans la toile qui protégeait la grue. *Bienvenue à bord*, dit Angelo en ramassant Linda qui nageait dans son ciré jaune.

Les jeunes gens eurent froid cette nuit-là. Linda, blessée au bras d'une griffure profonde, garda longtemps la marque de cette inconséquence qui l'avait prise. Marguerite plus encore, sans toutefois être marquée par aucune plaie. Elle sortit de sa toile en s'agitant et se présenta enfin à Angelo. Depuis l'épisode au studio, les mois qui avaient suivi avaient fait grandir sa présence tant Linda en parlait. Ce soir-là, elle l'aperçut avec une sorte d'intimidation. Il tenait dans ses bras Linda, et ne dépassait, des deux corps enlacés, heureux de se retrouver, que sa chevelure brune. S'approchant doucement, embarrassée de sa solitude face à ce couple radieux, elle murmura en direction de son amie, *Plus de peur que de mal...* Les deux se tournèrent vers elle. Et Angelo, en voyant la petite blonde, des brindilles dans les cheveux, le regard distrait, l'adora immédiatement, ignorant même qu'il l'avait aperçue au studio autrefois. Sans lâcher la main de la meilleure amie, il s'enquit de la chute de Marguerite. Il voulut savoir son nom, comment elle avait connu Linda, ce qui l'avait conduite à accepter de faire ce voyage, enfin, tout ce qui, maintenant sur le pont, semblait être une discussion entre deux inconnus qui, à bord d'une péniche de gravatiers, s'apprêtaient à descendre la Seine jusqu'à l'océan. Tous les trois finirent par s'asseoir contre le bastingage pour évoquer pêle-mêle les cours de maths de Jules-Fe', la chanson de Linda, le studio de la butte Télégraphe, les chansons idiotes de Marie Laforêt, la musique américaine, la guerre du Vietnam, le choc pétrolier, l'amour libéré, la veuve Kennedy, ce qu'il advenait de Johnny Hallyday et des Beach Boys… Et, au-dessus des trois têtes alignées, la grève infinie de la Seine qui, de l'Eure jusqu'à la plus profonde Normandie, déployait une broderie d'arbres noircis de nuit, de champs perlés d'eau, de vaches somnolentes. Les traces, éparses, d'une France encore endormie dans ses clochers et pâturages.

C'était Paul-Bernard qui avait eu l'idée de la péniche. À cette époque, il traînait les savates dans le port de Paris où, technicien, scripte, assistant, il participait à un épuisant tournage pour un quelconque idiot utile du cinéma français. Il gagnait un peu d'argent mais s'ennuyait profondément. Alors, quand il s'épuisait des producteurs, il allait parler aux marins qui passaient devant le tournage, intrigués. Il avait fini par en apprécier quelques-uns. Un soir, il demanda si la traversée valait le coup. Il ajouta, *Esthétiquement parlant.*

On lui répondit que oui, le fil de l'eau, l'odeur de la vase, la nuit qu'on traverse en silence, tout ça, c'était le seul repos des marins du fleuve. Angelo fut prévenu. On partirait bientôt.

Depuis le départ de Paris, les pieds posés sur le tableau de bord, une cigarette ou une bière à la main, il racontait au capitaine quelques affaires indochinoises. Le marin, qui avait été conscrit en Algérie, écoutait ces histoires de colonie avec une certaine colère. Il finit par dire, *C'était un beau bordel, hein ?* Paul-Bernard, allumant une nouvelle cigarette, répondit, *Sacrée défaite, ouais, pourtant les communistes nous avaient prévenus.* En ce temps, les marins gravatiers et les apprentis cinéastes avaient encore des idées politiques à peu près communes. On avait encore une vague conscience qu'une lutte était en cours. Mai 68 était tout proche, le monde ouvrier brûlait encore quelques étoiles, les classes intellectuelles se sentaient du même bord. On traversait la nuit. Finalement, Paul-Bernard quitta la cabine pour rejoindre Angelo et ses nouvelles amies.

Marguerite somnolait un peu, marinant dans un mal de mer léger, quand elle entendit sa voix. Il dit, *Alors les jeunes, on s'endort déjà ?* Elle leva les yeux vers Paul-Bernard. Il paraissait encore plus grand parce qu'il était debout sur le conteneur. Il portait une veste de moto pleine de poches dont la ceinture pendait, ses épaules dessinaient sa carrure comme un bloc dans la nuit et, sur sa tête, une casquette de tweed cachait ses cheveux. Il sauta alors sur le pont et, en touchant le parquet métallique, ses bottes firent un court claquement. Il avait un vague côté Blake et Mortimer, quelque chose d'un voyou dans un film d'après-guerre. *Vous êtes ?* demanda-t-il en plantant sur elle le faisceau de sa lampe de poche. Marguerite murmura son nom d'une voix faible. *Enchanté, moi c'est Paul-Bernard. Vous avez déjà descendu un fleuve, mademoiselle ?* Il alluma une cigarette et la lui offrit. En faisant jaillir une flamme dans la pénombre, il découvrit le voile de nuit qui mangeait son visage. Elle avait les yeux gonflés de sommeil, une mèche blonde collée par la transpiration sur l'arête du nez, une bouche comme engourdie qui faisait comme un cœur ; il avait les sourcils nets et bruns, le regard clair, une moustache épaisse, roussie sur les bords, désordonnée et qui lui donnait un air d'aventurier un peu abandonné par l'hygiène ; sa peau était mate, ses lèvres gercées. Il tourna la tête pour expulser de la fumée. Elle suivit des yeux le mouvement. Elle toussa. Les Gauloises étaient trop fortes pour elle. Puis elle lâcha dans l'eau la cigarette, qui fut bientôt avalée par les remous. Elle songea à sauter dans le fleuve à son tour pour y fuir. Elle se ravisa et dit, *Paul-Bernard, vous faites quoi dans la vie ?* Sans se rendre compte de la torture qu'il avait éveillée chez Marguerite Anouet, fixant l'horizon, se perdant plus que nécessaire dans le paysage, il articula, *Oh, je vais, je viens, je suis dans le cinéma, je suis dans le journalisme, je suis dans les révolutions quand il y en a, enfin, vous voyez, Marguerite, je suis le cours du monde comme la péniche suit le fleuve...* Elle fut terrifiée par chaque mot, chaque intonation, chaque fibre du visage qui se tenait à quelques centimètres d'elle. L'homme souriait sottement. Elle voulut se crever les yeux.

Dans la cabine du capitaine, un transistor crachotait la lamentation du dernier acte de *Didon et Énée*, le marin écrasait une gauloise sous sa botte, le ciel découpait du mauve dans les hublots et Kirsten Flagstad se suicidait sous la direction de Geraint Jones. On avait passé Rouen. La radiodiffusion du concert touchait à sa fin et, bercé par le bruit de l'eau, le capitaine s'enfonça dans son siège. Il baissa son bonnet de laine sur ses yeux et s'oublia un instant. Les cris de Paul-Bernard le rappelèrent néanmoins. Alors, il coupa le moteur, qui jeta une eau noire dans le fleuve. Ils dérivèrent ainsi quelques instants, la panique seule pour rythmer les minutes.

D'amour une jeune fille blonde s'était jetée à l'eau. Que l'on entende, au loin, la cantatrice chanter *Remember me, remember me but forget my faith...* n'aurait su être innocent. Comment Marguerite fut cette nuit sauvée de l'eau froide de la Seine ? On l'ignore. Comment tomba-t-elle exactement ? L'image n'est jamais clairement apparue. Marguerite n'était pas sotte, elle n'était pas même ignorante des hommes. Au contraire, elle en savait quelque chose de simple : ils vous regardent et ce regard est votre fin. Ils déposent en vous le risque et le danger, si bien qu'à terme vous croyez que ce risque, son frisson inquiétant, est le propre du désir. Alors, la survie n'est pas une chose simple tant il s'agit souvent de fuir son cœur – fût-ce par-dessus le bastingage.

Paris, 1971

Angelo la regardait fixement, inquiet. Marguerite ne sembla reparaître à la surface même de son visage qu'après de longues minutes. Linda la serra dans ses bras. Paul-Bernard resta scié. Plus tard, il dirait à Angelo, *Cette force, rien que cette force, c'est racinien !* En attendant, il poussait dans ses poches ses poings fermés, éberlué par la vitesse avec laquelle la jeune fille s'était soulevée du sol et jetée dans la Seine. On ne commenta pas davantage la tentative désespérée de se sauver de Marguerite Anouet. On sentit que cette chute relevait entièrement du soudain fracas de l'être. Par instinct, on détourna le regard. On apporta une couverture, on réchauffa la jeune fille et on attendit d'arriver au Havre dans un calme un peu morne.

Des jours plus tard, Marguerite était toujours absente à elle-même. Tout avait disparu dans le sillage de la croisière :

elle avait oublié qu'elle voulait chanter, elle avait oublié Jules-Fe', elle avait oublié sa mère. Le temps seul, dans sa consistance modulaire tantôt compacte, drue, tantôt lisse, mate, demeurait. Marguerite n'avait jamais ressenti cela et elle détesta ce qui lui arrivait. Retrouver sa mère endormie quelque part dans la maison, perdue dans des vapes de vinasse, ne lui provoquait désormais plus qu'une indignation lointaine. Elle consentait au destin de la mère alcoolique, elle consentirait probablement à la mort si on la lui proposait. Linda, qui venait la voir dans le jardin, fit naître quelques espoirs de revoir Paul-Bernard et maintint, par la parole, une vague consolation. Mais, les jours passant, ce qui aurait dû être une conquête progressive de la réalité par le sentiment fut inverse, et ce fut plus douloureux. Dès lors, Marguerite renonça complètement à Paul-Bernard, à entendre parler de lui, à évaluer ses chances, à imaginer leur avenir. Elle ne voulut plus que Linda vienne la voir. Elle ne voulut plus rien, sinon se maintenir dans la lumière pâle du jour et, comme sa mère, fixer longuement un clou dans le mur de la cuisine. Si c'était une maladie, pensa-t-elle, il vaudrait mieux qu'elle soit fulgurante.

Parfois, elle sentait que se calmait en elle cet effondrement. Elle regagnait alors la superficie du jour. Comme elle le put du haut de ses dix-sept ans, elle chercha à maintenir cet état. Elle marchait longuement le soir dans les ruelles qui quadrillaient sa banlieue, elle faisait durer le tremblement du souffle qui vient avant les larmes, elle hantait les supermarchés, semblant poursuivre cet état d'hébétude devant la multiplication inouïe des marques de lessive, prenant ici une bouteille, l'auscultant, la reposant. Elle quittait ensuite le magasin et, en regardant par-delà les maisons, observait les teintes céladon des journées de tristesse. Elle marchait encore. Rien ne quittait jamais le monde sans qu'elle en souffrît : une feuille séchée, une pomme pourrissant dans le panier à fruits, une mouche dans un piège à glu. Elle chercha dans la musique une consolation mais il n'y eut rien, ou si peu. Les sons qui sortaient du mange-disque paraissaient infidèles à la texture même de la vie. La joie des chanteuses était immonde, leur détresse était insupportable, seul le cliquetis du bras de lecture revenant sur son socle lui semblait soutenable. Elle finit par se demander s'il était possible de naître totalement inapte. Elle demanda cela à la seule personne qui pût lui répondre et ce fut sa mère qui lui dit, *Les autres, non, ou alors c'est des handicapés, mais toi sûrement, ma pauvre fille*, lui lâcha-t-elle entre deux Gauloises, si laide, si intoxiquée, si blessée par l'existence même de son enfant, comme peuvent l'être les femmes qui voient dans les jeunes filles le passage du temps.

Marguerite n'était pas née inapte, Marguerite était née sans amour. Et cela, bien plus que la rencontre avec un homme, ne pouvait que la laisser chancelante pour le restant de ses jours.

Il y eut encore des journées identiques. Puis une rupture. Le temps avait tant passé dans l'esprit de Marguerite – elle avait tant de fois refait et défait le visage, le nom, l'odeur, la carrure de Paul-Bernard – qu'il lui sembla qu'enfin elle en avait fait le tour complet. Elle avait arpenté cette citadelle imaginaire si scrupuleusement qu'elle ressentit ses premières haines à son égard. Elle s'était convaincue qu'elle ne supporterait jamais de lui ses manies, son inconstance et son air supérieur. Elle disait, dans une folie ordinaire, *Voilà qu'il se croit révolutionnaire, le type*, et elle riait. Elle concentra tellement d'attention dans cette phrase – qui fut par ailleurs la rare dont elle se souvenait clairement puisqu'ils n'avaient pas échangé plus de quatre mots – qu'elle prit une sorte d'autonomie, devenant dans l'esprit de la jeune fille la part sombre, idiote, masculine de Paul-Bernard. Et de là, elle inventa un continent affreux qui sommeillait en lui. Cet endroit lui inspira du dégoût. Elle pensa, il doit s'en passer des choses pas claires dans une vie comme celle-là…

Et puis, émergeant des eaux confuses de la fascination première, le désir eut le pouvoir qu'on lui connaît : dès lors, il ne s'agit plus que de revoir l'homme au centre du monde. Si bien qu'un matin, le téléphone du couvent pour jeunes filles de la Miséricorde sonna. On demandait Linda à l'appareil. La jeune fille quitta l'ombre du cloître et s'approcha de la petite salle où l'on passait les coups de fil aux copines. À sa suite, la jeune Jade attendit sur le seuil de la porte. Dans le combiné, Linda entendit une voix lointaine, *Bon, cette fois, je veux le revoir*. Linda mit un instant à remettre ensemble les morceaux d'un puzzle qu'elle avait abandonné il y a quinze jours, elle dit alors, *Ah ! Marguerite, c'est toi ? Tu veux revoir qui ?* Un long silence se fit. Puis Marguerite répéta, *Paul-Bernard, Linda ! Qui d'autre ? Je suis disponible tous les soirs de la semaine et même le week-end, tu me rappelles ici et tu me préviens ?* Linda se tourna vers Jade, éloigna le combiné de son visage et fit, de sa main droite, une sorte de tapotement du doigt sur sa tempe qui signifia à la jeune fille qu'elle était au téléphone avec une dingue. La petite rit. Puis Linda reprit la parole, *Je vais voir ce que je peux faire, Marguerite, maintenant je dois te laisser, c'est l'heure du dîner, ma vieille.*

Jade et Linda repartirent ensemble vers la cantine. La petite se délecta des moindres détails de la croisière, puis de la chute, et enfin de la folie ahurissante qui s'était emparée de Marguerite. Linda racontait cela avec une sorte de ton sentencieux, certainement soulagée de ne pas être victime du même sort, imaginant que ça n'arrivait qu'aux sottes. Jade dit alors, *Moi, les hommes, je n'en veux pas du tout.* À la suite de quoi, Linda eut un rire clair et franc et, passant ses doigts dans les cheveux de celle qui était encore une enfant, lui caressa le crâne avec tendresse. Elles s'assirent l'une à côté de l'autre à table et, comme chaque soir, se trouvèrent à dîner seules. Linda, qui était la plus âgée des deux, avait essayé de rejoindre d'autres tables. Mais on lui avait fait sentir qu'on préférait que les Vietnamiennes restassent à bavarder ensemble, à dîner ensemble, à faire les corvées ensemble. Alors elles restèrent toutes les deux, s'amusant parfois d'un bon mot en vietnamien pour former une fusion un peu plus prononcée dans les couloirs poussiéreux du couvent.

Bui doi, en vietnamien, cela veut dire poussière de vie et *chi* veut dire sœur en même temps que le pronom « elle ». Par la beauté anthropologique de la grammaire vietnamienne, c'est ainsi que Linda devait s'adresser à Jade, *Chi ay la ban toi, chung chi la bui doi.* « Elle, ma sœur, est mon amie. Nous, sœurs, sommes des poussières de vie. » Jade n'apprit jamais à Alexandre le vietnamien, pas plus qu'elle ne l'avait appris à la mère d'Alexandre. Les choses étaient plus simples en français. Mais, des années après, sur son lit de mort, elle aurait au moins voulu expliquer à Alexandre cette étrange nuance de la langue perdue. Pour ceux qui n'eurent jamais de famille, comme Jade et Linda, la langue consola et tissa le lien qui ne fut pas. *Chi ay la ban toi.* « Ma sœur est mon amie. »

Saigon, 1951

Une allée étroite s'enfonçait perpendiculairement au faubourg. Une fine bande d'air libre qui découpait les constructions environnantes en une entaille vivante, chaotique, éclairée de quelques lampes à gaz. On s'y pressait, on y vendait à même le sol du pâté et des boissons blanchâtres, quelques chapeaux coniques surnageaient, un arbre avait tenté de pousser, il était désormais habillé de bandes de tissu colorées qui retombaient sur la tête des passants, quelques gouttières enfin, du haut des bâtiments, suaient des eaux verdâtres. Paul-Bernard, tournant l'objectif vers l'impasse, appuya sur le déclencheur. Il manquerait néanmoins la mise au point et, sur le négatif, les bâtiments se détacheraient à peine dans la lumière du soir, le reste de l'allée serait plongé dans une obscurité trop colorée, brouillonne. En arrivant devant la villa de Motton, il rangea l'appareil photo dans sa besace et se présenta sur le porche. Depuis quelques semaines, le jeune homme venait chez Motton à un rythme soutenu. Tous deux s'étaient rencontrés dans un des cabarets de la ville un mois auparavant alors que le jeune engagé tentait de se lier avec des officiers. Motton, dans un complet à rayures, grave et moqueur, s'était assis derrière Paul-Bernard et lui avait soufflé, *L'uniforme vous va si mal, c'en est comique*. Et Paul-Bernard, qui commençait à perdre le goût de son ambition, s'était depuis réfugié plus d'une soirée chez le vieux médecin auprès duquel il apprenait sur l'Asie plus qu'il ne l'avait fait auprès de sa hiérarchie.

Le dîner était servi. Au bout de la table, un garçon, très pâle et aux cheveux bruns dont on devinait la repousse chaotique après un rasage à blanc, militaire donc, semblait aspiré par une présence invisible. Paul-Bernard poussa une chaise et s'installa. Pierre Motton, connaisseur des banalités langagières de la société coloniale, posa la question du front du Nord. Il dit, *Alors, ça recule là-haut ?* En cette année, tout Saigon paraissait vivre au rythme de cette certitude qu'un jour, *ça reculerait*. Rien ne reculait jamais vraiment. Paul-Bernard bredouilla quelques informations qui avaient été rendues publiques par le commandement, il n'y avait jamais que des victoires, ou du moins des avancées, des trouées, des sauvetages. La vérité de la guerre, sous la pression que faisaient naître les médias sur les militaires français, restait de l'ordre du silence. Motton plaisanta, *Eh bien, tout me semble en ordre, caporal*. Paul-Bernard tenta un sourire et se servit dans la soupière une tranche de porc préparé à la façon de Hué. *Je vous ai fait venir pour ce jeune homme,* dit finalement le médecin en montrant d'un geste du menton la silhouette recroquevillée d'Angelo qui, immobile, fixait désormais son assiette remplie de riz. *Il m'a été confié par des locaux dans un village où j'étais venu voir une vieille amie, institutrice, il allait être tué le soir même par les Viêt-minh si je ne le ramenais pas ici. Et depuis, il végète. Vous ne le reconnaîtriez pas ?* Paul-Bernard ausculta le jeune homme qui se tenait en face de lui. Sa tête lourde s'enfonçait un peu dans son torse, il avait des yeux d'un marron assez clair qui semblaient vibrer sous l'effet d'une lumière faible. On devinait aux épaules la forme de ses os, frêles. Le jeune militaire murmura, *Des comme ça, j'en vois quinze par jour…* Angelo, immobile, ne paraissait pas comprendre la discussion. Pierre Motton expliqua alors que le jeune blessé était totalement mutique. Il dit aussi qu'il ne croyait pas bon de le remettre à l'armée. Paul-Bernard voulut savoir pourquoi, précisant que, compte tenu de l'état d'Angelo, il serait renvoyé vers le continent, ce qui serait sûrement le mieux. Le médecin, terminant son assiette, dit, *Avant toute chose, venez donc voir ça.* Paul-Bernard et Motton se dirigèrent alors vers le salon. Le médecin ouvrit son piano, posa son pied sur la pédale et commença à jouer à rythme lent l'adagio du concerto de Bach. Paul-Bernard, debout dans la pièce à quelques mètres du piano, laissait son regard fureter sur les tableaux suspendus aux murs qui gondolaient et pourrissaient dans l'air moite. Il dit, *Je ne savais pas que vous étiez musicien…* Motton lui fit signe de se taire et redoubla d'ardeur sur les touches. Paul-Bernard s'assit dans un fauteuil attenant et alluma une cigarette. Angelo marcha vers le piano et les deux hommes entendirent s'élever le son étouffé de son chant. Comme il l'avait déjà fait auparavant, Angelo, mené par la musique, produisait cette sorte de ronflement à l'intérieur même de sa bouche qui, sans qu'il ouvrît les lèvres, reconstituait la vibration des accords. Motton quitta le piano et s'écarta pour laisser Angelo jouer.

L'adagio devint une mélodie jazz, il oubliait progressivement la partition et, à présent, improvisait. Ce n'était pas parfait bien sûr, parfois les notes dissonaient mais l'important n'était plus là. Motton était bouleversé par le cas Angelo, un mutisme de musicien, un mutisme d'intégriste, le genre d'inconscient qui sait dire : ras le bol de la mort et de la guerre. *Vous comprenez maintenant ?* demanda le médecin au jeune engagé. Sous le porche, ils se quittèrent tandis que résonnaient encore les accords lointains d'Angelo. Paul-Bernard opina, *Je vais trouver qui est ce petit gars*. Le médecin ajouta, *Et si vous ne trouvez rien, revenez, cet enfant a besoin d'un ami*. Dans le ciel mat ronronnait le moteur d'un avion. Partout, la question du Nord sonnait, tonnait. Le bruit de l'hélice décrut lentement au-dessus des deux hommes.

*

Paul-Bernard avait gagné le haut d'un bras de l'estuaire à bord d'une barque à moteur. Durant le voyage, il avait gardé les yeux rivés vers la surface de l'eau où giclaient les gerbes d'une lumière glauque, verte, et où venaient parfois tremper les longues tiges des liserons qui poussaient à même le limon. Quelques sédiments orangés dessinaient, sur la grève, une sorte de dégradé cuivré. Le jeune sergent qui l'accompagnait coupa le moteur quand ils arrivèrent dans le haut de l'estuaire, dans un repli de la jungle où le Mékong se dispersait en un lac aux pourtours infinis, sans profondeur. L'eau envahissait la surface de la terre et, à une vitesse invisible à l'homme, s'écoulait lentement dans la mer. Dans une saison, ou peut-être deux ans, le limon sortirait des eaux saumâtres, et une plus intense végétation pousserait sur ce continent émergé pour quelques mois. En attendant, dans le miroir de l'eau, se reflétaient des joncs noueux, des nuages de bactéries verdâtres, des fleurs putréfiées, toute une jungle aquatique, grouillante. Pour diriger l'embarcation dans le marécage, l'un après l'autre, ils poussaient des bras les troncs filandreux qui s'enfonçaient dans l'eau. Des fourrés de liserons orientaux accrochaient la barque et alors ils ne s'en extirpaient qu'en repoussant d'autres lianes, d'autres bras végétaux. Ils passèrent doucement sous une arche de bois formée par deux étranges palmiers dont les racines balafraient la surface de l'eau. Perturbant le seul chant de la rivière, des piaillements attirèrent l'attention des deux soldats. Le jeune sergent s'immobilisa et ils levèrent les yeux vers le ciel. Les palmes étaient secouées par un petit singe brun dont on ne voyait que les deux bras tout fins qui sortaient d'une branche. Paul-Bernard, dont l'appareil photo pendait à un cordon autour de son cou, visa et déclencha l'objectif. Ils continuèrent leur voyage. Après une longue heure à serpenter dans le bayou, ils atteignirent enfin la rive boueuse.

Marchant l'un derrière l'autre, le sergent portant la carte, Paul-Bernard son appareil photo, ils arrivèrent dans une clairière aux teintes fluorescentes. Du riz sauvage y poussait à côté de fleurs exotiques aux larges corolles blanches et une légère brise faisait lentement onduler ce drap verdoyant. Au milieu, on devinait un affaissement de la végétation, ils en prirent la direction. Le sergent, suivant les instructions, fut le premier à se pencher vers ce précipice. Une odeur intense et le vol excité des mouches autour de la scène confirmaient ce qu'ils étaient venus jusqu'ici vérifier. Au centre d'un cercle de plantes abattues très régulièrement, comme pliées méticuleusement pour former un rond parfait, reposait un monticule de mains et de pieds découpés parfois encore chaussés, qui, sous l'effet du soleil, avaient pris des teintes violacées et bleuâtres. À la surface de cette pyramide de chair s'étaient formées des processions de cafards qui organisaient des veines noires et grouillantes. Se saisissant de son appareil photo Paul-Bernard fit la mise au point sur le charnier. Cependant, à l'instant où il allait appuyer sur le déclencheur, il posa sa main sur l'objectif et détourna l'appareil. *On ne peut pas, on ne peut tout simplement pas. Rentrons.* C'est tout ce qu'*ils* veulent, pensait le jeune homme, cette hallucinante mise en scène, ce spectacle. Tout ce qu'ils veulent, c'est qu'on le voie, qu'on l'immortalise, qu'on se le refile ensuite pour s'effrayer, s'exciter, assouvir la soif. Qui était ce *ils* ? Français, Viêt-minh, c'était du pareil au même. La folie n'avait pas de camp. Paul-Bernard en avait croisé quelques-uns, des excités du genre. Des gars qui n'y paraissaient pas et qui, soudain, violaient une femme dont ils avaient coupé la tête. Ce genre-là, ce genre humain, s'accentue, se perfectionne dans l'abstraction de la mort. Et c'est à cet endroit que naissent leurs œuvres : collection de dents que conserve un légionnaire sous son oreiller, collier de doigts chez un autre, offrandes. À quel Dieu pouvait-on promettre autant de vies ? Le sergent s'empara alors de l'appareil et shoota les clichés demandés par la hiérarchie. Puis, sans attendre le futur cinéaste, il prit la direction de la barque. Paul-Bernard finirait par le remercier. Au fond, personne ne lui avait demandé son avis – sinon, de guerre, il n'y en aurait plus. Empêcher une photo d'exister, ce n'était pas de son ressort. Quand ils regagnèrent le marécage, et qu'ils furent suffisamment éloignés de la rive pour se trouver à nouveau dans le doux berceau des clapotis et des piaillements de singe, que plus rien ne perturbait l'avancée tranquille de la barque sur les plants de liserons recourbés par leur passage, Paul-Bernard entendit au loin quelque chose qui sembla chanter. Il fit arrêter la barque. L'autre ne perçut aucun bruit, Paul-Bernard insista, *Si, écoute, ça fait tum, tum, tum, tum puis il y a un changement d'accord, c'est, attends, ça va me revenir...* Ça n'était pas revenu. Il n'y avait pas eu un seul son, sinon le long bourdonnement paisible de la jungle.

Ce n'était que la guerre dans sa brûlure lente de la vie qui s'installait dans l'esprit du jeune homme.

Sur les négatifs, le singe était invisible. La forme sombre du terrier se détachait sur un fond illisible. On pourrait y voir un tableau impressionniste, pareil à un champ de coquelicots, où fleurissaient dans le sang quelques pétales. Ce n'était déjà plus la mort. Bientôt ce serait à peine une image, à peine une boue.

*

Dans le crépuscule, le centre de Saigon s'agitait. Peut-être parce que la défaite à venir arpentait les villas et les hôtels, ou peut-être simplement parce que se fissurait partout cette drôle d'idée qu'avait été l'édification d'une ville française en pleine jungle, Paul-Bernard eut l'impression que s'écroulaient les façades de la rue Catinat. Il se réfugia au cinéma. On y passait, à moitié brûlée déjà, une pellicule sans âge d'*Autant en emporte le vent*. Sans même s'asseoir, il s'installa contre la porte à battant de la salle de projection. Recouverte d'un velours marine, la pièce semblait dormir à l'abri du monde et sur l'écran jaunâtre se succédaient des visages comme hypertrophiés par l'optique. Ils apparaissaient furtivement, se déformaient, puis mouraient sur l'écran. Une fumée grise s'élevait lentement depuis le centre d'une rangée et, dans le rayon du projecteur, se transformait en grand dragon. Un avion traversa le ciel, recouvrit momentanément la musique et les cris de Vivien Leigh, puis s'étouffa progressivement. Paul-Bernard, le regard à peine tourné vers l'écran, fit une vive flamme en allumant une cigarette, elle projeta pendant une courte seconde une ombre dans la salle. Il fuma en frissonnant de chaleur, la tête posée contre le velours bleu. À la surface argentée du briquet qu'il tenait dans sa main, la projection déposait des saccades d'éclairs blancs.

Il sortit. Dans le hall, un homme avec un large chapeau de feutre bordeaux semblait endormi, et plus loin, contre la colonnade de l'entrée qui donnait sur la rue, une femme en tunique blanche fumait. Elle semblait confuse, aspirée par une pensée interminable. Alors qu'il s'apprêtait à la rejoindre sur le porche pour entamer une discussion, ou au moins partager une cigarette, il sentit qu'on lui saisissait le bras. C'était l'homme au feutre. D'un lourd accent américain, le type lui dit, *Très cher Paul-Bernard, cela fait si longtemps, le film ne vous plaît pas ?* L'homme accentuait si fortement ses phrases que ses consonnes d'Américain paraissaient encore plus insupportables. Paul-Bernard reconnut Wilfried, un photoreporter new-yorkais qui traînait depuis des années en Indochine et avait fini par former un quasi-monopole sur l'imaginaire des magazines anglo-saxons. L'homme, qui s'était spécialisé dans la tragédie sanglante et l'exotisme souriant, poursuivait le jeune militaire français dans l'espoir de lui soutirer un voyage de presse vers le front du Nord où, naturellement, les Français n'envoyaient aucun reporter étranger. Paul-Bernard, qui avait entendu des rumeurs selon lesquelles Wilfried avait demandé à un blessé Viêt-minh de prendre la pose en tenant une fleur du bout d'une main mutilée, avait une colère absolue contre le type. Il plaçait dans cette rancœur à peu près toutes les convictions qu'il avait quant à l'éthique de leur profession commune, faute de manifester ces mêmes convictions à l'égard de sa hiérarchie. Tout en sachant ce qu'il reprochait à l'armée dans sa pratique, disons sélective, du photoreportage, il n'arrivait pas à adhérer à l'instinct de meute des étrangers qui, aussitôt que l'armée taisait un massacre, s'y jetaient comme s'il en devenait encore plus *beau*. N'était-ce pas eux qui avaient fait naître chez certains la passion de la mise en scène ? Wilfried, pour sûr, aurait adoré le charnier humain, peinture folle et parfaite de la boucherie. Ce genre de professionnels, pensait Paul-Bernard, pareils à l'armée Rouge en Pologne, n'avaient jamais le goût de la distance, de la coupe, et, jusqu'au dernier centimètre de bobine, ils repeignaient le monde de grandes giclées rouges, de pleurs blancs de jeunes filles, de solitude grise des soldats estropiés, enfin, d'un kitsch bariolé de mass-media. *Alors, comment ça va là-haut ?* demanda l'Américain. Paul-Bernard haussa les épaules. Il fixait, pendant que le type l'entretenait sur les dernières rumeurs qui frayaient dans la nuit de la ville, la femme qui, terminant sa cigarette, l'écrasa de sa chaussure et descendit les quelques marches du porche. Elle disparut aussitôt dans l'obscurité de la rue. En la regardant partir, Paul-Bernard repensa à la femme de cet officier qui, à force d'entendre chaque jour les récits et les prédictions des autres épouses de militaires – peut-être les seules à avoir une conception suffisamment paranoïaque de la situation pour comprendre ce qui allait advenir –, avait fini par tirer entre les deux yeux de sa servante vietnamienne, persuadée que celle-ci comptait la tuer dans son sommeil. Doucement, ainsi que les murs, les esprits s'obscurcissaient sous l'effet de la peur. Le déclin n'était visible que dans les spasmes qui saisissaient les hommes et leurs villes par certaines heures éteintes du jour. L'Américain sur les talons, Paul-Bernard regagna la rue. Pour lui soutirer un mot, une opinion, quelque chose qui fournirait un indice probant pour une future excursion au nord, le journaliste forçait le trait et donnait sur la situation une opinion d'enragé. Il reprenait à son compte les discours que tenaient les cultivateurs d'hévéas et les argentiers de Saigon : il faudrait un massacre définitif, tuer les enfants dans le ventre des femmes – *Ne croyez-vous pas, Paul-Bernard ?* –, brûler tous les villages qui avaient accueilli des Viêt-minh, fusiller tout homme ressemblant à peu près à Hô Chi Minh, brûler tous les livres mentionnant le socialisme, construire un siège des bastions qui resteraient, enfin, tous les lieux communs qu'inventera toujours la raison occidentale dans toutes les guerres qu'elle mènera contre sa propre folie. *Wilfried*, répondit finalement le jeune Français, *j'ai eu une journée tout à fait banale, je n'ai rien à me mettre sous la dent, voilà la vérité, il ne se passe plus rien...* L'Américain, comblé, comme happé par la parole qui soudain lui donnait le début d'une aventure, se pressait désormais derrière le jeune homme et scrutait le visage de Paul-Bernard comme si une phrase allait y paraître. *Parfois*, continua le Français, *les journées se terminent et je me demande même s'il y a encore une guerre dans ce pays. Pourquoi vous n'allez pas voir vos amies des cabarets, mon cher ?* siffla-t-il, au bord de la colère. *Au quartier, on dit qu'il y a quelques fleurs à cueillir dans les bordels du quartier chinois...* Sortant un calepin d'une poche de sa veste, l'Américain laissa Paul-Bernard le talonner dans la rue Catinat et, d'un crayon, écrivit sur une page vierge : « *Je me demande s'il y a encore une guerre dans ce pays.* » Satisfait, il dit pour lui-même à voix haute, *That's good.*

Paul-Bernard pénétra doucement dans l'allée étroite de la veille, comme hésitant. Il n'y avait plus au fond de celle-ci que l'arbre qu'il avait voulu prendre en photo et par terre un fin ruisseau de boue qui maculait une lanterne écrasée au sol. Plus rien de ce qui ressemblait à une animation de marché, une fête éclairée de flammèches orangées, aux odeurs de porc grillé et aux exhalaisons d'opium, ne subsistait. Sur la toile sombre du ciel, un avion entama sa descente douce vers la ville. Paul-Bernard fit demi-tour et, dans la nuit poisseuse, disparut à son tour.

Côte atlantique, été 2017

Le lendemain, Pierre se réveilla affecté par une migraine due à l'insolation. Il sortit du lit à l'aube et, s'installant au bureau de son père, ouvrit devant lui un volume épais de correspondance de Flaubert. Il fit défiler les pages sans voir sous quelques phrases à destination de Louise Colet la marque de surlignage de Paul-Bernard : *De toute la politique, il n'y a qu'une chose que je comprenne, c'est l'émeute.* Alors il reposa le volume et partit vers la cuisine en quête d'un grand verre d'eau fraîche qui, peut-être, éclaircirait son crâne. Il alla marcher pieds nus sur la terrasse. Par-delà le parapet formé d'une petite colonnade de pierres blanches s'étendait le gazon d'un vert onctueux, luisant sous les reflets matinaux de la rosée. Il s'assit sur une marche tremblante. Dans un recoin d'ombre, le rocking-chair était immobile. Entre le dossier et l'accoudoir pendait le fil argenté d'une araignée. Si un rayon avait balayé avec un peu plus d'insistance les buissons et arbustes environnants, c'eût été tout un réseau de toiles perlées de larmes que l'on aurait ainsi deviné. Avançant en éclaireuse, une fleur blanche d'aubépine poussait à même le sol. Il marcha dans l'herbe froide et, d'un pincement contre la tige verte, coupa sèchement le bouton de fleur.

Plus tard, il croisa son père qui descendait l'escalier de gestes prudents et saccadés. Pierre le salua. Paul-Bernard dit, *Vous avez bordé la lune ce matin, mon petit ?* Le fils sourit, connaissant du père chaque blague, n'en aimant aucune, les chérissant toutes. Il fut tenté un instant de raconter à son père le lien de sang que partageaient Alexandre et Linda, l'amoureuse d'Angelo, et combien soudainement se dévoilait une toile qui plongeait loin vers son passé, mais il se ravisa. Sans trop se l'expliquer, le fils buta devant l'effort qui lui avait paru étrangement extraordinaire. Il prévint alors qu'il rentrerait avant le déjeuner. Le père, essoufflé, saisissant sa canne qui était posée contre le mur, fit un geste précipité de la main, comme pour le chasser. *Pssst*, siffla-t-il, *que jeunesse se fasse !*

Arrivé au bord de la corniche, Pierre, une baguette tiède sous le bras et le journal dans la main, vit au loin, seule à la terrasse d'un café, une tache bleue surmontée d'une volute épaisse de fumée blanche. Continuant sur le chemin de la plage, il s'approcha et reconnut Alexandre. Le jeune homme nageait dans un blazer bleu dont le boutonnage doré étincelait. Sur le haut du crâne, il arborait une casquette délavée, et au bout du nez, une paire de lunettes miroitantes. À la table où il était affalé, un bol de cacahouètes et un verre de vin blanc. Pierre s'assit en face de son ami. Ils se mirent à rire. L'un et l'autre avaient reconnu, sur leurs visages pareillement tuméfiés de soleil, leur zèle de la veille. Alexandre parla le premier, *Ça finira par passer, m'a dit la pharmacienne*. Pierre lui demanda si la même pharmacienne avait recommandé un verre avant le déjeuner. Alexandre, soudain léger, promit que c'était de la médecine asiatique. Il tâta sa veste à la recherche de son paquet de cigarettes. En allumant une, il déclara, *Belle matinée, non ?* Enserrée par la corniche, la plage semblait à cette heure-ci interminable tant l'océan s'était retiré loin. Ainsi à nu, elle se trouvait martelée de-ci de-là de rochers lainés de mousse et de bateaux piégés dans le sable. Le club Mickey paraissait proche de l'effondrement, et les maîtres nageurs n'avaient pas encore redressé le filet de volley qui bâillait sur le sable. Levant la main vers le serveur, Alexandre commanda deux verres de vin. *Ne m'abandonne pas*, dit-il en direction de Pierre, *je souffre*. Ils burent. Les passants lançaient des regards obliques vers ce garçon qui gisait pieds nus posés sur une chaise voisine, la veste ouverte en grand sur une chemise, les lunettes pointant vers l'azur, une clope cendrant depuis sa main inerte où étincelait le bracelet métallique d'une montre. Pierre finit par lui demander pourquoi si tôt, pourquoi si habillé. Alexandre, se redressant, dit, *Tu as vu la tête que je tire ? Il fallait passer incognito*. Le garçon vissa un peu plus encore sa casquette sur son visage. Il était ivre. Pierre, amusé, lui raconta qu'il avait des souvenirs d'Angelo tentant, de la même sorte, de passer incognito dans la ville en s'habillant tellement qu'on ne voyait finalement plus que lui. Alexandre fit un geste qui signifiait qu'il connaissait l'histoire, et ajouta, *C'est une question de perception, là, présentement, je me sens invisible.* Rechaussant des mocassins, redressant son col, balayant le revers de sa veste d'une main, il se leva, tituba, puis, aidé par Pierre, s'éloigna du bar en laissant un billet sur la table.

Sais-tu que je suis complètement blindé ? demanda-t-il d'un ton dépité à Pierre. L'ami le laissa continuer en offrant, quand il sentait que cela était nécessaire, son bras. *J'étais dans les technologies, il n'y a jamais que les maths pour nous les Asiatiques, pas vrai ? Enfin, je me suis retrouvé à monter une boîte avec des collègues et on travaillait sur le racisme des algorithmes...* Il riait péniblement en tentant d'aller au bout de son récit, se corrigeant là, se perdant plus loin. *Je veillais à ce que les algos de reconnaissance faciale ne répliquent pas les biais racistes de la culture occidentale. Un jour, une journaliste est venue me voir à une conférence et m'a dit : Pensez-vous, monsieur, que la technologie mettra fin aux préjugés ?* Il s'arrêta net et se tourna vers Pierre, le visage encore plus empourpré. *Tu te rends compte ? Tout le monde était en train de gober notre bobard, on luttait contre le racisme avec un logiciel qu'on revendait à des dictatures militaires. Bref, quand ma grand-mère est morte, j'ai tout quitté. J'avais des parts dans la boîte. Ils ont dû me racheter à valorisation actualisée.*

Ça rapportait beaucoup plus maintenant que ça servait à surveiller des populations... C'est à partir de là que j'ai commencé à claquer. Il trébucha un peu et s'affala sur un banc non loin d'une boulangerie. Pierre partit y chercher une bouteille d'eau et un croissant. Quand il revint, il ne restait sous le banc que les mocassins. Alexandre marchait déjà, plus loin, dans une ruelle, pieds nus. Il le rattrapa, ses chaussures à la main, et finit par lui demander où était la voiture.

Pierre les conduisit ainsi à la Villa Caprice. Anne, qui s'était réveillée, sauta sur les garçons en visant la sportive allemande d'Alexandre, *Mais c'est quoi, cette caisse ?* Pierre, sans répondre, la poussa d'un bras pour laisser son camarade passer la porte. Il le coucha dans le lit de la chambre d'amis, une bouteille d'eau et un seau à proximité. Pierre pensa à l'histoire que lui avait racontée son père quelques années plus tôt. Angelo, apprenant les déboires financiers de Paul-Bernard, avait décidé de vendre une 911 en l'absence d'économies susceptibles d'être liquidées rapidement. Seulement, la nuit précédant la transaction, il avait passé des heures à pleurer sur le volant. Paul-Bernard ne l'avait appris que des années plus tard par un soir d'ivresse du musicien. Quand il avait eu l'argent pour rembourser la voiture, Angelo était déjà mort.

Dès que le musicien avait eu de l'argent en quantité excessive – ce qui par la suite de sa carrière deviendrait une stase quasi infinie du fait des mécaniques de rétributions qui marquaient ces années où l'industrie phonographique vivait au-dessus de ses moyens –, il l'avait flambé en des passions toujours plus bizarres et dérisoires. Angelo, qui aimait les chevaux et les pianos à queue, n'acheta jamais rien de tout cela. Une fois, Paul-Bernard avait demandé naïvement à Angelo pourquoi. Celui qui était encore un jeune homme avait alors pris un air effaré et avait dit, *C'est bien au-dessus de mes moyens !* Angelo préféra le mobilier italien, les bibliothèques sur mesure, les statuaires exotiques sur le marché noir, les antiquités Empire, les montres, les souliers en cuir cordovan, enfin, toutes sortes de curiosités qui s'étaient amoncelées dans la Villa Caprice avant d'être finalement bazardées par Paul-Bernard après la mort du chanteur. Très tôt, Pierre avait eu ainsi le sentiment qu'avoir de l'argent était une affaire épuisante. Alors, en voyant Alexandre piégé par l'argent qu'on brûle, comme avait pu l'être Angelo, il eut cette compassion débarrassée de tout jugement qui lui fit dire, en déposant les clefs de la 911 dans le blazer, *Pauvre gars.*

Quelques heures plus tard, dans le cabinet d'Angelo Molino, Anne, Pierre et Alexandre laissèrent l'après-midi s'écouler à l'ombre. La jeune fille, avachie, dont les cheveux éclaircis de soleil balayaient le parquet, lançait machinalement une balle vers le mur, qui là rebondissait, puis elle la rattrapait. Elle demanda à Alexandre s'il avait une petite amie. *Pas vraiment*, admit-il. S'adressant à Pierre, elle dit, *Il faudrait lui présenter Victoire.* Pierre rit. *Je ne crois pas*, jugea-t-il en imaginant l'espèce de tornade qu'était l'amie d'Anne arrivant dans la vie chancelante d'Alexandre. Elle dit, alors que la balle venait de retomber dans ses mains, *Vous saviez qu'il était juif, Molino ?* Les deux garçons se tournèrent vers la jeune fille, interloqués. Pressée par ces regards, elle continua, *J'y pense là parce que Victoire, quand je lui ai parlé de la possibilité de faire une réédition* – Pierre souffla d'agacement en entendant ce sujet revenir dans la conversation –, *elle a commencé à enquêter un peu... Tu veux dire*, la coupa Pierre, *qu'elle a lu une page Wikipédia ?* La jeune fille l'ignora et termina son histoire à l'adresse d'Alexandre, *Donc elle a découvert qu'il s'appelait Lucien Leibovitz et qu'il s'était engagé dans la Légion en Indochine alors qu'il n'était même pas majeur. À l'époque, il vivait déjà seul à Paris. Il travaillait comme pianiste de jazz dans des clubs de la rive gauche... Ses parents avaient été déportés.* Soudain abrutis par la noirceur, ils quittèrent sans un mot la pièce et gagnèrent la terrasse où le redoux de la fin d'après-midi les accueillit. Isabelle sortit une bouteille d'eau pétillante du réfrigérateur et Alexandre rassembla ses affaires pour se préparer à retourner vers son lieu de villégiature. Pierre, qui le vit ramasser sa montre, lui demanda, *Sur quel fuseau est-elle ?* Alexandre, surpris, répondit, *Saigon, pardi !*

Sur la route slalomant en contrebas de la Villa Caprice, la voiture d'Alexandre avalait le bitume en les berçant d'un ronron racé. Alexandre dit d'une voix empreinte de tendresse, *Tu as une chouette famille*. Pierre fut gêné d'une pareille remarque. En se forçant à sourire, il le remercia. Puis, repensant à ce qu'avait raconté Anne, il confia,

Molino, maintenant je m'en souviens, ses parents sont morts en Pologne. Quand Angelo a été blessé pendant la guerre, tout ce qu'il savait faire, c'était jouer un concerto de Bach. C'est comme ça, je crois, que mon père l'a connu. Pendant des mois, il ne parlait pas, il jouait seulement. Je ne sais pas ce qui avait été brisé en lui déjà dans l'enfance, mais cela avait dû s'aggraver en Indochine. Les gens de leur génération paraissent parfois drôlement cassés, jugea finalement Pierre en pensant à son père. La route de la plage grimpait sur les dentelles rocheuses et au loin on apercevait les carrelets des pêcheurs qui flottaient sur des vagues dorées par la tombée du jour. Le parcours les avait plongés dans une méditation vague. Alexandre, rêvassant, demanda, *Les gens de cette génération seulement ?* Pierre, gêné, alluma le poste de radio.

Alexandre occupait une sorte de villa californienne : tenant sur un seul étage, c'était un rectangle de béton rainuré qui abritait, comme une carapace, une peau de verre. Alexandre le pria de venir prendre un verre. Une brise humide soufflait sur la terrasse. Les amies d'Alexandre étaient parties la veille. C'est tout ce que Pierre apprit de leur présence fantomatique – des semaines après, il se demanderait s'il ne les avait pas inventées. Alexandre traînait désormais en caleçon de bain et chemise sur la terrasse. Il faisait les cent pas, et derrière lui le soleil rejoignait la mer. Ils se versèrent deux verres de whisky ; Alexandre alluma une cigarette et, tournant sa chaise vers l'horizon, s'assit. *Drôle d'époque*, finit-il par dire en songeant à Molino. Pierre, qui se sentait lesté par cette discussion, haussa les épaules. Il pensait à son père et à ce brumeux jadis vers lequel Alexandre le rejetait. Pour les jeunes gens de vingt ans, tout cela – Shoah, Indochine, noirceur de la raison occidentale – aurait dû être un livre fermé, et les fuyards du livre bientôt tous rattrapés. Le soleil avait disparu et ne restait sur le ciel qu'une longue et baveuse trace pastel. Pierre demanda, *Et tu vas faire quoi, toi, de ta vie, maintenant ?* Alexandre répondit, songeur, *Oh, je vais claquer tout le fric dans des disques et des bidules, et comme ça, quand j'en serai totalement débarrassé, pauvre et inutile, les filles me demanderont pourquoi j'ai deux cent mille vinyles dans mon petit appartement, et moi, ben je hausserai les épaules.* Là-dessus, il alla à l'intérieur de la maison en longeant une baie vitrée qui reflétait la toile tendue du gazon. Il s'affaira un instant puis revint vers la table. Et, silencieux, ils écoutèrent s'élever depuis le salon « Lonely Sea » des Beach Boys. Dans le crépuscule lavande, les premiers accords de basse s'étirèrent longuement, ondoyant dans l'air comme des flammes. *T'es un vrai sentimental*, jugea Pierre. Alexandre enchaîna, buvant désormais le whisky au goulot, *Tu sais que j'ai acheté des pierres de taille pour une église inachevée au Vietnam ? C'était l'église où ma grand-mère allait quand elle était encore là-bas. Je voulais les envoyer au Vietnam, pour terminer la construction interrompue... Mais je n'ai jamais eu le courage d'organiser tout ça. Alors parfois j'y pense, à ce gros tas de cailloux perdu dans une grange à Toulouse...*

Il pouffa. *Une partie des pierres étaient restées en France parce que la guerre avait commencé et l'église n'a jamais été finie*... Plus tard, ils se quittèrent sur le perron de la grande villa d'Alexandre. Ils s'enlacèrent et Alexandre, comme inquiet de tomber, serra de toutes ses forces Pierre.

En rentrant vers la Villa Caprice, alors que bourdonnaient autour de lui les frelons qui sillonnaient les fourrés, Pierre sentit une étrange fébrilité s'emparer de lui. Ce fut comme si, dans cette embrassade, s'était invitée une présence discrète qui ne tarderait pas à séparer les deux jeunes hommes. Un spectre recourbé au-dessus d'eux leur avait retiré dans le ventre quelque chose au moment même où leurs bras avaient tenté de s'élever en guise de protection. Plus Pierre y pensait, plus Alexandre lui paraissait sur le point de sombrer dans l'obscurité. Il chassa cette idée de son esprit et la mit sur le compte de l'alcool. Lorsqu'il arriva enfin à la villa, Anne, l'accueillant sur le perron, dit, *Je l'aime bien finalement, ce petit gars*. Pierre l'embrassa, longuement. La nuit les souleva un instant au-dessus du sol, dans une alcôve formée par le parfum nocturne des aubépines, puis ce fut le silence.

Au même moment, devant le bow-window où se présentaient quelques étoiles bleutées, Paul-Bernard souligna deux vers dans un volume relié des *Fleurs du mal* :

C'est la Mort qui console, hélas ! et qui fait vivre ;
C'est le but de la vie, et c'est le seul espoir

Sous le mot *espoir*, il traça un deuxième trait. Puis il referma le livre, posa son crayon et ses lunettes sur le bureau. En levant les yeux vers la lune, il murmura, *Tu ne perds rien pour attendre*... Et, à côté du corps endormi d'Isabelle, il se coucha, l'esprit débarrassé de toute ombre.

Paris, 1971

– *Bonjour, Angelo.*

– *Bonjour, mademoiselle.*

– *Nous ne sommes pas ici chez vous, n'est-ce pas ? J'ai cru comprendre que vous viviez en province.*

– *Oui, j'habite près de l'océan. J'ai une maison là-bas héritée d'un ami d'Indochine... C'est une longue histoire mais là, on est chez Paul-Bernard, qui est un peu comme mon grand frère.*

Paul-Bernard et un type en costume de chez Philips se tenaient assis à la table à manger. Le second salua joyeusement la journaliste radio d'Europe et le premier resta de marbre. Angelo, posant une main sur le micro qui était devant lui, demanda une minute de pause. Il alluma une cigarette roulée. La journaliste, qui reconnut l'odeur de chanvre, le regarda avec une fascination à peine voilée. Ils reprirent.

– Angelo, le public ne vous connaissait pas il y a encore cinq ans. Aujourd'hui, votre chanson « L'Aventure », qui a été présentée à l'Eurovision, ne vous a pas permis de gagner mais semble vous avoir apporté une popularité qui n'a cessé de croître. En France, vous avez de nombreuses admiratrices... Et depuis, il y a des albums, des tournées, etc. Mais pouvez-vous nous raconter l'histoire de cette chanson ?

– Eh bien, vous savez, l'Eurovision, c'est toute une histoire, il y a des délais à respecter, il faut présenter un matériel neuf... Moi j'étais au studio Philips du boulevard Blanqui à l'époque et je travaillais comme pianiste sur un disque de variété. J'ai commencé à poser quelques gammes pour une maquette et le boss a décidé de me lancer dans le projet. À partir de ce moment, j'ai mis toutes mes forces dans la construction d'un son, d'une idée... C'était simplement du yaourt, j'aime commencer en faisant du yaourt, j'aime le son de la voix, les paroles, je m'en fiche...

– Avez-vous peur du succès ?

– Je suis terrifié.

– J'ai cru entendre que vous prépariez un 45 tours avec une jeune femme, Linda Quartz. Pouvez-vous m'en raconter davantage ?

– Linda est tonkinoise...

– Vietnamienne, vous voulez dire ?

– Oui, voilà, elle est née là-bas. Et j'ai voulu qu'elle chante, car je l'aime, enfin... sa voix. Le son de sa voix, c'est un truc étrange, un peu comme une odeur...

Angelo se raidit. Il alluma une cigarette qu'il posa sur ses lèvres, à côté de son pétard. La journaliste continua.

– *Vous souvenez-vous de ce qui vous a donné envie de chanter ?*

– *C'était il y a longtemps, presque dix ans maintenant. Avec Paul-Bernard, on n'avait pas de voiture, alors on prenait la moto pour aller en banlieue avec un petit transistor pour capter les radios pirates anglaises. Paul-Bernard était convaincu qu'on captait mieux à Juvisy et moi, à Versailles... Alors on prenait la moto depuis Paris, on allait à l'un, puis à l'autre, et on gardait le transistor allumé. J'ai entendu comme ça le son de ces années, c'était quoi, ah... oui ! C'était les Animals, « House of the Rising Sun », Johnny l'a reprise après... C'était une super chanson !*

– *Et maintenant, Angelo, qu'est-ce qui vous inspire ? On dit que Paul McCartney va sortir un deuxième album cette année, avec sa femme prénommée aussi Linda... C'est drôle, non ?*

– *McCartney, j'ai beaucoup écouté. Vous connaissez la différence entre lui et Lennon ?*

– *Non ?*

– *McCartney, c'est aussi un type qui fait du yaourt, j'en suis sûr. Regardez.*

Angelo prit alors la guitare qui était posée à côté de lui et commença à jouer les accords de « Martha My Dear » et, plutôt que de chanter les paroles qu'il ne connaissait pas, se mit à faire un scat de bluesman.

– C'était merveilleux, Angelo… Mais elles sont jolies, les paroles de McCartney pourtant, pensez à « Yesterday »…

– Ce que je veux dire, c'est que Lennon est un technicien, il y a quelque chose de lisible, de clair, dans ses intentions. Il est porté par la technique, la justesse. McCartney, lui, il travaille la mélodie et la voix comme une sorte d'instrument qui serait… imparfait ? Il y a aussi cet Italien, là, dont vous avez peut-être entendu parler, comment il s'appelle… Paul-Bernard, peux-tu me rappeler ?

D'une voix lointaine Paul-Bernard dit :

– Battisti, Lucio Battisti.

– Oui, voilà. Il faudrait que vous écoutiez ça, j'ai les disques à la maison. Il fait des trucs formidables.

– Vous dites ça parce que vous êtes italien, Angelo…

– Peut-être bien.

Sur ces mots, Angelo reposa sa guitare et se lova un peu plus profondément dans son fauteuil. Il jeta un regard à Paul-Bernard qui, souriant, lui fit signe de continuer. Ce n'était pas un vrai mensonge, tout allait bien. Alors, piochant une énième Gauloise, l'allumant, Angelo poursuivit.

– Ce que j'aime vraiment, moi, ce sont les Beach Boys. Brian Wilson surtout. La première fois que j'ai entendu leur chanson, le doo-woop « I Get Around », j'ai su. C'était en 1964 aussi. Quelle année. Je traînais dans les clubs de jazz à Saint-Germain à l'époque, mais je voulais ce son qui sort du tourne-disque, cet étrange frisson très froid qu'on a quand on entend ces types chanter comme s'ils étaient un quatuor à cordes… Ça fout les jetons quand on y pense, ce

son des Beach Boys, ça existe, ils l'ont enregistré quelque part dans le temps, et nous, on écoute ça...

– *Il est devenu fou, Brian Wilson, non ?*

– *Je ne crois pas.*

– *Pourtant, on dit que, sur les derniers albums, il n'était même pas en studio.*

– *C'est toujours la même chose avec les labels. Ils vous font passer pour fou quand vous entrez vraiment dans votre son.*

Le type de Philips fit un signe sévère, net, à destination de la journaliste, qui opina sans quitter Angelo des yeux.

– *Vous avez entendu leur dernier single ?*

– *Oui ! Je l'ai fait rapporter... Regardez, dessus, il y a une chanson de Brian en face B. Elle s'appelle « Surf's Up ». C'est franchement la plus belle chanson que j'aie jamais entendue. Vous savez, je crois, qu'on vit une époque phénoménale, avec les machines, les studios et le public qui est là, qui soutient la musique populaire, et je crois que des chansons comme celle-ci nous montrent de quoi le futur sera fait.*

Il reprit sa guitare. Et, jouant quelques accords pour répliquer le rythme de « Surf's Up », se mit à murmurer avec un accent monstrueux, *Hung velvet overtaken me, Dim chandelier awaken me, to a song dissolved in the dawn, the music hall a costly bow, the music all is lost for now...* Il s'arrêta soudain et dit, d'un ton neutre, *Vous ne trouvez pas que ça sonne comme holocauste « hall a costly bow » ?*

La journaliste cessa un instant de fixer la bobine qui tournait dans l'enregistreur. Elle posa un regard lourd, inquiet, sur Angelo, tentant de percevoir une blague de musicien défoncé. Mais il soutenait son regard, en attente d'une réponse. Elle sembla alors perdue dans la pièce, les yeux furetant à droite, à gauche. Elle soupira.

– *Bon, d'accord, enchaînons...*

– *Oui, enchaînons. De quoi le futur sera fait, Angelo ? Nous terminerons par cette question.*

– *Je crois qu'il y aura de plus en plus de silence dans la musique. En tout cas, moi, c'est ce que je cherche à faire. Pour le moment, je ne vois pas bien comment mais voyez, dans « Surf's Up », ce qui m'intéresse, c'est le silence. Je veux que le son soit si dense, si net, si total, qu'il produise du silence. Comme plus et plus font moins, c'est ça ?*

Le type de la major leva les yeux au ciel, Angelo continua :

– *Dans quelques années, il y aura plein de machines dans les rues, des transistors partout dans les villes, la musique amplifiée sera partout. Ce sera un enfer. Et alors, l'art, ce sera de faire du silence. Wilson fait ça, Battisti aussi, Bach je trouve aussi. Enfin, voyez, du silence...*

– *Merci, Angelo.*

– *Merci à vous.*

Elle replia le micro dans une petite valise en cuir. Le type de la major l'entretint sur les conditions de diffusion et quelques autres modalités tandis qu'Angelo se ruait sur

Paul-Bernard. Il lui demanda ce qu'il avait pensé de l'interview ; Paul-Bernard, perdu dans ses pensées, lui sourit et, posant une main tendre sur son épaule, lui dit qu'il avait été parfait. Angelo sembla soulagé et alluma un nouveau joint. La journaliste avait quitté l'appartement avec le type de la major. On n'avait même pas remarqué qu'ils étaient partis. On sentait seulement que le vent tournait et que la gloire avait parfois tout d'un crépuscule. On n'en dit rien.

Hoi An, 1952

Le chemin de fer devait mener Paul-Bernard et un jeune officier du nom de Matthieu sur la latitude de Hoi An. Il n'en fut rien. Le train que l'on faisait rouler pour maintenir une illusion d'unité territoriale s'arrêta lorsque les voies devinrent impraticables du fait des attentats répétés. Ils descendirent de leur wagon assailli par la poussière avec la petite cohorte de voyageurs résignés qui, gagnant le village voisin, se disperseraient dans des taxis de fortune pour rejoindre Da Nang. Se déplaçant sans uniformes, les deux militaires suivirent la foule le long des cultures de Binh Dào. Le ciel était d'un gris lourd, faiblement éclairé par quelques rares percées de soleil blanc. L'exposition de la côte aux typhons en avait fait une zone imprévisible et l'on s'y inquiétait davantage des tourments du ciel que des éclats de la guerre. Paul-Bernard vit ainsi les paysans lever les yeux vers les nuages alors que passait devant eux le cortège de valises et de voyageurs. Un autocar finit par les emporter plus loin. Durant le trajet, l'officier pesta, *Foutus Chinois.* Paul-Bernard, croyant à une erreur, le reprit, *Ils sont annamites.* L'autre, *Je parle des mortiers, caporal, foutus mortiers chinois.* Il grommela et s'enfonça dans une veste en toile kaki en rabattant sur son crâne un feutre brun. Paul-Bernard, mal à l'aise, alluma une cigarette.

Ils arrivèrent à Hoi An à l'heure du déjeuner. Le ciel avait déjà changé : la chape moutonneuse parcourait désormais les hauts plateaux et ne tarderait pas à fondre en pluie. Ils mangèrent l'un en face de l'autre à la table chancelante d'un restaurant français. On leur servit une baguette humide et un poulet à la moutarde, infâme. L'officier commanda du vin de table. Il en but un pichet seul, l'autre fut partagé avec Paul-Bernard qui n'osait pas se resservir et se versait de grandes rasades d'eau au goût chloré. *J'avais pourtant lu tout Conrad, tout Loti*, dit l'officier en terminant son quatrième verre. Quelque chose sembla soudain vivre dans son regard. *Voyez*, continua-t-il, *on n'a pas l'air comme ça, mais l'armée française lit des livres, mon vieux. J'ai lu tout Saint-Simon avant de venir. La belle affaire, non ?* Paul-Bernard opina, laissant le type continuer – le subordonné cherchait à se racheter. *J'ai lu Tocqueville, Heidegger, Marx même, oui, je vous assure,* La Commune de Paris *et tout ce fatras. Mais qu'est-ce que vous voulez que ça me fasse ? Vous savez le pire trait de l'espèce humaine ?* Sans attendre de réponse, il poursuivit, *Elle ne sait jamais s'arrêter. Regardez ce train de putain. Ils vont lui faire courir la voie jusqu'à ce qu'il n'en reste plus un seul morceau utilisable. Ce sera pareil pour l'aviation et l'infanterie, tant qu'il restera un gamin à jeter dans la gueule des Jaunes, on continuera. Vous voulez bien me passer une clope, mon vieux ?* Paul-Bernard lui tendit le paquet, l'officier en mit deux dans sa bouche, puis, les allumant d'une seule flamme, se mit, toussotant, à en avaler la fumée onctueuse. *Ça ira plus vite comme ça*, jugea-t-il, entre le rire et l'étranglement. Il se leva soudain de la table et hurla, à destination de personne, *Tocqueville, quoi !* Puis, se laissant retomber, enfonça son feutre sur son crâne comme il l'avait déjà fait dans l'autocar. Il ne sortait de l'ombre large du couvre-chef que les deux volutes épaisses de ses cigarettes.

Ils marchèrent le long du canal de Hoi An. Les maisons jaunâtres des Hollandais se succédaient, et demeurait une sorte d'activité commerciale précaire. Tout indiquait encore la guerre, ses séquelles, son va-et-vient infini de pénuries. Passant devant une échoppe qui semblait vendre tout ce qui restait de négociable – épices, habits usagés, balles de carabine, poules, pipes à opium et figurines en cire de la Madone à l'Enfant –, l'officier, ne s'adressant plus vraiment à Paul-Bernard, dit, *Et tout ça pour les beaux yeux de Marco Polo...* Il jeta un coup de pied dans une poule qui picorait des restes de gruau sur les pavés. L'animal, protestant, sembla s'indigner. Puis un silence suivit. Un léger vent océanique chassait les odeurs pestilentielles du canal vers les ruelles, un générateur électrique crapotant répandait des effluves de mazout depuis une arrière-boutique, l'après-midi allait être morne. On les regarda passer sans un bruit, sans qu'ils puissent jamais savoir si c'était de la crainte ou de la haine qu'ils lisaient dans les yeux qu'ils croisaient çà et là.

À 15 heures, Paul-Bernard accompagna l'officier dans un Combi qui vint les chercher sur la place devant l'école. Ils y retrouvèrent une poignée de militaires occupant un poste de surveillance dans l'intérieur des terres. Ils étaient le genre d'engagés qui, dès leur regard, semblaient annoncer qu'ils avaient tout vu de ce qui pouvait être vu. La peau burinée de soleil, les yeux blanchis d'angoisse, les épaules meurtries de sacs portés, la morale dissoute dans l'alcool, ils ressemblaient à des forçats du néant qui, sans plus de parole sinon quelques chansons d'ivrognes, néantisaient. Les types avaient été envoyés vers Hoi An pour faire visiter à la délégation du commandement, Paul-Bernard et Matthieu, un village témoin. C'était une initiative conjointe des militaires, de chefs d'industrie et de locaux enrichis qui tentaient par là de prouver qu'il subsistait un « espoir de civilisation » dans l'intérieur des terres. On avait ouvert une école pour jeunes filles, un dispensaire, une chapelle, et la compagnie Michelin envoyait des volontaires vers les plantations au Sud. « L'économie, l'éducation et le progrès pacifieront durablement les zones hostiles », avait écrit le gouverneur général dans une lettre adressée à l'administration militaire. Paul-Bernard devait réaliser un court reportage qu'on enverrait à toutes les agences de presse du monde, tout en sachant qu'aucune ne reprendrait la propagande militaire. En France cependant, le film ferait le tour des actualités. Dans la capitale indochinoise, on multipliait depuis le début de l'année les cartes postales à destination de la métropole. À Paris, la défaite semblait tellement entendue qu'on en oubliait de plus en plus souvent l'existence même de cette partie du monde lorsque venait, à la représentation nationale, la question du budget alloué à la colonie. Paris aurait sûrement préféré un dépôt de bilan rapide, mais la République, si jeune et pourtant si lasse de ses testaments, pleine encore de l'Empire disparu, somnolait. Et pareils à un train sans plus de destination, aveugles à leur propre sort, les wagons à bétail du gouvernement général poursuivaient leur chemin de fer qui cahotait dans le siècle.

Le Combi s'arrêta avant même d'atteindre le pont qui traversait la rivière Thu Bôn. *Quelque chose ne va pas ?* demanda, ironique, l'officier. *Il n'y a plus de pont*, lui répondit-on depuis l'habitacle. Jetant un regard de connivence vers Paul-Bernard, l'officier se saisit de son arme et sauta à terre. *En avant, mes braves*, lança-t-il aux militaires. Et bientôt, chacun marchait avec une prudence croissante qui, pas à pas, deviendrait une lente paranoïa saisissant même les plus expérimentés. Un homme finit par poser un pied sur une mine. L'explosion lui arracha la jambe. L'officier, dans la stupeur générale, lui tira une balle dans le crâne aussitôt. *Allez !* hurla-t-il, *on ne s'arrête pas dans les ravins de la mort, n'est-ce pas ?*

Ils marchèrent. Il n'y eut plus de mine. Le pont avait été incendié, des pilotis noircis s'élevaient dans la rivière glauque. Ils gagnèrent l'autre rive en suivant l'officier dans les flots. L'officier Matthieu – touché par la plus grave des folies, la résignation devant la mort – comptait, en dépit de toute évidence, terminer la mission. Devant sa détermination, tous se taisaient. Les hommes le suivirent et Paul-Bernard ne le quittait plus des yeux maintenant que, marchant devant la troupe, il s'exposait à toutes les balles, à toutes les mines. Des canards mandarins volèrent au-dessus d'eux en traçant un large V dans le ciel et il leur sembla que le pire était passé. À travers les lames des roseaux, ils gagnèrent la rive.

L'odeur de brûlé devenait insistante tandis qu'ils continuaient de marcher sur le bord du chemin qui menait au village. À la porte en bois de ce dernier, l'officier se recueillit un instant devant la tête tranchée et empalée de l'institutrice. Il dit, son chapeau dans la main, presque ému malgré son rire, *La République vous salue, mademoiselle.* Puis, s'adressant à Paul-Bernard, il ordonna, *Eh, vous ! Qu'est-ce que vous attendez ? Tournez maintenant ! Qu'on leur montre là-haut le progrès, l'économie, l'éducation, qu'on leur montre !* Pantois et incrédule, le jeune homme abandonna l'officier et remonta sa caméra pour tourner les premiers plans. Ce fut d'abord un plan large, sans mise au point pour ne rien saisir des traits juvéniles de la décapitée, sur l'enceinte en bois du village derrière laquelle s'élevait la fumée noirâtre d'un incendie. Puis il y eut un deuxième plan, assez flou également, dans l'école où des petites filles paraissaient dormir sur leurs tables d'écolière ; quelques gouttes de sang séché apparaissaient parfois, tels des parasites sur la bande. Paul-Bernard renâclait à filmer, il gardait en tête son refus inutile quant au charnier. Néanmoins, les horreurs s'accumulaient sur la bande, quoiqu'il protestât. Il n'était finalement pas si différent de ce journaliste américain. Il peignait – au service de quoi, de qui ? – un monde qui aurait voulu percer l'écran du langage, du calcul, de la tactique. Rien pourtant ne perçait jamais la pensée machinale de la guerre. Ni la pornographie de la mort, ni même l'indignation factice des bandes magnétiques, et il demeurait condamné à filmer tout ce qui faisait de cette guerre une guerre, et pour la première fois de l'histoire tout ce qui avait pu être regardé se logerait dans la mémoire chimique. Qu'en ferait-on pour autant ? Pas grand-chose. Paul-Bernard le savait à présent, on continuerait de *ne pas savoir* même sous la menace du visible. Dans le délire de l'officier Matthieu, toutes ces images constituaient une preuve... Mais que pourrait une preuve si aucun procès ne se tenait jamais ? Alors, il obéissait.

Ensuite, Paul-Bernard prit un plan cadré des étals vidés du magasin où flottaient dans le vent léger quelques haillons et des prospectus. Une femme le surprit, elle hurla en vietnamien dans sa direction, l'officier qui talonnait désormais le reporter vida son chargeur dans le crâne de l'Annamite. Il demanda, *Ça tournait ?* Paul-Bernard, tremblant, opina. L'autre, *Tant mieux, tant mieux. On peut se barrer maintenant ?* Exigeant un délai pour préserver les pellicules de la chaleur – c'est du moins le mensonge qu'il servit –, Paul-Bernard se dirigea vers le fond du village où une petite chapelle de bois inachevée s'élevait dans une paix morbide. Il y retrouva un soldat qu'il avait vu se réfugier là quand l'officier tournait comme un dément dans les décombres. La porte avait été défoncée. Il posa la caméra sur les marches qui menaient à la chapelle et, faisant la mise au point sur le soldat qu'on devinait de dos, filma un long plan où rien ne bougeait plus sinon son corps recroquevillé par la prière. Quelquefois il tremblait, il se ressaisissait et, tournant un chapelet dans sa main, se remettait à psalmodier *Je vous salue, Marie.*

Ils retrouvèrent le Combi et, dans un nuage de poussière, quittèrent l'hécatombe. De retour à Hoi An, l'officier envoya un télégramme et acheva de se soûler. On serait de retour à Saigon le lendemain. Il risquait la cour martiale – qui ne la risquait pas ?

Dans la chambre qu'il occupa cette nuit-là, pensant au soldat dans la chapelle, Paul-Bernard posa les premières phrases de ce qui deviendrait le prologue de son premier long-métrage, *La Légion des honneurs*. Il écrivit, la main tremblante sur le bureau de fortune : *Ils ont un message pour vous, c'est tout chaud dans leur gorge, ça sent la poudre, le cuir humide, la pipe froide, le caoutchouc brûlé et le brouillard des rizières (ça sent le sang aussi).* Puis, revoyant le visage sombre, enfantin pourtant, de l'officier

Matthieu, il continua. *Ils étaient partis vers de lointains rivages – si lointains que la vie d'un homme ne suffit pas pour en revenir. Et puis, ce n'étaient que des enfants. Il n'y a que des enfants pour faire la guerre : du simple soldat au général, que des enfants.* Il alla vérifier qu'il avait toujours de la pellicule dans l'appareil, que tout était en place, que les images ne se perdraient pas, du moins pas tout de suite. Et, posant la bobine à côté de son carnet, il conclut. *Comment voulez-vous faire la guerre avec autre chose que des enfants ? Les enfants sont les vrais, les purs, les seuls idéalistes car ils ont la naïveté. On leur avait dit un jour : les gosses, allez donc jouer dehors, il fait beau ! Et on leur avait donné un bout de terrain le plus loin possible de la maison pour éviter de faire du bruit et de casser les carreaux.* Il griffonna à côté de ces mots « 12 000 km » et il entoura le nombre. Il s'arrêta, posa son crayon, se déshabilla. Les images, il le savait, n'auraient jamais aucune valeur : elles risquaient même la destruction, compte tenu des barbaries enregistrées sur la bande. Elles ne pouvaient être sauvées. Tout ce que l'on put faire, ce fut les monter, les commenter, les écrire comme si elles avaient été une fiction, le rêve de son créateur. Et ça, dans le fatras des signifiants du cinématographe, cela aurait pu être l'espoir de faire apparaître enfin ces images. Une histoire seule pourrait sauver l'histoire, Paul-Bernard en était à présent convaincu. Il regarda par la fenêtre de sa chambre. Il n'y avait pas – ou plus, qui sait ? – d'électricité à Hoi An. Les rares lampes à gaz faiblissaient dans le soir en jetant des ombres de lumière fauve sur les murs. La nuit était sinon noire et liquide. Il se coucha, sans dormir. « La République vous salue, mademoiselle », entendait-il sonner dans son crâne, entre quelques rafales.

*

L'officier Matthieu avait pris une voiture de la compagnie coloniale et avait roulé vers les plaines de l'Ouest. Le chauffeur s'était enfui après avoir été menacé par le militaire. Il grelottait désormais dans le lobby de l'hôtel en répétant que l'officier était possédé par le démon. Il se précipita vers Paul-Bernard, l'interrogea avec véhémence comme s'il avait une quelconque responsabilité dans les événements, voulut qu'il fasse quelque chose. Paul-Bernard haussa les épaules, prit son sac, son appareil, fit envoyer un télégramme – PAS DE RETOUR AUJOURD'HUI STOP DONNERAI DES NOUVELLES AU PLUS TÔT STOP. Il demanda une voiture et partit sur la trace de l'officier Matthieu. Le chauffeur put lui indiquer la direction jusqu'à ce qu'ils atteignent un lac boueux. Ses rives étaient recouvertes d'une couche dense de lotus orientaux qui, dans une sorte de désorganisation menaçante, accueillaient tantôt de grandes fleurs d'un rose poudré, tantôt des bourgeons fermes s'élevant en piques sur l'eau. Paul-Bernard voulut qu'on s'approche. Il s'assit sur un rocher et, allumant une cigarette, en tendant une autre au chauffeur, commença à mitrailler la rive avec son appareil photo. Les larges feuilles reposaient un peu au-dessus de la surface du lac, quand elles ne s'élevaient pas plus haut encore. En tentant d'immortaliser ces dernières, Paul-Bernard crut voir des fanions verdoyants qui se soulevaient dans le vent. Ce fut alors une sorte de ballet sans vraiment de rythme, où se bousculaient les plantes saumâtres, alors que sur l'eau scintillait le soleil incolore. Le Vietnamien, désormais plus cordial, commentait dans un français lacunaire la beauté du paysage, il disait que les plantes étaient celles du Bouddha. Il fumait calmement et se laissait gagner par la danse des fleurs. Pourtant, il pourrait être torturé pour avoir perdu l'officier, Paul-Bernard le savait. S'ils ne le retrouvaient pas vivant, ou pire s'ils ne retrouvaient que son corps, le chauffeur serait longuement interrogé. Forcément Viêt-minh, forcément traître. Leur société était devenue tellement paranoïaque que Paul-Bernard se demandait même pourquoi les locaux continuaient leur collaboration avec des Français si méfiants qu'ils prenaient plus souvent une balle qu'ils ne recevaient leur paye. Paul-Bernard, rangeant son appareil, le remercia d'une accolade. Puis, laissant le chauffeur sur le bord du chemin, continua sur la route qui sillonnait plus au nord.

Le lac se terminait dans un bras d'eau mince et accidenté. Au-delà s'élevait un vallonnement boisé dont la pluie avait fait verdir les prairies. Il abandonna la voiture en y prenant un bidon de gasoil et se mit en marche vers une colline un peu plus haute. Sur l'horizon, il observa les dentelles sombres de la chaîne Annamitique qui fracturaient le ciel. En dessous, Paul-Bernard reconnut la colline à la signature qu'elle imprimait sur le paysage, il l'avait déjà vue dans les livres de l'École des langues O. C'était le siège d'un des plus beaux vestiges d'une civilisation disparue du sud de la Cochinchine, le Champa, une culture maintenant lointainement engloutie dont les temples se comptaient en une toute petite poignée. Des bâtiments étranges, portés par des influences du monde sanskrit. Paul-Bernard commença une ascension rapide.

Atteignant le sommet de la butte, il aperçut l'officier avachi devant le sanctuaire My Son. Il n'était pas mort. Il avait, dans une jambe, une balle explosée. Le trou était béant, sale, recouvert de poussière, et il sanglotait par terre, adossé contre une pierre. Paul-Bernard s'agenouilla, regarda la plaie. Il entendit, étouffé dans un souffle saccadé, le jeune homme dire, *Inutile, c'est une question de minutes.* Il regarda le visage de l'officier qui souriait. Sans un mot, Paul-Bernard s'assit à côté de lui. Il offrit deux cigarettes à l'officier, le type n'en voulut qu'une, il dit, *J'ai tout mon temps maintenant, pas vrai ?* et se laissa porter par la fumée dans une sorte de somnolence. L'officier ajouta, *Je vous ai reconnu, vous savez, je me souviens de vous, c'était à l'École des langues. Vous suiviez le même cours d'histoire orientale que moi, avec le professeur... Son nom, rappelez-le-moi, je vous prie...* Paul-Bernard dit, *Le professeur Villemont. Oui*, poursuivit le gradé, *lui-même, il était intarissable sur la civilisation du Champa, pas vrai ? Intarissable...* Sa voix devenait chevrotante, rêveuse. *C'est comme ça que vous saviez, pas vrai ? Vous saviez que j'allais venir ici*... Paul-Bernard répondit, *Non, je ne savais pas, je ne l'ai compris qu'en venant et j'ai saisi ensuite ce que vous alliez faire... Vous savez qu'ils le tueront pour ça ?* L'officier Matthieu tenta de poser une main sur l'épaule de son camarade, s'essaya à une pression amicale mais la force lui manqua. Alors, se ravisant, il laissa son corps s'affaisser. Sa cendre tomba sur son torse et sa cigarette s'écrasa dans la poussière. Paul-Bernard, immobile, finit de fumer puis, posant une main dans le cou de l'officier, palpa le raidissement. Il se leva, le redressa, lui mit deux clopes au coin des lèvres qui maintenant étaient complètement figées. Il trouva, à côté du cadavre, le feutre marron qu'il déposa religieusement sur la tête du fou, puis versa sur celui-ci suffisamment de gasoil. Enfin, après avoir allumé une clope qu'il jeta en direction du couvre-chef, il s'éloigna. Dans la chaleur et la poussière, tout partit en fumée.

Il longea la colline. Le sanctuaire, insensible aux civilisations déclinantes, dormait du sommeil tranquille d'un Léviathan. Luxueux sommeil que celui des civilisations mortes. Paul-Bernard, qui venait ici pour la dernière fois avant que les Américains ne l'incendient – en d'autres années, en des guerres toujours répliquées –, n'y vit rien qu'une menaçante étrangeté du passé. Et, face à une petite figurine de flûtiste cham aux arabesques infinies, d'une délicatesse inouïe, il se souvint de son texte écrit la veille : *Douze mille bornes*, dit-il d'une voix qu'emporta la brise du soir. Il redescendit la colline, retrouva la voiture, récupéra le chauffeur qui somnolait sur la rive du lac, puis conduisit jusqu'à Hoi An et ne dit rien à personne de l'officier Matthieu, de l'institutrice, du chauffeur, ni alors, ni jamais.

De retour à Saigon, il cacha les pellicules dans un drap, le remit à Pierre Motton et, sur le voyage et la mort de l'officier Matthieu, ne commenta que d'un énigmatique : *Il y eut beaucoup d'alcool, mon général.* On accepta le mystère avec le flegme administratif qu'on accordait aux missions ratées.

Ce n'était pas chose commune que le suicide d'un militaire. La fréquentation de la mort au cours de la guerre n'accordait à personne le répit de désirer la fin. La vie, connue sous son mode minuscule de précarité, devenait éblouissante. Personne n'avait même le temps de penser à mourir. Pourtant, l'officier Matthieu avait eu cette force-là. Paul-Bernard ne pouvait s'empêcher de penser qu'il s'agissait de l'homme le plus lucide de la division. Cette ressource qu'il avait trouvée pour aller se tuer à My Son, cette intégrité-là, c'était le gâchis de la guerre. À tant vouloir survivre, on en oubliait parfois qu'il aurait été préférable de mourir – que devenait-on sans cette aspiration ? Même les chiens se suicident.

Paris, 1971

Le Tennessee, pareil à un juke-box posé à même les pavés, irradiait le boulevard. Le taxi déposa Linda et Marguerite à quelques mètres. Elles atteignirent les portes encore closes du dancing en échangeant des banalités chaleureuses. Linda, qui avait apporté une petite bouteille de liqueur dans son pardessus, était déjà un peu ivre et Marguerite, qui n'osait rien boire de trop fort, se violentait pour se montrer aussi délurée que son amie. Cela donnait lieu à une scène d'une banalité parfaite : deux jeunes filles de dix-sept ans se bousculant, se gaussant, sur les trottoirs à peine animés de Paris la nuit. Parfois, Marguerite se trahissait d'un regard un peu trop long sur un détail qui n'appartenait qu'à elle. Une chose en appelait une autre, et, sans qu'elle en ait le contrôle, la voilà qui se trouvait affectée d'une résignation langoureuse. Son amie, qui n'en vit rien, la ravissait néanmoins toujours à temps et d'un coup de coude, elle ramenait la petite amoureuse parmi les vivants. Dans les cheveux blonds de Marguerite, les feux du Tennessee, ses longs phares jaunâtres qui traînaient devant la porte, les miroitements de ses fenêtres éclairées de projecteurs filtrant des tons verts et rouges formaient une auréole artificielle. Elle avait enfilé une robe prêtée par Linda et, dans un fourreau vert amande, elle avançait vers la nuit, parfaitement belle, belle et jeune. Dans l'entrée, elles donnèrent leurs pardessus à l'ouvreuse des vestiaires que Linda parut connaître comme une vieille amie, puis, arpentant le parquet qui sentait la cire et l'alcool, elles visitèrent le dancing. Linda semblait se mouvoir ici comme si elle était chez elle : elle pointait çà et là des tables vides qu'elle remplissait d'anecdotes, elle riait des déboires qu'il y avait eu, s'inquiétait de ceux qu'il y aurait. Marguerite, qui ne voyait pas combien tout cela n'était rien que les paroles d'une jeune fille qui croit discerner un foyer dans la nuit, n'en perdait pas un mot. Si elle avait eu un carnet, elle aurait sûrement écrit dans celui-ci chaque nom, chaque date, chaque chanson, afin de les apprendre par cœur et, après quelques semaines de révisions, passer pour aussi familiarisée que Linda. Elle n'eut pas cette opportunité et comme chacun en pareille situation fraya dans l'ignorance, effarée, inquiète, ravie. Quand elles atteignirent la cabine qui sortait du parquet dans un fatras de lampions colorés, elles furent saluées par Angelo qui, penché dans un vaste coffre rempli de disques, se préparait pour la soirée. Le garçon ne prit pas le temps de descendre de sa cabine et

Linda, mimant l'indignation, tira par le bras son amie et la conduisit vers le bar.

En cette année 1971, Angelo Molino participait à l'avènement européen de la civilisation des *night-clubs*. Paris avait sombré dans toutes les modes nocturnes et il paraissait inéluctable que, lorsqu'en Amérique les Italiens et Afro-Américains se lançaient dans ce qui deviendrait la pénultième aventure de la modernité musicale, le disco, les Français renouent, avant l'Occident tout entier, avec leurs traditions de décadentisme joyeux.

Désormais, pareils aux clubs de jazz où les musiciens faisaient durer des nuits et des jours des bœufs tarabiscotés, les dancings usaient les microsillons des nuits entières – des nuits qui devinrent des semaines, et bientôt, quand les radios libres auraient cent ans, des siècles. L'enregistrement, le disque, devenait l'instrument, l'absolu de l'immortalité. Les danseurs, qui furent d'abord ceux du rock qu'on dansait à deux, devinrent progressivement ceux du jerk, qui déjà séparait les duos, et bientôt on ne danserait plus que seul, seul dans une foule de solitaires, seul dans le désir de tous et de personne, seul et ainsi moderne. Il adviendrait quelques obsessionnels, de ceux qu'on prenait pour des demeurés, qui dans cet écrasant horizon de solitude et de technique verraient la forme la plus satisfaisante de la musique populaire. Angelo, sans se formuler cela, avait été disque-jockey. Occasionnel, certes, mais sa pratique de la platine, son entrée dans l'infini flux, prendrait une place disproportionnée dans sa pensée et sa forme : bientôt, il ne donnerait plus de concert, ne croyant ni à la chair de l'interprète, ni à la vibration de sa voix. Il deviendrait cyborg : un musicien collé à la machine, une machine collée à un homme. *Nous apparentons les hommes aux machines, nous formons des hommes nouveaux*, dirait Dziga Vertov.

Le mur de son avait été inventé peu de temps auparavant par Phil Spector et la pop courait vers les machines aussi vite qu'elle courait vers l'hégémonie. Tout converge toujours dans la modernité. Aujourd'hui, nous ne savons rien de cette inexorable quête du progrès technique, à peine nous rappelons-nous qu'on fit, en un monde reculé, de la musique sans ordinateur, mais du reste, de ce bouleversement qui a conduit l'invention du microsillon à devenir l'événement le plus considérable en Occident depuis l'invention de la perspective, on ne sait plus rien.

Marguerite avait été abandonnée par Linda qui maintenant papillonnait dans la foule. Au fur et à mesure que la nuit s'était avancée, le Tennessee s'était rempli comme un verre d'eau. Dès lors, le temps se dissolvait tout autour des danseurs. Ainsi flottait une nuit battue par la transe collective, sans plus de contours, où surnageaient, tournoyants dans l'espace, des flammèches roses, des lumignons bleus et des nuées de paillettes pulsées. Sur le parquet claquaient les pieds transis, qui s'emmêlaient sur le sol. Les têtes, pareilles à des vagues, dodelinaient comme des notes sur une partition. La musique s'était levée d'abord avec timidité et dignité, quelques disques connus avaient crissé lentement sous les diamants, mais maintenant, c'était une véritable fanfare qui couvrait tous les corps. On put bien encore apercevoir des gens – de moins en moins nombreux d'ailleurs – qui s'agrippaient les uns aux autres, qui tentaient de poursuivre quelques discussions. Ainsi, au-dessus des tables, les visages s'approchaient les uns des autres pour s'entendre susurrer une poignée de mots, mais, la nuit avançant, on ne trouverait bientôt que des corps enroulés les uns sur les autres, ne reposant plus sur aucun appui. Angelo, depuis sa cabine, trouvait là une possibilité d'être dans une foule qui ne le heurtait aucunement, il croyait même la posséder, en sentir l'ondulation sous ses doigts quand ce n'étaient que ses disques. Linda, lorsqu'elle n'allait pas saluer des oiseaux de nuit, tournait sur elle-même, comme habitée d'un esprit ancien. Seule Marguerite restait en arrière, à quai, quand tous montaient à bord du même grand rafiot, tout de rock, de be-bop et de pop construit. Le barman, qui souffrait la présence même de cette tête triste sur le zinc doré, lui offrit un cocktail. Elle sourit. Elle demanda son prénom au gars qui, pressé par d'autres clients, lui hurla d'aller danser. Il dit en riant, *Et que ça saute !* Alors, elle se leva avec son verre et marcha au milieu des rangées de tables. Quelquefois passaient sur son visage éteint des lumières orangées. On lui souriait d'un coin ou d'un autre de la pièce, elle ne vit rien. À peine regardait-elle les glaçons scintillant dans son verre. Elle s'assit finalement dans un fauteuil duveteux, en laine bouclée. Elle fixa une grande femme brune dont la peau sombre se moirait sous l'effet de sa transpiration. La femme dansait d'une façon qui était inconnue à Marguerite : seule, dans un coin de la piste, elle agitait ses jambes comme dans un jerk devenu fou. Se sachant observée, la danseuse jeta un regard complice à la jeune fille. Marguerite posa son verre et se mit à bouger dans son fauteuil sur le rythme de la musique. La femme brune lui fit signe de s'approcher. Sans autre communication, elles s'associèrent comme des atomes. Elles dansèrent, Marguerite apprenant chaque seconde des mouvements de la femme. Et la femme, heureuse de se protéger de la sorte de toute intrusion, lui offrait des regards encourageants. Les minutes passèrent et Marguerite oublia peu à peu la foule, si bien qu'elle se sentit absorbée par celle-ci, au point que son corps ne lui appartenait plus vraiment, il appartenait, croyait-elle, à la musique, à la lumière, aux sourires qu'on lui adressait. Angelo passait The Temptations. On claqua des doigts, on monta encore un peu au-dessus du sol, la jeune femme serra dans ses bras Marguerite et la toute jeune fille, pressée contre la robe de l'inconnue, pleura. Comme étaient loin les journées perdues à pleurnicher dans sa banlieue, l'avenir était si radieux et personne ne lui en avait rien dit. Elle s'écarta et, tournant sur elle-même comme un derviche, se décolla du monde. Linda la rattrapa en vol. *Alors, on s'éclate ?* lui demanda, complice, l'amie. Marguerite articula dans une sorte d'extase, *Linda, il ne faut jamais partir d'ici*. La petite rit. Elles se prirent dans les bras et, sur une musique langoureuse au tempo ralenti qui scinda la foule en une multitude de petites barques silencieuses, enamourées, elles dansèrent collées ainsi l'une à l'autre. Chacune savait qu'une telle union valait pour promesse, pour gratitude, pour amour, elles n'en dirent rien et ce fut ainsi meilleur. Angelo passa The Supremes.

Linda, apercevant Paul-Bernard qui venait d'entrer dans la boîte de nuit, courut vers lui en tirant du bout des doigts sa meilleure amie. Triomphale elle dit, *Paul-Bernard, j'ai quelqu'un à te présenter*. De derrière la petite brune, Paul-Bernard eut peine à reconnaître la jeune fille qui s'était jetée du bateau. Il vit, dans un fourreau vert, une silhouette fine, gracile, qui paraissait déborder de rires, de jeunesse, de grâce, et dont les cheveux blonds semblaient plus pâles et luminescents que la lune. Il sourit. Elle se retourna. Leurs regards ne se croisèrent pas. Marguerite, prudente, préféra considérer la foule qui s'activait autour d'eux. Linda s'éclipsa sans même qu'on le lui demandât. Les deux amants maudits se dirigèrent vers le bar. Paul-Bernard paya un cocktail à Marguerite, qui le but d'une traite. Elle n'avait toujours pas dit un mot, et l'autre, orgueilleux, s'imaginait qu'elle jouait une sorte de numéro de charme. Marguerite constata avec dépit, aussitôt que son verre fut fini, que l'extase qui l'avait étreinte plus tôt était en train de la quitter. Alors, cherchant dans la foule la jeune femme brune, elle se jeta sur elle. Elles dansèrent à nouveau. Marguerite, s'imaginant à raison être observée par Paul-Bernard, faisait des mouvements plus contrôlés et le plaisir, l'oubli peinaient à revenir. La femme brune lui murmura à l'oreille, *Il y a quelqu'un qui vous fixe depuis quelques minutes, allez donc le voir, il n'attend que ça.* Marguerite dit, *Je sais mais je ne peux pas, je l'aime...* La femme partit dans un grand éclat de rire. Elle la poussa du coude vers Paul-Bernard qui, s'avançant, la réceptionna comme une balle. Angelo, écrasant un disque de soul de son doigt sous le bras de lecture, sans autre forme de transition, posa sous le diamant de sa seconde platine The Hollies. Et, saisie d'une brève stupeur, la foule s'arrêta un instant, hagarde, avant de reprendre de plus belle, dans un désordre encore plus grand. Paul-Bernard, saisissant la main inerte de Marguerite, la fit alors tourner sur elle-même dans un rock hasardeux. Elle était confuse, se trompait souvent de sens, il riait, elle se détendait. Sous les guitares façon pizzicato des Hollies – *'cause I knew from the start* –, le long des voix mêlées – *you'd be tearing me apart sooner or later* –, ils appartinrent pour la première fois au même monde, au même instant, et purent se croire destinés.

Ils quittèrent le Tennessee avec les derniers danseurs. La nuit était presque terminée. La police rôdait sur le boulevard. Linda et Angelo se soutenaient l'un l'autre, lovés dans la veste d'Angelo. Paul-Bernard et Marguerite, plus loin, se tenaient à distance. Avant qu'elle ne disparaisse dans un taxi, la femme qui l'avait fait danser rattrapa Marguerite. Tirant sur sa robe, elle posa un bras sur l'épaule de la jeune fille et dit, *Ma belle, regarde-moi, souviens-toi de moi, ensuite, et c'est ainsi que sont toutes les nuits, nous ne nous reverrons jamais. Tiens, prends-moi une cigarette, elles sont mentholées.* Marguerite, ahurie, accepta la cigarette, la remisa dans sa poche, puis, à la silhouette qui déjà semblait se dissoudre dans la lumière bleutée de l'aube, elle demanda un nom. *Belinda, appelle-moi Belinda.* Marguerite regarda disparaître la femme plus loin sur le boulevard, voguant là parmi la petite foule fatiguée des danseurs. Le taxi démarra, et dans son sillage se défaisaient les boulevards et leurs troquets, les ponts et leurs réverbères. Ils roulèrent jusqu'à Passy, puis, arrivés dans l'appartement que Paul-Bernard et Angelo partageaient, se séparèrent alors que le soleil commençait sa course dans le ciel. Linda embrassa son amie sur la joue et la remit à Paul-Bernard. Ils entrèrent dans la vaste chambre de Paul-Bernard, et celui-ci, cruellement galant, lui proposa de dormir sur le sofa placé près de la fenêtre. Elle, parce qu'elle était ivre, parce que le désir raisonne mieux que la politesse, dit, *Sûrement pas, j'ai le dos très sensible.* Ils s'endormirent séparés, allongés côte à côte dans le lit de Paul-Bernard ; ils se réveillèrent enlacés.

Elle ouvrit les yeux alors qu'il était midi. Il était encore assoupi, plongé dans son dos, son bras autour de sa poitrine. Son cou sentait le tabac et la transpiration, sa peau, elle, avait conservé le parfum des ébats. Ses cheveux châtains chatouillaient la nuque pâle de Marguerite. Elle ausculta son visage détendu de sommeil, elle suivit d'un doigt la trajectoire de ses sourcils, de sa mâchoire, de l'arête de son nez. Il était beau, il était nu, son sexe au repos baignait dans la lumière du matin.

Plus tard dans la journée, marchant seule le long des artères boisées de Passy pour rejoindre l'autobus, Marguerite laisserait traîner son regard sur les hautes façades des immeubles. Elle humait l'air frais en sifflotant. Des nuées d'un pollen doré emporté par le vent tombèrent dans ses boucles blondes.

Côte atlantique, été 2017

Paul-Bernard sortit avec difficulté du lit. Il s'y reprit à deux fois. Quand enfin il fut debout, il tira la couverture sur Isabelle. Par la fenêtre de la chambre, il regarda le jardin qui se parait d'une douce lumière verte, ferma l'espagnolette et repoussa le rideau. Il quitta la chambre ainsi obscurcie et, dans la salle de bains, enfila une chemise et un pantalon. Dans le miroir, il considéra rapidement le vieillard qui lui faisait face. Un drôle d'animal aux cheveux épars, comme autant de crins d'un pinceau abandonné dans la glu, le cou plissé de bandes noires, rouges, d'un grain de vieille écorce, des marques sur la peau en constellation un peu triste, les heures, les années de soleil qui lui mouchetaient le torse pareil à un parchemin martelé. Une vie curieuse, qui pendait, qui crachotait, qui s'accommodait du passage du temps dans un miroir sans mémoire.

Comme chaque matin, il rejoignit son bureau. Il chercha dans la pile des livres parcourus ces dernières semaines *L'Éternité par les astres* de Blanqui et *Le Second Manifeste du surréalisme* de Breton, qui avaient été les premières pierres de son sanctuaire. Dans le premier, il avait annoté : *L'univers se répète et piaffe sur place.* Il referma le livre, le posa à sa gauche et, se saisissant du second, chercha la page qui formait, en miroir avec toutes les autres, son testament. Il trouva : *Au cri que peut nous arracher à chaque minute l'effroyable disproportion de ce qui est gagné à ce qui est perdu, de ce qui est accordé à ce qui est souffert.* Il referma le livre et le posa en haut de la pile. Il faudrait commencer par cette phrase. Elle contenait un espoir, songea Paul-Bernard, elle n'oblitérait pas encore tout à fait la possibilité même de la révolte. Il regarda en direction des aubépines. Le temps avançait, avec lui, le recouvrement de tout ce qui avait été. Le rocking-chair était désormais effleuré par les premières tiges de l'arbre.

Pierre,

J'ai tant voulu transmettre quelque chose au cours de ma vie que j'en ai, je crois, épuisé le désir avant même ta naissance. Tu dois penser que c'était là mon dédain de père, des manières ; je préférerais peut-être que ce soit cette image que tu gardes de moi, seulement, ce n'est pas vrai. Je ne t'ai pas donné d'idées sur les choses, sur la vie, sur ce qu'il y a à dire des cris que nous arrache l'effroyable disproportion de ce qui est gagné à ce qui est perdu car, et encore aujourd'hui j'y pense, j'ai voulu t'offrir la chance des ignorants. Et cela, ce fut sûrement beaucoup de mon silence.

En outre, si pour des années je me suis tu, c'est qu'aucune phrase, aucun récit n'atteignait ce par quoi je suis passé pour qu'enfin la vie s'éclaire à moi, sa vanité, j'entends, est son honneur. Il faudrait, je le sais désormais, accumuler des morceaux d'une sagesse éclatée partout pour s'en tenir près. Oublie mes films si tu le veux bien car voici mon avertissement et cela, je crois, est mon seul héritage : ne pars jamais en quête de ton livre à brûler – il te brûlera avant même de s'ouvrir.

Il s'arrêta un instant. Il semblait hésiter. Les journées d'été avaient passé sur les vitres de la villa et il s'était senti chassé de chez lui. Désormais, dans ce redoux de la mort approchant, une sorte de spiritualité le visitait. Il croyait, chaque jour un peu plus, que l'on apprend de nos erreurs. Il voyait, chaque jour un peu plus, ce que la vie méritait de gratitude pour cela. Le soleil traversait le carreau supérieur du bow-window et logeait dans son regard une petite flamme. Il n'oserait dire à présent que la vie était belle mais il lui reconnaissait une beauté inentamée par les heurts et les confusions. De sa lointaine jeunesse de guerre lui revint le sanctuaire de My Son, cette mutique dent de roches blondes. Troublé par son opacité, il aurait voulu en préserver l'énigme et la livrer telle quelle. Il prit dans ses mains tremblantes la lettre. Il sortit dans le jardin et, dans l'ombre dense des buissons florissants, la jeta. Regagnant son bureau, dans la suspension de l'aube, les mains posées sur la table de bois, cherchant en vain dans le monde une pulsation, il ferma les yeux. Tout ce qu'un père dit à un fils, ou rien, ce serait pour toujours la même chose.

Plus tard ce matin-là, Pierre passa devant lui les cheveux en bataille et entonna, jovial, *Bonjour, papa*. Paul-Bernard le regarda, ses lèvres tremblèrent. Il aurait voulu avoir quelque chose à dire de radieux, de drôle, d'aussi mémorable qu'oubliable. Il finit par baragouiner une salutation distante et noble, comme chaque jour depuis vingt-huit ans. Puis, sans plus de paroles, ils baignèrent tous deux dans la lumière du jour en jetant le même regard dégagé vers le jardin envahi par les plantes, et ce fut la dernière fois.

Anne s'était réveillée peu après. Elle avait appelé Pierre dans leur chambre et, désormais, elle faisait les cent pas devant lui. Elle dit, *Victoire m'a dit que ce n'était pas obligatoire, mais comprends-moi, je pense que c'est une vraie opportunité pour moi*. Pierre hochait lourdement la tête. *Et puis, quoi, ce n'est que quelques jours, on se reverra à Paris*. Il protesta, ensuite elle partirait pour Porto-Vecchio. *Oui*, dit-elle, *et tu pourrais m'y rejoindre pour une fois*. Il opina de nouveau du chef, plus gravement. *Non, tu n'as pas le droit*, continua-t-elle, *tu n'as pas le droit de me faire cette tête alors que tu disparais tous les jours avec ton pote, que le soir aussi... Qu'on se tape chaque jour la même dispute, qu'on a même fini par ne plus l'avoir tellement on l'a eue, tu t'en rends compte quand même ?* Pierre lui lança un regard suppliant, il aurait voulu qu'elle se taise et qu'ils s'embrassent. *Arrête ça immédiatement*, dit-elle. Puis elle fit sa valise et Pierre resta démuni. *Le train est dans deux heures, tu peux m'y conduire ?* Il acquiesça et s'allongea sur le lit. Quand elle eut terminé, elle s'étendit à ses côtés. D'un ton plus doux, elle murmura, *Pense à ton nouveau copain, il sera content, et puis, c'est bientôt la rentrée, on sera ensemble toute l'année ensuite...* Il posa une main sur sa joue et l'embrassa, ensuite, tirant vers lui les bras de la jeune fille, il se lova tout contre elle jusqu'à être envahi par son odeur de femme encore pleine de nuit. Il s'endormit.

Au téléphone, Anne mâchait frénétiquement ses chewing-gums nicotinés en parlant à Victoire. Et Pierre, tournant le volant avec de larges gestes souples, se risquait à l'observer ainsi. Les lunettes de soleil sur le front, un chemiser fleuri, riant, indignée par des détails qu'elle oublierait aussitôt – la politique, le patriarcat, les prix du bio, la météo en Charente –, Anne était insupportable, ridicule, pareille à tant d'autres, et il l'aimait ainsi. Il l'adorait ainsi. Il rangea la voiture sur le parking de la gare. Puisqu'ils étaient en avance, ils prirent la direction d'un petit troquet. Royan était calme, à peine agité par quelques autos familiales, coiffées parfois d'un kayak ou d'un coffre à jouets. Le serveur oublia leur commande. Elle dit, *Ça, ça ne va sûrement pas me manquer*. Ils quittèrent le bar sans plus de procès et se séparèrent sur le parking. Pierre leva un bras vers elle, dans une sorte de salutation princière. Tirant sa valise à roulettes, à nouveau au téléphone, elle se retourna et, d'un sourire malicieux, lui envoya un baiser fantôme. Il la regarda disparaître par la porte automatique de la gare.

Puis-je vous aider ? Une petite femme brune, peu cordiale, tenait nerveusement la porte. Pierre finit par articuler qu'il venait pour Alexandre, qu'il avait retrouvé sa montre. *Quelle montre ?* répliqua, dure, la femme. Elle devait avoir la cinquantaine et semblait agitée d'inquiétudes. Pierre tendit la montre vers elle. La saisissant, l'observant, elle dit, *Ah, celle-ci, je ne l'avais encore jamais vue. Entrez donc.* Il suivit la femme dans le vaste salon de la villa, elle le força sèchement à s'asseoir et lui proposa un verre. Sans qu'il ait le temps de répondre, elle versa dans le service à champagne deux larges rasades de whisky. Devant lui, elle descendit la coupe. *Excusez-moi*, finit-elle par ajouter, *je suis un peu tendue*. Pierre dit qu'il comprenait, il ne fallait pas s'inquiéter. Elle demanda, *Mais pourquoi vous lui ramenez la montre ? Seriez-vous donc ce qu'on appelle un ami ? Vous seriez bien le premier qu'il se fasse...* Elle se resservit un verre de whisky. Pierre comprit à cette nervosité qu'elle était bien la mère d'Alexandre, Minh. Il se souvint des lampions qui s'étaient envolés dans le vent aux funérailles de la grand-mère. *Il n'y a personne ?* demanda le garçon en regardant vers les chambres. *Ben*, Minh bredouillait en fixant le fond de sa coupe, *je crois qu'il est mort.* Elle s'effondra dans le canapé. Elle ne pleurait pas de manière audible, elle semblait plutôt hoqueter de douleur. Pierre s'approcha, fit comme s'il n'avait rien entendu et, éloignant le verre de sa main, lui dit, *Respirez, respirez calmement.* Elle se leva, furieuse, et hurla, *Mais pourquoi est-ce que personne ne veut me croire ? J'ai eu son père au téléphone, il m'a dit quoi ? Oh, c'est sûrement une blague, il doit être dans un avion pour aller acheter de la coke en Amérique. Putain ! IL EST MORT. Je le sais, merde, je suis sa mère, non ?* Pierre resta interdit. Ils allèrent tous les deux vers la terrasse. Il voulait souffler, elle voulait se calmer. Elle finit par dire, quand la chaleur les accabla sur le promontoire qui s'étendait par-delà la villa, *Je vous prie de m'excuser, son père a sûrement raison, mais je ne sais plus quoi faire sinon m'inquiéter.* Pierre essaya une parole spirituelle, elle tomba à plat. Alors, embarrassé, il poursuivit, *Je ne le connais pas depuis longtemps mais il s'agite un peu parfois, pourquoi serait-il mort ?* La mère, laissant couler de vraies larmes cette fois-ci, répondit, *Les pompiers, ce sont eux qui m'ont appelée. Ils ont trouvé sa Porsche sur la côte sauvage. Et un corps, un petit corps de Jaune*, elle rit nerveusement, *immobile sur la plage. Mais bon, vous savez comment c'est, les pompiers, ils voient un Jaune, et tout de suite ils en tirent des conclusions, enfin, bref, si ça se trouve, ils vont nous ramener un Cambodgien et ce petit con d'Alexandre sera en train de se soûler en business sur un Paris-Buenos Aires.* Pierre s'effondra, ne l'écoutant plus : la côte sauvage, les vagues. C'était Alexandre.

Ils s'assirent face à face à la table de la terrasse et, sans plus de discussion, terminèrent la bouteille de whisky. La mère d'Alexandre gardait son téléphone allumé devant elle et, quand l'écran passait en veille, elle agitait nerveusement son doigt sur la surface tactile. Elle recevait des multitudes de mails, *Le travail*, ricana-t-elle, qu'elle s'empressait de lire. Soudain, l'appareil sonna. Enfin. Elle devait aller identifier le corps. Tremblante, elle demanda à Pierre s'il voulait venir, il ne dit rien, toujours choqué, tétanisé, sachant ce qui allait suivre, et ils partirent à bord d'une berline noire. Elle conduisait, soûle, désespérée. Quand passait un piéton, elle hurlait depuis son volant des insultes sordides. Pierre voulut mettre la radio, elle le laissa faire. Tandis que s'écoulait autour d'eux un énième débat de la Radio Monte-Carlo, elle se calma. On discutait du salaire des joueurs de foot. Les publicités étaient pour les hypermarchés et les appareils auditifs. Ainsi, tous deux suspendus au vacarme lisse de la station, ils se raccrochèrent un peu à la vie, à Lidl, à Neymar, à toutes ces choses qui ne sont pas la mort. Quand se dessina la silhouette massive de l'hôpital, Minh passa son bras devant lui et sortit deux étuis de solaires de la boîte à gants. Elle vissa une des paires sur son visage et tendit l'autre à Pierre, *Mets ça, on ne peut pas leur faire le plaisir de nous voir chialer, Alexandre aurait détesté ça*. Il posa sur son nez les lunettes et descendit de la voiture. Il y eut un fondu au noir dans leurs verres miroirs.

*

La mère était furieuse. Elle faisait fuser des insultes sur tout le personnel médical. Elle quitta, tirant du bras Pierre, l'hôpital dans une crise de larmes qui s'étouffa dans les rires. Elle jeta un regard sur le parking où le soleil venait dorer le goudron, et hurla, alors qu'un brancard passait à sa droite, *Quelle chaleur de pute !* Pierre, gêné, la conduisit à la voiture. *Oh le con !* continua-t-elle. Au médecin à qui elle avait parlé après avoir dû reconnaître le corps de son fils, elle avait dit, *Vous savez, il était trop souvent ivre pour savoir nager.* Elle rappela, à nouveau, l'anecdote à Pierre qui avait assisté à la scène avec effroi. Le médecin, conciliant, avait posé sa main sur le bras de la mère. Elle avait fondu en larmes. La chose était impossible, la douleur inestimable, et les humeurs de cette mère éplorée se succédaient plus vite que les mails sur son téléphone. Pierre la raccompagna à la villa d'Alexandre. Il dit, *Si je peux faire quelque chose.* Elle répondit, *Revenez bientôt, juste pour vérifier qu'il est bien mort.* Lorsqu'ils se quittèrent, il faisait déjà presque nuit. Pierre était impatient de retrouver la Villa Caprice où il comptait s'enfermer dans sa chambre et dormir plus longtemps, plus profondément, qu'il n'avait jamais dormi.

Mais t'étais où ? Isabelle était rouge d'angoisse, apeurée. Elle lui jeta son téléphone dans les bras, elle l'avait appelé cent fois. Pierre, encore happé par ses pensées, expliqua mollement à sa mère qu'il était à la morgue de l'hôpital.

Il dit, *Alexandre s'est noyé*. La mère porta la main à sa bouche. Puis elle s'assit, enfouit son visage dans les mains et articula, rongée de douleur, de tension et de larmes, *Ton père, Pierre, ton père aussi, il est...*, elle renifla, *Je... Nous étions à l'hôpital, il a fait une chute et... Pierre, je t'en prie, ne me fixe pas comme tu le fais. C'est à cause de la marche, tu sais, celle qu'il refusait de réparer sur la terrasse, je lui avais dit pourtant, tu t'en souviens ?* Elle agitait la tête de dépit en parlant, comme un automate brisé, *Et puis, comme d'habitude, tu connais ton père, il m'a pas écoutée... Pierre, tu m'entends ?* Le garçon était inconscient, immobile, arqué sur ses jambes comme un géant. Puis il chuta, se libérant, par là, de tout lien.

Ensuite, Pierre resta tétanisé. Sa disparition du tableau humain fut ainsi actée et dans des limbes infinis il résista à tous les assauts, à tous les cris. Il demeura là insensible à ce qui était ici-bas invariablement souffert. Après celle d'Alexandre, la disparition de son père emportait la dernière digue qui le séparait de la nuit.

Da Lat, 1952

Dans l'obscurité humide, Paul-Bernard écoutait le cliquetis traînant de la crémaillère. Le train, suspendu à la traction d'une chaîne, traversait le tunnel en pente raide. Depuis Song Pha, la ligne de chemin de fer s'ébrouait dans des sections de montagne où pétaradaient les moteurs et où, à l'intérieur même des wagons, claquaient toutes les portes pas encore fermées. La clarté du jour retrouva finalement les hublots au sortir du tunnel. Le train reprenait sa marche majestueuse sur les rails qui sillonnaient les vallons et les clairières des plateaux du Sud. C'était un horizon d'émeraude et de gris, pareil à une soierie brodée, où voletaient des canards et des aigrettes dans une constellation de corolles blanches. Le ciel était clair, doux, l'humidité du fleuve n'atteignait guère les zones montagneuses, et, dans la texture même du jour, on sentait une fraîcheur d'herbe coupée et d'eau de rose, dont seules les exhalaisons persistantes des encens et des pollens venaient alourdir la légèreté. Il s'était pressé aux fenêtres de son wagon une ribambelle de jeunes filles en habit blanc. Dans leurs cheveux se dessinait le même bandeau de soie rose. C'étaient les pensionnaires d'une école qui mimait, sur les rives du lac d'altitude, une éducation anglaise. Paul-Bernard, fatigué, s'écarta et une petite sauta sur sa banquette pour l'y remplacer. Il remonta le train désormais bercé par la marche de la locomotive, en glissant d'un wagon à l'autre, passant au-dessus des fossés entre deux voitures – il se suspendait un instant. Sous ses souliers couraient les rails. Dans la toile de ses vêtements venait claquer le souffle de la vitesse, et toujours au loin, comme un rayon vert entre les deux silhouettes des wagons, le paysage imperturbable du lac.

On arriva en début d'après-midi. Dans la gare de Da Lat, il posa sa valise sur le sol émaillé des reflets et se saisit d'une cigarette. La fumée se dispersa dans le kaléidoscope des tons rouges et jaunes des vitraux. Il retrouva dans la poche de sa saharienne le télégramme que lui avait fait porter Pierre Motton. Il lui donnait rendez-vous la veille au Langbian Palace où, disait-il, il était en villégiature avec le jeune pianiste. Paul-Bernard, qui revenait alors de Hoi An, se permit un jour de retard qu'il mit à profit en retrouvant aux renseignements la fiche d'engagé du jeune inconnu. Il s'appelait Lucien Leibovitz, il avait quinze ans, prétendait en avoir dix-huit, pas de parents connus, ni d'occupation. Il remisa dans sa poche les documents et héla un taxi pour gagner le palace. Sur le chemin, il jeta un regard las sur les rives du lac, agrémentées de drapeaux qui flottaient au vent, de tonnelles de coton blanc et de parterres d'hortensias bleus. La vie semblait s'écouler dans une douce comédie. Au plus haut de sa gloire, Da Lat n'avait jamais été qu'une citadelle assiégée où s'éternisaient de vieilles valeurs, des jeunes fortunes, des noblesses de robe, dans une apathie de déclin. L'empereur était un acteur de cinéma et l'Empire lui-même devenait une parodie bananière qui, imperméable à la haine qu'il pouvait inspirer, gagnait les hauteurs de la chaîne Annamitique pour se vivre dans une éternité de dragon. Plus grondaient, dans les rizières et les villes, les chants de feu et de rouge, plus murmurait, sur les terrasses des palaces, la belle indifférence de cette aristocratie fantoche. Paul-Bernard vit disparaître dans le rétroviseur un groupe de Françaises en habit de cérémonie, des *ao dai* de soie turquoise, jaune impérial et rose nacre, qui, dans le vent, ondoyaient comme les feuilles d'un lotus. Plus la péninsule avait été frappée par les aléas du siècle, plus les dignitaires, les héritiers avaient échangé leurs rangs avec des parvenus, et maintenant que l'Empire français s'enfonçait dans son crépuscule, de sang bleu à Da Lat il ne devait rester qu'un jardinier, une blanchisseuse et un violoncelliste. Plus tôt, l'ultime Fils du ciel était mort exilé en Algérie où l'on disait qu'il avait été peintre. Dans la banlieue cossue d'Alger, l'empereur déchu, devant son tréteau, pointillait du jaune dans des paysages boisés quand pleuvaient sur les rives du fleuve les assauts japonais. Dans l'absence de légitimité dynastique qui était advenue ensuite ne persistaient que quelques égarés, quelques lignages de western spaghetti et des marchands du temple pour faire revivre, pareil à un cirque sur les routes, le doux plaisir d'entendre un air d'opérette oublié : ce qui fut l'histoire impériale du peuple viet depuis le retrait des Tang, il y a un millénaire. En d'autres temps, il y aurait eu un mandarin pour tenir la chronique de ce théâtre d'ombres dans ce qui aurait été les *Chroniques du printemps éternel*. Un printemps qui ne tarderait plus à finir sous le feu des bombes et qui, dès lors, ne savait vivre que dans l'illusion de l'éternité.

Un jeune groom en habit blanc ouvrit la portière du taxi et Paul-Bernard se trouva face au palace. Le bâtiment se donnait des airs d'hôtel normand et, dans son écrin de verdure, il s'y inventait une atmosphère européenne. Seulement, si on avait vérifié, aucune dalle n'aurait chancelé sous nos pas, car tel était le luxe indochinois : net, précis, factice. En longeant le lobby aux larges ouvertures, Paul-Bernard passa devant des causeuses de toile brodée où, abrutis d'opium, se prélassaient quelques héros militaires à broches épinglées et leurs dames de compagnie. Il trouva Pierre Motton assis dans le sanatorium dont les fenêtres ornées s'ouvraient comme une galerie sur une vallée fleurie. *Vous enfin !* Le médecin se leva pour l'embrasser, il adressa un signe bref de la main pour qu'on porte la valise du jeune militaire puis le fit asseoir à ses côtés. *C'est impeccable, n'est-ce pas ?* Dans un transatlantique à côté d'eux, un Parisien qui ressemblait lointainement à l'officier Matthieu aspirait des nappes d'opium dans une pipe. Au-dessus d'eux susurraient les pales de palissandre des ventilateurs du plafonnier. L'ennui se mouillait dans la beauté. Paul-Bernard haussa les épaules, *Certainement... Oh*, le reprit le médecin, *je vois qu'on a l'humeur sombre. Chassez donc ces idées et faites comme tout le monde ici, faites semblant. À force de s'user à jouer les plaisanciers, on finit par s'y croire, vous verrez. En parlant de villégiature, dites-nous plutôt comment va le front du Nord ?* Pierre Motton se racla la gorge ; il prit, posé sur une table à côté de lui, un éventail et lui fit battre lentement l'air. Paul-Bernard s'enfonça plus profondément dans son bain de soleil. Leur voisin, qui avait entendu qu'on parlait de la guerre, disparut du sanatorium. *J'ai des nouvelles pour vous*, dit finalement le jeune militaire au médecin. *Votre gars, il s'appelle Lucien, j'ai sa fiche avec moi, je vous montrerai ça*. Motton se tourna vers le militaire, inspecta son visage, puis expliqua avec gravité que cela n'était plus nécessaire. Il conseilla à Paul-Bernard de brûler la fiche. Il dit, *Je crois que le petit n'a pas besoin de se souvenir de certaines choses*. Le médecin souhaita qu'on marchât.

Il fallait se dégourdir les jambes quand on était à Da Lat et que le temps permettait des efforts physiques inimaginables dans les plaines où l'on étouffait dès le troisième pas. Ainsi, ils se trouvèrent dans un parc arboré où, pareille à eux, une foule de bourgeois endimanchés furetait dans les allées ombragées. Au loin, un coup de feu perça le silence. Au parc, on rit de ceux qui frémirent. C'était un chasseur, on disait que la saison était bonne. On rapportait des singes, un trou dans la tête. Ils passèrent à la gauche d'un groupe de femmes dont les robes s'étalaient en cascatelles de coton et de soie sur le mobilier de jardin en fer forgé. L'une parlait vivement en agitant une main gantée dans l'air. Elle s'exprimait avec cet accent versaillais typique des femmes d'industriels qui survivaient à la chaleur et à la persistante menace qui planait sur leur empire par un redoublement de manières et d'ironie. Elle disait, *La dictature, vraiment, était une chose ravissante pour nous autres*, en parlant de la Chine du Kuomintang. *On se plaisait dans les prisons, on s'enorgueillissait d'une descente de soldats, on riait des émeutiers, une bombe artisanale jaillissait dans les bordels... Nous vivions, très chère, nous vivions.* Autour d'elle, ses courtisanes, femmes d'officiers et de fonctionnaires, opinaient. On lui demanda de refaire le récit de la soirée qu'elle avait passée avec le dernier empereur Qing. Elle pouffa, *Oh ! Cette toute petite taupe myope qui traînait ses chagrins à Tianjin ? Toujours le mot pour rire, celui-ci ! Ah, que Dieu bénisse le splendide Manchukuo, à jamais dans nos cœurs !* Motton et Paul-Bernard s'éloignèrent sans y prêter attention, ce n'était jamais que le tapis sonore d'un colonialisme rongé par la paranoïa et la nostalgie des royaumes abattus dans le siècle. Paul-Bernard, en jetant un regard sur le lac que l'on devinait derrière les haies de bosquets fleuris, jugea que Da Lat avait finalement un air de station thermale savoyarde. Il raconta à Motton que ses parents l'avaient envoyé à Aix-les-Bains en 1941. Motton, d'un air de détachement et d'ennui parfait, concéda,

Oui, on dirait un peu Évian, Aix, Deauville, mais à voir la faune locale, on jurerait surtout revoir Vichy... Le médecin, fier de son mot d'esprit, rit amèrement. *Mais dites-moi plutôt quelle est cette bobine que vous m'avez confiée ? Je risque quoi dans cette entourloupe ? Dites-moi que je vais à l'échafaud, ça fera du grabuge, la corde m'ira bien...* Paul-Bernard expliqua la mission d'éclaireur dans l'estuaire du Mékong, il raconta comment il avait d'abord jugé bon de ne pas filmer les restes humains qui pourrissaient dans la clairière. *Comprenez-moi, il restait les chaussures sur les pieds, et empilés comme ça, comme un tas parfait, on aurait juré une reconstitution. Vous savez, j'ai vu défiler les images des Russes, celles des camps... Les tas, les chaussures.* Motton l'arrêta, lui posa une main dans le dos et, paternel, résuma, *D'abord comme un drame, ensuite comme une farce, n'est-ce pas ?* Devant eux se dressait un cerisier à l'écorce sombre qu'éclaircissaient des ridules. Le large tronc se démultipliait ensuite en ramifications qui montaient vers le ciel en soutenant, du bout de leurs phalanges noires, des plateaux de fleurs d'un blanc rosé. Le vent confectionnait, jour après jour, un tapis touffu de pétales tout autour. Ils s'assirent non loin sur un banc. *Ensuite, quand il y a eu cette autre mission, celle du « village témoin », j'ai retenu le mot. Témoin. Et c'est monté en moi, il fallait rapporter les images qui n'auraient aucun avenir par les voies officielles. Pour le commandement, le village brûlé, c'est un village qui n'a jamais existé. Si je ne vous confiais pas les bandes, cela finirait aux archives sous scellés, ou au feu...*

Et voyez, Pierre, je crois qu'il y a quelque chose à faire de ce hors-champ de la guerre officielle. Il faudrait traiter cela, mais pas sur le ton de la propagande. Sur celui de la peur, de l'absurde. Je pense souvent à ces batailles qu'on lit dans Salammbô, *la multitude étouffante de détails qui n'ont plus l'air de rien, car plus rien ne ressemble à rien quand vraiment la guerre est là... Je sais que je m'égare mais regardez autour de vous, ne brûlez-vous pas vous-même de briser cette illusion qu'on nous sert ? Les hommes meurent, on fait des tas de chaussures, et parfois des enfants se suicident, et pourtant, ici, tout flotte, tout s'égaie...* Pierre Motton pinça son pantalon et, s'affalant contre le dossier, jugea, *Bien, bien, bien, faites donc, il me plaît d'être votre complice, jeune homme.* Le médecin jugeait avec une certaine distance les colères du jeune militaire, non pas qu'il y fût étranger, mais davantage par une sorte d'accoutumance à l'indignation. Motton n'espérait plus rien de bon, et de tous les discours qui dessinaient la carte du monde mieux que les géographes, des thèses américaines sur la démocratie et la fin des empires, des poèmes soviétiques sur la liberté du tiers-monde, des aphorismes de Mao Tsé-Toung, il conservait une sorte de fatigue de la parole elle-même. Bien sûr, il n'aimait ni la guerre ni les peuples en cage, mais tout, dans ce monde du présent, s'articulait dans un tel bain de sang qu'il aurait parfois préféré que rien ne changeât plus. Et Paul-Bernard, même s'il savait qu'il pouvait compter sur Motton pour son entreprise de justice, sentit ce cynisme qu'il jugea bien bourgeois. Il en fut presque blessé.

Seulement, cette blessure, ce sentiment que tous se taisaient devant le passage flamboyant de l'ignominie, c'était sa raison, sa justification. Et cela, plus encore que les images qu'il enregistrait, ferait advenir *La Légion des honneurs* et sa vocation. Alors, il n'en dit rien. La brise soufflait depuis le lac et Motton, qui craignait le froid, reconduisit le jeune homme vers sa chambre, lui conseillant un peu de repos et de l'opium. Puis il s'éclipsa dans sa propre chambre, le dos comme courbé par la fatigue des événements. Paul-Bernard, de son sérieux, avait émoussé la joie du médecin qui ce matin-là s'était levé en ne songeant qu'aux progrès fulgurants de son jeune blessé. Les indignés, les optimistes de la volonté, voilà donc toujours ceux qui meurent les premiers, rêvassait le médecin.

Des voiles de pluie chaude tombaient dans le soir. Du plafond du restaurant, les lustres parsemaient les tables d'éclats de cristaux. Les fumées de cigarettes s'élevaient de-ci de-là. Les plaisanciers et les habitués portaient des complets en lin de couleur pâle, les femmes étaient en robe de soie, les serveurs, eux, en costume noir, et les militaires en broches. À travers les portes oblongues qui donnaient sur le jardin s'introduisait l'haleine du soir qui, en passant dans les encadrements, soulevait lentement les moustiquaires. Pierre Motton et Paul-Bernard se tenaient côte à côte à une table. Angelo avait disparu derrière le piano. Motton crapotait lourdement un cigare en tapotant des doigts sur le rythme de la musique ; le jeune militaire avait le regard gazeux. Il était suspendu au jeu du blessé qui, bien différent de l'adolescent rencontré un mois auparavant, se tenait désormais droit devant le clavier et y plaquait, comme autant de coups de feu, des accords qui longuement résonnaient.

Le médecin avait dit à Paul-Bernard, *Il faut désormais l'appeler Angelo*. L'autre, incrédule, s'était enquis de l'origine d'un pareil pseudonyme. Alors, soudain très doux, le médecin avait dit, *Il faut nommer ce que l'on voit, mon petit*. Puis il avait désigné d'un geste de la tête le visage du jeune homme qui, au bout de la table, avait conservé son sempiternel silence. Paul-Bernard vit alors ce que Motton souhaitait retenir de ce garçon tombé du ciel : un visage pâle aux joues encore pleines qui marquaient sa mâchoire ronde, des sourcils arqués qui mimaient un étonnement perpétuel, des lèvres charnues, et, telle une auréole, de larges boucles noires qui retombaient sur ses tempes comme les oreilles d'un lapin bélier. Traversé d'une émotion sincère en comprenant l'astuce du vieux médecin, il se tut. Puis d'une voix interrogative, pour être sûr d'y croire vraiment, tenta, *Angelo ?* Le garçon se redressa et fixa Paul-Bernard.

Sur l'ivoire clair des touches se reflétait la lueur bleutée de la lune, dans son cou soufflait le vent du soir, et à ses lèvres montait son étrange murmure. Dans le restaurant, d'abord, on ne fit pas tellement attention au jeune homme, chacun se laissant bercer par la musique avec indolence. L'hôtel était habitué aux accompagnements musicaux. Puis, happé par le bourdonnement, Angelo laissa, le pied fermement posé sur la pédale, la résonance de la note durer,

durer, et encore durer. Et quand ce ne fut plus qu'un lointain bourdon, il reprit trois des accords de la ritournelle et d'une voix grave, quoique éraillée, commença à chanter un scat de bluesman. *Dou – douloudou – doudou – dou.* Dans cette montée progressive de sa voix, il s'exposait en ange à nu. Sa voix de tête qui parcourait les notes les plus aiguës semblait brisée par un larmoiement. Paul-Bernard regardait la chose avec fascination et Motton pleurait en écrasant chacune de ses larmes de vieillard dans un mouchoir blanc. Quand Angelo jugea son inspiration épuisée, après avoir fait entendre le sang des orages, l'électricité des nuages, le miroitement des étangs, il cessa net avant même d'entamer une coda. Et son silence étincela – pour la première fois de la soirée, tous se turent au Langbian Palace de Da Lat ; et peut-être pour la première fois de l'année 1952, la beauté submergea ce monde de vacuité. Ces contrées détrempées de sang, de paroles, d'inutiles révolutions, de l'inexorable vanité du genre humain qui partout se répétait, furent englouties brièvement dans ce silence. Angelo se leva, fit claquer le piano et retrouva sa place avec une légèreté d'enfant de chœur. Puis, aux deux hommes encore hagards, il demanda d'une voix claire, *Ça vous a plu ?*

Côte atlantique, été 2017

Ce matin-là, Alexandre s'était levé tard. Par les grandes ouvertures de sa chambre, l'océan miroitait dans des tons de gris et de brun. Il avait mal au crâne. Après une douche qui n'effaça pas la gueule de bois, il consulta son téléphone. Quelques notifications : quelque part dans le monde, on aimait ses photos de la côte, de ses disques, quelques inquiétudes qu'il n'eut pas la force de poursuivre – c'était son avocat surtout. Il éteignit le téléphone, prit sa voiture de sport et roula.

Une fois arrivé sur la ligne droite qui remontait jusqu'à l'estuaire, il profita de l'affaiblissement de la circulation pour entamer une montée en vitesse que rien ne perturba, pas même les limitations. Avec une insolence vaine, il faisait avaler la route à sa voiture. Sur le tableau de bord brillaient les chiffres blancs de la vitesse. Il atteignit si vite l'allure maximale qu'il en eut un haut-le-cœur. Alors, satisfait pour quelques instants, il décéléra en goûtant les derniers frissons de la panique momentanée. *La souffrance*, se souvint-il, *tantôt est le seul horizon.* Le soleil était plus calme maintenant qu'il avait approché le mur du son, les pins mêmes paraissaient flotter un peu dans l'horizon. Il ouvrit les fenêtres et s'invita dans la voiture un parfum de pignons de pin et de sel. Il s'enfonça dans le fauteuil. Un avion passa lentement dans la vitre. Le monde avait quelque chose d'infini sous les roues d'une 911. *Quelle vie*, finit-il par dire. Il reprit le contrôle de la voiture et, violemment, bifurqua sur la trois voies pour gagner la côte sauvage.

Il fit quelques pas sur le sable, se dénuda et courut dans le sillage des vagues. Peut-être étaient-elles plus hautes que lorsqu'il était venu ici avec Pierre. Il n'avait de toute manière pas pu retrouver l'endroit exact. Il se trouvait dans une zone de courants plus imprévisibles, mais il n'en savait rien. Et bientôt, se livrant aux vagues comme il s'était livré à la vitesse du moteur, il fut avalé par les rouleaux. Une vague, alors qu'il pataugeait non loin de la rive, le saisit par les jambes, attachant dans sa traction ses bras et sa tête. Ainsi projeté vers le fond, il se trouva frappé d'inertie. Ses cervicales avaient été touchées par la déflagration. Toute l'innocente paix dans laquelle s'étendait l'océan quand on le voyait depuis la plage s'était transformée en une suite de ravins, de falaises et de murs qu'Alexandre, condamné, sentait s'écraser contre son corps les uns après les autres. Puis il fut ramené vers le sable. Il était désormais allongé, les cheveux trempant dans les eaux glauques d'un lagon éphémère que recouvrirait le prochain rouleau. Des billes d'écume grêlèrent la peau de son visage.

On le retrouva la tête dans le sable, sur la plage qui bordait le phare. Il rêvait sans doute, dans une éternité qui n'était plus celle des hommes. Il paraissait dormir. Les pierres de cette église dont il avait rebattu les oreilles à tout le monde demeurèrent dans ses ultimes pensées, captives des soupirs de son âme. *La souffrance*, s'était-il souvenu, *tantôt est le seul horizon.*

*

Pierre, le lendemain, vint jusqu'à la même plage, seul. Sans tellement savoir pourquoi, il avait ressenti le besoin de se présenter là, devant les vagues qui avaient pris Alexandre. Dans la confusion de la journée passée où lui avaient été pris son père et son ami, il remuait des sentiments troubles. Il peinait à distinguer sa peine sous les assauts de sa déréalisation. Marchant le long du ressac, il repensait à la guerre telle que la racontait son père. Cette frontière, selon Paul-Bernard, de l'esprit humain où la mort devient trop courante pour être comprise, où l'on ne croit plus que les hommes partent, mais simplement que les chances de survie s'abaissent. Pierre, regardant l'eau à ses pieds remonter, eut une sorte de dégoût, comme s'il pouvait l'accuser d'avoir tué Alexandre. L'idée lui parut grotesque mais il quitta aussitôt le ressac pour s'asseoir dans le sable.

L'après-midi passa. Il ne dormit pas. Il était au contraire très nerveux. Il croyait avoir des hallucinations parfois, de grandes stries blanches qui descendaient sur la mer. Le soleil lui brûlait les épaules. Une vérité étrange lui faisait sentir son corps s'enfoncer dans le sable. Comme Alexandre, il pensait : il n'y a donc jamais rien que ça. Une langue de sable sec dévorée pour l'éternité par la fureur de l'océan. Et le reste ne ferait jamais que passer pour disparaître bientôt. Si seulement on pouvait trouver autre chose que ce qui était souffert sur terre, s'il pouvait y avoir un moyen de remonter le temps. Mais il n'y a rien que les vagues qui s'écrasent. Rien d'autre. Il songea brièvement à se jeter à l'eau, comme Alexandre.

Le sommeil seul, jugea-t-il, le tenait éloigné de l'éclatante horreur d'une vie. Comme un drogué, il tenait le coup en disparaissant régulièrement. S'il venait à se soigner, comme on l'espérait pour lui, que resterait-il sinon *ça :* la souffrance à l'horizon, infiniment. Souffrance des guerres, des erreurs, des vies qui n'accordent jamais ce qu'on leur supplie de trouver, toutes ces circonstances qui jamais n'intercèdent, pas même pour nous sauver de la vieillesse qui soudain rend encore légèrement pire ce qui nous avait été accordé de vivre, et, plus encore, le passage fugace des nôtres, eux qui s'en vont et emportent l'espoir qui nous avait fait tenir jusqu'ici.

Il n'y a donc jamais rien que ça. Il relâcha du sable de sa main et s'allongea.

PARTIE II

CE QUI EST ACCORDÉ

Paris, automne 2017

Dans ce qui semblait être une cave, Veronica Billa pointa le faisceau de sa lampe de poche. On y devinait la table de montage, prise dans la poussière, mais encore des portiques, des optiques, des réflecteurs jaunis et tout un débarras qui, enfoncé dans l'obscurité, n'avait pas vu la lumière depuis des décennies. *Peut-être*, conseilla-t-elle à Pierre, *devriez-vous lire les carnets. Je sais que certains lui servaient de journal.* Sur ces mots, elle prit la main du jeune homme et le guida. Ils descendirent quelques marches et, à travers les objets entassés là, se frayèrent un chemin jusqu'à la table de montage. L'appareil était encore en place, son aluminium était mangé çà et là par des traces d'humidité. Au-dessus, une rangée de carnets. Veronica prit le premier. Pierre, qui se tenait quelques pas derrière, ne bougeait plus. Il tentait de mettre le doigt sur le sentiment d'interdit qui l'avait saisi en passant la porte de la cave. S'abandonnant à sa découverte, l'actrice ouvrit le cahier et chercha une page. Elle expliqua, *Celui-ci contient son journal critique car votre père avait vraiment un avis sur tout... Il fallait l'entendre...* Pierre opina dans l'obscurité, il en savait quelque chose. Puis, continuant, elle lut, *29 septembre 1979,* Apocalypse Now – *Oh, je me souviens, ce qu'il a pu détester ce film !* dit-elle. Puis elle reprit :

Film de monsieur Coppola. Qu'en dire, sinon que l'Amérique est la classe bourgeoise du monde occidental et qu'en cela elle ne cesse de s'envisager dans une légitimité qu'elle n'aura jamais ? L'Amérique se perd en signifiants et mimétismes pour appartenir à un monde qu'elle ne peut connaître et qu'elle réplique à l'infini dans son funeste aveu d'exclusion. Prisonnière de sa révolte contre la règle, elle ne peut dès lors que produire de la guerre plus que de raison : Griffith, Capra, Coppola, télévision.

Vietnam : idem. Les bombes, les bobines. Plus de chansons et de films sur la grande tragédie américaine qu'est cette lointaine langue de terre que de journaux pour dénoncer les crimes immenses commis contre les Vietnamiens. La tragédie, pour les gens comme Coppola, n'est pas la salissure humaine de Hué, les digues défoncées par l'aviation et leurs travailleurs décimés par les bombes à billes, les garudas défigurés et les pagodes peinturlurées de sang, les famines organisées et la forêt tout entière brûlée, non, la tragédie, dit monsieur Coppola, c'est le climat poisseux et l'ennui monstrueux du Yankee en jungle jaune et en rizière verte. Pour ce monsieur comme pour tout son pays, la jungle n'a pas de peuple : elle est son propre soldat. L'Américain ne décime pas une population en déversant sur son crâne des litres de feu, non, il suit sa destinée d'homme en jungle se prenant pour Ulysse en mer. Apocalypse Now, *dit Coppola sans voir la mort aux yeux orange. Que ne chantent pas Joplin et Fonda pour faire cesser les combats ? Quel combat ? Contre qui se bat l'Amérique ? Nul ne sait. Le communisme est l'ordinateur contre lequel on dame le pion. Coppola ne s'oppose à rien, Coppola ne parle pas. Les dockers de Marseille parlaient : le matériel n'arrivait pas à temps, nos frères mouraient. Les ouvriers français parlaient : les fusils tiraient des balles de rien, nos frères mouraient. L'Amérique ne parle pas et ne fait que pleurer ses frères. Elle ne connaît que la stratégie, autrement dit la belle histoire. L'Amérique tient son récit, c'est sa stratégie. Le Vietnam n'est plus un pays, pas même une guerre : dans la langue étatsunienne, le Vietnam est un studio de cinéma. On dit : les années Vietnam, on pense à Dylan et maintenant à Coppola. Personne ne pense à un Nord-Vietnamien, à peine existe-t-il. On bombarde dans le cathodique. On ne voit pas la guerre car elle n'est plus ni le sujet ni l'objet, le récit seul demeure : stratégie. Les pertes durent, le traumatisme s'installe. Un autre mot est prêt à entrer dans le dictionnaire limité de l'Étatsunien : Vietnam, nom masculin, lassitude éprouvée par la démocratie raciste à force de bombarder jusqu'à ce que le souvenir du pourquoi la quitte. Et qui se chargera de secouer les veuves et pleurer les bras des marines arrachés ? Qui pour consoler l'Amérique face à son unique point de vue sur son crime : thank you for your service ? Téléviseurs, films de guerre, films de boys. L'Amérique n'a pas d'honneur, elle a des show-runneurs.*

Ah ! souffla finalement Veronica. *Il était en forme... Je n'y comprends plus grand-chose, j'avoue. Je crois qu'il perdait un peu la boule à ce moment-là. Qui l'imagine, lui réalisateur porno, se prenant pour Che Guevara ?* Pierre avait reconnu la façon de parler, mais lui non plus n'y comprenait plus grand-chose. Ces histoires qui sentaient l'anticolonialisme tardif, avec tout le fatras du vocabulaire militant suranné, cela le dépassait. *Parfois*, finit-il par dire, *j'avais l'impression qu'il mentait sur son passé, sur ce qui se passait ici, que tout n'était pas si terrible, mais j'étais un enfant...* Veronica reposa le carnet de Paul-Bernard et, se tournant vers le fils, demanda, amusée, *Vous pensez que votre père était poseur, n'est-ce pas ?* Elle rit, avant de poursuivre, *Vous savez, quand tout a commencé, bien entendu c'était pour l'argent, mais nous étions loin d'être malheureux. Nous étions les « inséparables » Linda, Angelo, Paul-Bernard et moi. Nous étions heureux malgré les problèmes d'argent de votre père. Nous aurions pu vivre ainsi. Mais Paul-Bernard avait entendu parler des films pour peep-show et, à sa façon, avait déjà quelques idées, quelques projets. Il a eu beau raconter qu'il avait été forcé, la vérité, c'est que l'argent n'aurait pas suffi à lui faire tourner son premier film X, non, il fallait que ça soit amusant. Quelque part, je crois qu'il avait un besoin essentiel de cette distraction. Après, on ne le changeait pas : à la fin de la journée, il baratinait ses grands discours... Mais je me souviens du jour où nous avons vu* Apocalypse Now. *Nous étions tous les trois, Paul-Bernard et moi, votre mère aussi était déjà là. Tout le monde avait aimé. Mais vous voyez, votre père, c'était un blessé de guerre lui aussi. Il était blessé dans sa gloire, la censure de* La Légion des honneurs, *le silence qui s'est ensuivi... J'étais toute jeune mais quand je l'ai connu, c'était déjà un homme brisé.* Elle se tut. Puis, ressaisissant sa lampe de poche, fureta plus en avant dans la cave.

Veronica descendit quelques marches de plus. Elle vivait au quatrième et dernier étage de l'immeuble de la rue du Repos et, au-dessous d'elle, dormaient dans l'obscurité les autres paliers. Avaient-ils été aménagés en ces années lointaines ? Pas vraiment. Parfois, un mur était troué pour passer d'un appartement à un autre. Des galeries ainsi se faisaient et proposaient quelques détours parmi les costumes, les décors, d'autres chambres vides, des bobines pourrissantes et on ne sait encore. À quelques endroits, sur les murs, des inscriptions – *Stones 4 ever* ; *1976 = année érotique* ; *Giscard, montre-nous ta queue* – ou bien des peintures murales qui avaient servi de décor. Là : le lac de Garde, une île, un soleil. Ici : un trompe-l'œil d'un cloître du XIVe, crucifix et colonnades. Un peu plus loin : un désert de western, grandes dents de roche, cactus et soleil rasant.

À présent, ces mondes étaient bouffés d'humidité comme la Villa Caprice avait pu être dévorée par sa végétation. Pierre suivait la lumière blanche émise par la lampe de Veronica, non plus curieux mais captif. Il avançait dans la cave comme dans la mémoire de son père. Il était cependant trop tard pour reculer et, devant, la petite lampe continuait de lever des voiles. Il approchait une image interdite, il s'approchait de son père, de son corps, de son sexe, de sa jeunesse. L'actrice surprit le regard de Pierre s'attardant sur des costumes inspirés de la Renaissance italienne. Elle expliqua bientôt, *Nous les récupérions auprès des théâtres, des opéras qui se terminaient, parfois aux enchères. Un jour, on embaucha une costumière, la petite Sophie. Elle inventait de ces trucs... Il fallait toujours que les vêtements soient plus faciles à enlever, plus élastiques... On n'imagine pas le nombre d'astuces qu'on inventait au fur et à mesure des tournages...* Pierre dit, *Et la drogue ?* Veronica pouffa. *Vraiment, c'est tout ce qui vous vient ?* Elle dépassa les costumes, avança encore. *Venez, je pense qu'ici il y a des choses pour vous.* Elle poussa une porte, celle qui avait dû être l'entrée d'un cellier, et disparut dans l'ouverture. Pierre se trouva plongé dans le noir. Il lui sembla que les costumes frissonnèrent. Il se hâta à la suite de Veronica.

Attendez ! Je vais le faire fonctionner, ça va marcher. Elle tentait de faire passer sa petite lampe derrière l'optique d'un rétroprojecteur. Elle tapa un coup sec sur la machine et apparut au mur, soudain, Paul-Bernard, torse nu, un pantalon d'appelé, des bottes noires montantes ; au second plan, une rizière qu'on devinait à peine, seuls les reflets de l'eau avaient brûlé la diapo. Veronica enclencha la manette et la plaque tourna. Désormais, Paul-Bernard derrière une caméra portative qui faisait signe à des Vietnamiens. Il tourne. Un Vietnamien regarde l'appareil photo, le regard n'est pas vraiment développé, seuls deux trous noirs apparaissent sur le mur du studio. Veronica actionna encore la machine. Désormais Saigon, 1955, la guerre est finie, la cathédrale. Une Cadillac garée devant. Veronica refit le geste. Maintenant Hô Chi Minh lithographié dans sa vareuse légendaire, barbe idoine, sur un grand drap. Pas de hors-champ. Veronica se tourna alors vers Pierre qui, une expression de stupéfaction sur le visage, dormait sur une caisse en métal. L'actrice récupéra dans le projecteur sa lampe de poche et ouvrit les volets du studio. Pâle, rasante, la lumière défigura la pièce. On y découvrit des toiles d'araignées, des morsures d'humidité perlant aux murs, des miroirs aux reflets salis de poussières et, par terre, des kilomètres de bande empilés. Dans leur petit tombeau, les copies censurées de *La Légion des honneurs* dormaient. Pierre s'était endormi sur une de ces caisses, numérotées, que la censure avait remises à Paul-Bernard en cette lointaine année 1957. Veronica éteignit la lampe de poche, s'assit sur une caisse et alluma une cigarette. À quoi jouait-elle ? Elle regarda le jeune homme qui, à quelques centimètres d'elle, respirait lourdement. Son torse s'élevait doucement sous sa veste – sous la veste de son père. L'image lui aurait tiré toutes les larmes de son corps si elle n'y avait pas pris garde. Elle repoussa la fumée qui flottait dans l'air vicié de la chambre. Les yeux humides, c'était à cause de la fumée des cigarettes, se dit-elle. Il semblait rêver, ses doigts se refermaient dans sa main gauche. Sa tête, posée contre le mur, s'inclina légèrement. Des cheveux fins, blondis, traînaient en désordre sur son front. À quoi cela avait tenu qu'il ne soit pas son fils ? Si elle se reposait cette question, vraiment, elle craquerait. Elle se leva et alla ouvrir la fenêtre. Face à la résistance du vieux loquet, l'actrice força et la poignée céda dans un bruit sec. L'air entra aussitôt et le battant alla s'écraser contre le mur. Pierre sursauta. *Elle est cassée désormais*, articula, incrédule, Veronica. *Ça fera de l'oxygène au moins*... Dans le courant d'air ainsi créé, la poussière ancienne du cellier où pourrissait l'unique chef-d'œuvre de Paul-Bernard prenait son envol pour aller siffler dans les hauteurs du Père-Lachaise. Pierre, frappé par la lumière, reprit ses esprits. Veronica sortit les diapos du projecteur, les mit dans une boîte de carton marbré et les lui tendit. *Je vous les rendrai*, dit-il. Elle haussa les épaules. Ils sortirent ainsi de la cave, revenant sur leurs pas, l'un derrière l'autre. Ils repassèrent devant les costumes de marquise, il parut à Pierre qu'ils se dissolvaient doucement maintenant que l'air frais entrait par la fenêtre du cellier. Il ne s'y trompait pas. Bientôt, d'avoir été découvert, ce monde s'effacerait comme une fin d'après-midi.

À nouveau dans l'appartement du quatrième, ils se faisaient face. *Du thé ?* redemanda Veronica. Pierre déclina. Au-dehors, le soleil de septembre traînait un voile jaune sur Paris. Le jeune homme était perdu dans la boîte en carton, il y tournait et retournait les diapositives. *Votre père*, lança-t-elle, *n'était jamais aussi heureux que lorsqu'il parlait de ce tournage. Pour le terminer, il frôla la folie. Un jour, m'avait-il raconté, il s'était isolé pendant huit heures tant il avait perdu le contrôle. Il était furieux. Il a alors marché seul dans la jungle. Puis, la colère se calmant, il s'aperçut qu'il était perdu dans le silence tranquille d'une clairière. Qu'il n'était plus, pour ainsi dire, à la merci des balles, en pleine guerre.* Elle écrasa sa cigarette dans le cendrier et partit dans sa cuisine faire bouillir de l'eau. Elle revint. *Vous comprenez, il jouait à la guerre. Tourner, c'est revenir à ce qu'on a connu, on y croit dans la folie du moment, mais si on s'écarte, ce n'est plus qu'un jeu. Un jeu inoffensif.* Pierre passa sa main sur ses yeux, les frotta, comme un enfant qui tente d'échapper au sommeil. Il reposa la boîte devant lui sur la table. Veronica regardait ses pieds qu'elle avait déchaussés et qui désormais, dans leur blanche nudité, traînaient sur le sol froid. On entendait siffler la *kettle*. Doucement, elle se leva. Désormais silencieuse sur le parquet, elle marcha lentement vers la cuisine. Puis d'une voix douce, *J'en fais quand même.* Elle revint et posa les deux tasses sur la table. La fumée ondoyait fébrilement dans un parfum de bergamote. Elle porta ses lèvres à la céramique chaude, goûta. S'apercevant qu'il la fixait faisant cela, elle rougit et n'en revint pas de rougir. Alors, elle reposa la tasse sur sa soucoupe et alluma une énième cigarette en déportant son regard vers la fenêtre. *Je vais ouvrir, ça ne vous gêne pas ?* Il haussa les épaules. À son tour d'essayer maintenant, *C'était un jeu inoffensif pour vous aussi ?* Une pause. *Les tournages, je veux dire...* Elle avait entendu la question depuis la fenêtre, elle lui tournait le dos. Elle ne se retournerait plus, du moins pas tout de suite. Il fallait d'abord répondre, tomber dans un passé ô combien éloigné d'eux. *Si on me l'avait dit quand j'avais votre âge, que c'était inoffensif, je ne l'aurais pas cru, c'est sûr. Quand j'avais votre âge, je ne croyais pas à grand-chose d'ailleurs... Les années passent et on comprend toujours nos choix, cela met souvent du temps, c'est vrai, mais on finit par comprendre. Moi, j'ai passé ma vie à jouer à l'amour et si je marchais quelques mètres, si je quittais le plateau, je m'en apercevais, c'était inoffensif, c'est vrai.* Elle pinça la cendre du bout de ses ongles et ralluma sa cigarette. Elle cherchait à occuper ses mains. Pierre la suivait du regard depuis sa chaise, son dos, la lumière du soir, la fumée comme une auréole un peu au-dessus d'elle. *Je n'ai pas eu énormément de chance dans la vie, mais j'ai pu faire au cinéma ce que je n'étais pas parvenue à faire sinon...* Pierre ne le comprenait pas encore. Cela viendrait, Veronica – Marguerite – devait lui laisser du temps. Que sait-on à cet âge ? Il dit, d'autres idées, d'autres voix parlant à travers lui, *Mais ce n'était que du sexe, de l'exploitation, non ?* Veronica se tourna vers lui en lui offrant un regard amusé, *Et alors ?* Pierre était confus. Il avait encore l'air d'un enfant, ses joues, cette pointe de rouge qui s'y imprimait encore. De nouveau, l'actrice pensa que ç'aurait pu être le sien, d'enfant, et enfin, après l'avoir tant gardé en elle, elle dit, *Vous pourriez être mon fils...* Pierre sentit l'importance d'une telle phrase. Il répondit, *Que s'est-il passé ?* Elle, s'asseyant, *Mon corps n'a pas voulu. C'est comme ça. Ce n'était pas pour moi.* Pierre, ne sachant pas s'arrêter à temps, *Sans ça, mon père et vous ?* Veronica, ou peut-être Marguerite en cet instant, articula, les yeux dans le vague, cherchant une nouvelle cigarette à allumer, *Qui pourrait prétendre savoir ?* Pierre s'en voulut, se trouvait énorme, lourd, plein d'indélicatesse dans les arrière-chambres de son père. Il ne savait pas se filer dans la vie des autres, il ne comprenait pas les attractions passées, les cordes dénouées, les douleurs resserrées. Comment le pourrait-il ? Veronica avait connu un homme qu'il n'avait pas connu. Il ne revoyait que les cheveux blancs, la silhouette pataude, les mains gonflées du père. On ne se met pas, comme ça, à vingt ans, dans les pas de nos pères. Il repassa une diapo dans sa main, y fit entrer un peu de la lumière du plafonnier. Angelo Molino, hilare, contre l'épaule d'un jeune homme athlétique aux cheveux longs, une veste de motard, Paul-Bernard. Ils sont sur le pont d'une péniche. Son père porte la moustache. Angelo le perfecto. Deux frères. Pierre repose l'image parmi les autres. Apercevait-il, sous ses pieds, les fleuves endormis qui filaient entre ses orteils ? Peut-être commençait-il à en sentir la morsure froide, peut-être. *Je voudrais vous demander un dernier service*, dit Pierre. Veronica, sans réfléchir, *Tout ce que vous voulez. J'aimerais*, continua le jeune homme, *récupérer un exemplaire de* La Légion des honneurs. *C'est que*, il la regardait dans les yeux, *je travaille au cinéma du Panthéon et j'aimerais le projeter, une dernière fois j'imagine. Peut-être même une première...* Veronica, ne s'arrêtant pas même sur la demande, enchaîna, *Au cinéma du Panthéon, vous dites ? Vous savez que...* Pierre, la coupant, *Oui, je sais pour* L'Aigle et la Belle. Veronica était éblouie des coïncidences, *De tous les cinémas, vous avez choisi celui-ci ?* Pierre, *Il faut dire que mon père connaissait le patron.* Veronica, *Ça, je l'imagine bien.* Elle rit. Il sourit, gêné. *Bien sûr*, dit-elle, *prenez une copie, prenez-les toutes, qu'importe. Espérons qu'elles aient survécu aux années...* Ils se quittèrent bientôt. Pierre, redescendant dans le noir, jeta un dernier regard vers la porte entrouverte de Veronica. Elle crut voir le père disparaître dans la cage d'escalier.

Depuis combien de temps Paul-Bernard n'était-il pas venu ? Pendant des années, il avait pris soin de sa starlette. Jamais elle n'avait manqué de rien sauf d'amour. Mais durant la dernière décennie, elle ne l'avait vu qu'une petite poignée de fois, souvent par hasard. Le croisant, n'étant plus même sûre que le vieux monsieur qui marchait au-devant d'elle dans la rue était bien l'homme qui avait pris sa vie en otage. Avec le temps, leur différence d'âge était devenue criante, il avançait vers la mort alors qu'elle mûrissait, devenait une dame. Si la vie avait été différente, si elle n'avait pas été cette actrice, si elle avait eu la bague que portait Isabelle, à son tour, elle l'aurait inhumé à quoi, la moitié, aux deux tiers de sa vie ? Il n'y aurait pas eu de victoire. Elle y pensa pour la première fois avec clarté. Ainsi, vraiment, le destin ne les avait pas faits l'un pour l'autre. Elle referma sa porte et, sur la table à manger, souffla une bougie.

Paris, 1971

L'océan battait lentement des pieds. Les voiles du ciel laissaient paraître quelques rayons argentés. Ils marchaient sur le sable, les corps lourds des repas. Paul-Bernard et Marguerite avaient rejoint Angelo et Linda à la Villa Caprice. Ils venaient y passer le week-end entre amis et se félicitaient, en se voyant attablés, de s'être trouvés. *Il y a des choses qui doivent être écrites quand même*, dit Linda sur un air de sagesse populaire. Paul-Bernard, l'interrogeant du regard, encouragea la jeune fille à poursuivre. Elle continua, *Oui, regarde, tu as connu Angelo au Vietnam, j'ai connu Angelo dans un bus, tu as connu Marguerite sur un bateau. Tout revient à une sorte de voyage qu'on fait. Un voyage vers ce que quelqu'un nous a promis. Tu ne crois pas ?* Paul-Bernard sourit en haussant les épaules. Il dit, *Oui, si tu veux. La vie me semble très simple parfois.* Marguerite, qui tenait son bras, opina, *Oui, très simple.*

Linda, tu te racontes tellement d'histoires... La jeune brune rit. Elle savait que lorsque son amie tentait de se faire passer pour plus sage qu'elle n'était, ce n'était jamais que par mimétisme. Linda avait compris, en voyant l'espèce de jeu auquel se livrait Marguerite, que son amie était devenue une de ces femmes qui, abaissées par leur amour, ne sont plus que les porte-voix de leur obsession. Tant et si bien que, lorsque Paul-Bernard n'était pas là, Marguerite continuait de juger tout selon le regard qu'il aurait, lui. Elle disait alors, *Non, ça ne plairait pas à Paul-Bernard.* Elle n'en savait pourtant rien. Mais il le fallait, il fallait qu'elle puisse accéder à cette instance critique qui était *lui.* Linda n'y prêtait plus attention. Elle comprenait seulement que son amie était d'une bêtise vive et attachée à son amour comme une prisonnière. Cela lui faisait pitié. Quand elle était seule avec Angelo, elle racontait les derniers excès de la petite Marguerite et elle se jugeait fièrement issue d'une nature supérieure d'amoureuse. Angelo l'écoutait distraitement. Le chanteur savait que les choses étaient plus cruelles et combien chacun en était la victime : il aimait plus Linda qu'elle ne l'aimerait jamais, Marguerite aimait davantage Paul-Bernard qu'il ne l'aimerait jamais, point. Il passait une main dans les cheveux de la jeune fille et il disait, *Une nature supérieure, pas vrai ?* Linda riait et Angelo continuait, sur un air devenu rituel entre eux, *Je suis d'une nature qui tombe amoureuse en entrant dans la pièce, et toi, tu es d'une nature supérieure.* Cela aurait pu être une chanson.

Les deux couples marchaient dans la rue de la Ville-d'Hiver en silence. L'après-midi se rafraîchissait. On rentrerait demain en voiture. Ils entrèrent un couple après l'autre dans la maison. Linda séjournait de plus en plus souvent dans la villa et elle y avait laissé les quelques détails qui la rendaient plus viable et moins grave qu'auparavant. Des détails qu'Isabelle trouverait des décennies après le passage de la jeune fille. C'étaient des vases dans lesquels on mettait en eau les fleurs cueillies lors des balades sur la lande, c'étaient encore des napperons fleuris, des encens au santal et une luminosité accrue, inexpliquée, qui ne tenait qu'au bonheur de la jeunesse circulant dans la poussière de la villa.

Dans la cheminée, on fit un feu. Angelo chanta accompagné de Linda. Ils présentaient à leurs deux amis quelques titres du disque qu'ils allaient faire ensemble. Depuis combien de temps Angelo leur rebattait-il les oreilles de ce disque ? Paul-Bernard avait perdu le compte. C'était sa façon, pensait son ami, de s'unir avec Linda, d'approfondir leur lien. Il l'avait fait chanter bien avant qu'ils ne s'embrassent. Avait-il inventé toute cette histoire pour la conquérir ? Paul-Bernard n'en était même pas certain : il savait Angelo suffisamment sentimental pour avoir débuté son projet de disque avec Linda sans concevoir aucun espoir. Peut-être même aurait-il préféré qu'on ne fasse qu'un disque et que l'on se quitte. Peut-être, en effet, cela aurait-il mieux valu.

En fin de compte, de disque, il n'y en eut aucun. À peine un 45 tours où Linda chantait sur une composition d'Angelo.

Le succès ne vint pas. Elle voulut en faire un autre mais elle doutait, elle doutait tant d'elle et d'Angelo que leur lien s'en trouva empoisonné. Bientôt, ils ne se virent plus qu'en studio. Angelo, patient, enregistrait, proposait, corrigeait. Linda voulait sans vouloir : la voix était absente, la motivation passagère. Elle voulut faire comme les autres pour rattraper le succès qui l'avait boudée : elle se perdit en pastiches, tous furent refusés par la major. On n'y avait jamais tellement cru chez Philips, à cette fille. On avait fait une fleur, un 45 tours, mais maintenant, le scepticisme l'emportait. Angelo lui-même était en perte de vitesse, son insistance à produire Linda, dès lors, exaspérait plus qu'autre chose. Un an plus tard, Linda disparaissait de la vie d'Angelo. À l'instar d'autres jeunes filles de sa génération, elle partit acheter des cigarettes et jamais ne revint. Elle pensait, sûrement à raison, qu'elle n'arriverait à rien attachée comme elle l'était à quelqu'un qui l'aimait tant. Linda était un esprit qui ne grandissait que dans l'abandon, elle ne le savait pas encore mais le sentirait. Angelo était trop présent, trop aimant, trop invariablement un soutien pour qu'elle obtienne la vie à laquelle elle aspirait. Sur l'échec d'un 45 tours, le chanteur fut abandonné par la seule femme qu'il aimât jamais. Sur l'échec d'un 45 tours, Linda se condamna à une errance traînante dans des nuits opiacées. Ce 45 tours, « Traces », demeure introuvable ou presque – une copie se trouvait encore dans la collection d'Alexandre.

D'un seul reflet de toi
D'un seul baiser de toi
Je guette le fil de nos traces
Qui dans nos cœurs s'effacent

Alors, bien avant qu'ils ne s'abîment, les voir tous les deux face à la grande cheminée de Motton, susurrant quelques airs en se faisant des clins d'œil, bouleverse et hante. Que faire d'une image pareille, sinon se la repasser encore et encore dans des rêves artificiels ?

À côté de ces deux angelots, Marguerite était bercée par la musique. La soirée pour elle aussi était délicieuse. Paul-Bernard posa ses mains sur les épaules de la jeune fille ; elle ferma les yeux. Angelo fixait quant à lui son amoureuse qui, le corps conduit par le rythme, laissait sa tête onduler. Pour clore la soirée, le chanteur entama les accords de « Wear Your Love Like Heaven » de Donovan et, sur le refrain, il fut rejoint par Linda et Marguerite qui adoraient cette chanson qu'on leur avait fait découvrir il y a peu. Le feu crépitait. Leurs ombres dansaient sur le sol de la villa. La fumée des cigarettes s'élevait comme de l'encens dans une chapelle. Leurs chants se mêlaient dans une harmonie gracile. C'était l'image parfaite d'*inséparables* que tout séparerait bientôt. Un polaroïd sitôt effacé, sans plus de traces.

*

Marguerite se retrouva seule dans sa chambre. Sur ses maigres genoux, sa valise d'où sortait du sable. Paul-Bernard l'avait déposée une heure plus tôt chez sa mère. Seulement, elle ne pouvait pas faire face à ce vide – ou bien il n'y avait plus que celui-ci et elle restait ahurie, enveloppée par le manque. Un orage éclata dans le jardin et précipita des giboulées. Un drap avait été déchiré sur l'étendoir et Marguerite le regardait battre dans le vent comme un fantôme. Elle avait les paupières tremblantes.

Au bord de l'océan, Linda et Angelo savouraient quant à eux leur soirée dans leur solitude retrouvée. Le feu crépitait toujours. Linda demanda, *Tu crois que ça va durer, Paul-Bernard et Marguerite ? J'ai un mauvais pressentiment.* Angelo, qui n'y pensait pas vraiment, qui avait l'impression qu'ils s'étaient bien trouvés tous les quatre, chassa cette idée de la jeune fille. Il dit, *Mais oui, Paul-Bernard a l'air d'y tenir, à cette petite.* Il n'en savait pas grand-chose en fin de compte.

Paris, automne 2017

Anne n'avait pas réussi à se rendre aux funérailles de Paul-Bernard, elle avait dû rester à Porto-Vecchio. Le retour fut plus difficile à organiser qu'elle le souhaitait. Elle fut néanmoins présente à celles d'Alexandre qui se tinrent deux jours plus tard. Elle s'y rendit avec Pierre, silencieux dans le taxi. Deux amants embarrassés. Anne sentait qu'elle faisait n'importe quoi : à l'heure où Pierre organisait avec sa mère les célébrations pour le père, elle reprenait son souffle, vivait. Il y avait eu un type sur la plage. Rien de sérieux, non, mais l'impression diffuse qu'elle avait été davantage vivante avec ce Vincent qu'elle ne l'avait été ces six derniers mois auprès de Pierre. Victoire, bien sûr, n'y trouva rien à redire. La copine avait prévenu, *C'est fini, il n'y a que toi qui ne le sais pas*. On ne quitte pourtant pas un fils qui a perdu son père comme ça. Pierre, s'il avait su pour Vincent, pour Victoire, pour toutes ces histoires qu'Anne traversait en silence, s'en serait voulu, sincèrement. Il la conduisait vers le rien, secrètement, il n'aspirait qu'à la solitude pour ce qu'elle vous donne d'apaisement : n'être plus le souci de personne. Ils se trouvaient tous deux trop grands dans leur taxi, tout de noir vêtus, s'évitant autant qu'ils pouvaient. Ils se fuyaient mutuellement tandis que derrière les vitres de la berline glissait la Seine.

À la sortie du taxi, Minh, la mère d'Alexandre, les attendait. Immédiatement, elle prit Pierre dans ses bras. Les yeux humides, elle dit, *Merci... Allez, venez.* Anne resta un peu à l'arrière quand Pierre s'assit dans le crématorium. Le jeune homme se tourna vers elle. Le regard de la jeune femme flottait dans le vague. Elle se sentait de trop comme cela avait toujours été dans les histoires de famille de Pierre et cela se voyait. Anxieuse, elle mâchouillait un de ses chewing-gums nicotinés. Sa robe fourreau noire accentuait son bronzage de vacancière, ses cheveux bruns, retenus en chignon, fuyaient un peu dans son cou hâlé. Elle surprit le regard de Pierre et, d'une façon ancienne, le lui rendit avec un brin de malice. Elle en eut un pincement au cœur, elle l'avait fait sans réfléchir. Elle l'aimait encore. Il se détourna. Elle était magnifique, elle l'avait toujours été. Sur un écran de télé, le cercueil avançait dans des flammes retransmises en 4K. La mère d'Alexandre pressait le bras de Pierre en pleurant. Dans la salle du crématorium retentissait « Lonely Sea » des Beach Boys. C'était la seconde fois que Pierre entendait cette chanson, la première, c'était il y a quoi ? Dix jours ? Alexandre, sur la terrasse de l'océan, ivre. Alexandre, allongé désormais, attendant des flammes qu'elles le néantisent.

The lonely sea
It never stops
For you or me
It moves along

Plus tard, dans l'appartement d'Alexandre, Pierre retrouva le bazar que son ami lui avait décrit : empilement de babioles, de disques, de meubles sur quelque 90 mètres carrés. On avait dû récupérer au pressing des vêtements qu'il n'était jamais venu chercher et tout s'étalait derrière la table où l'on avait aligné les bouteilles de champagne de sa cave. Passèrent quelques anciens collègues. Pierre interrogeant certains sur leurs liens avec son ami se heurta à des réponses de diplomates. Alexandre n'avait pas exagéré le secret de sa vie passée. Quelques oiseaux nocturnes se présentèrent en fin d'après-midi. Des photographes amateurs, de faux aristocrates, les deux en même temps, Pierre ne s'en souvenait plus très bien. Simplement des jeunes gens habillés de noir et de rose poussière qui traînaient dans les clubs à la merci de n'importe quel rentier. Le plus vieux, s'adressant aux invités, dit avec assurance, *La mort est un voyage.* Pierre surprit dans les yeux de la mère d'Alexandre une exaspération parfaite. Les oiseaux de nuit partirent sans se faire prier. Bientôt, dans l'appartement, il ne resta plus qu'Anne, Pierre et Minh. Anne, assise sur un vaste divan qui donnait sur la fenêtre, rêvassait. Pierre, pendant ce temps, rangeait avec la mère. Le soleil quittait déjà le jardin du Luxembourg qu'on voyait depuis l'appartement. Le silence du quartier gagna bientôt le logement. Minh voulut qu'on dîne ensemble. Alors, ces trois-là prirent la rue Guynemer pour se rendre à La Coupole. En longeant le jardin, Pierre saisit Anne par la taille. Ils avaient besoin de cette proximité. Du jardin, l'humidité des parterres montait dans le soir. Une jolie nuit de septembre.

Dans la salle bruyante du restaurant, arrivant au dessert, Minh prit son courage à deux mains et dit à Pierre, *Vous savez, quand on a perdu ma mère, Alexandre m'a fait tout un procès car, soi-disant, je ne savais pas faire avec les morts*. Elle repoussa la cuillère de ses profiteroles dans le plat et se resservit du vin. Anne, qui appréciait de plus en plus cette femme, lui dit, *C'était une très belle cérémonie, très personnelle. Pas vrai, Pierre ?* Le garçon hocha la tête, après tout, il en était à ses deuxièmes funérailles en une semaine. Il devenait moins délicat avec l'absurde de la mort. Là n'était pas le sujet, les corrigea Minh. Quand sa mère était morte, elle avait demandé à son fils, *Et toi, tu aurais fait quoi ?* Alors Alexandre avait exposé tout un programme : il y avait une église au nord de Saigon à laquelle s'était rendue la grand-mère. C'était une église construite avec des pierres françaises importées de Toulouse. L'église, avait raconté Jade à son petit-fils, n'avait pas de toit, comme Pierre l'avait appris. Au-delà de l'autel, une vaste ouverture où reposaient, bleues, mystiques, les longues dents des montagnes du Sud. Un crucifix barrait l'horizon. Jade y avait été baptisée. Elle y était devenue chrétienne, elle y avait appris le français. Alexandre avait retrouvé le stock de pierres dévolu à l'église. Minh vérifia que les jeunes gens suivaient, Pierre lui fit signe de continuer. *Alors*, dit-elle, *il avait pour projet d'y aller et d'y finir l'église pour y enterrer sa grand-mère. C'était ça, son projet. Alors forcément, j'ai eu l'air un peu conne avec ma cérémonie. J'en suis restée sciée. Je lui ai dit : Mais ça ne marche pas comme ça, comment veux-tu qu'on enterre ta grand-mère à 12 000 bornes d'ici ?* Alexandre avait haussé les épaules. *Quand on veut, on peut*, avait-il répondu. Depuis, Minh y repensait. Cette mère qui ne s'était pas laissé un seul moment d'absence depuis cette journée d'été où elle avait foncé à l'hôpital comme un démon continuait à imaginer des plans et des idées, elle en avait un plein carnet dans son sac : des idées sur la politique, sur son travail, sur les funérailles bien sûr, mais également des idées sur les gens qui passaient dans la rue ou à la TV. Tout en elle se remplissait inlassablement de la vie qui n'était pas celle du dedans. Elle cherchait partout, dans chaque détail, la distraction et l'efficacité, comme si, à force de poursuivre toutes ces pensées, elle pouvait accélérer le moment qu'elle savait approchant – pourtant si lointain –, le moment où une mère ne voudrait plus hurler durant chaque seconde qui la séparait de la mort de son enfant.

Prenant la main de Pierre dans les siennes, elle le supplia soudain, *Faites donc cela, vous comprenez, non ? Si je ne fais pas ça, il va me hanter toute ma vie. Il n'avait pas vraiment bon caractère...* Elle lâcha la main du jeune homme et rit en écrasant une larme. Anne était stupéfaite. L'histoire était dingue. Tout avait été dingue avec cet Alexandre mais, chez Minh, elle ne voyait que détermination. Elle percevait derrière ses yeux brillants toute cette fabrication, cette gesticulation mentale, en somme, cette impatience qui vient aux désespérés. Elle avait voulu la calmer, dire quelque chose de cruel et bourgeois comme : *Ne devriez-vous pas prendre du temps pour vous ?* Mais elle se ravisa. En fin de compte, n'était-elle pas déjà convaincue que Pierre devait décoller, partir, faire quelque chose d'aussi dingue que reconstruire une église à des milliers de kilomètres d'ici ? Bien sûr, quelques mois auparavant, elle n'aurait pas été de cet avis, mais maintenant qu'elle savait qu'elle ne parlait plus la même langue que lui, maintenant qu'il lui échappait par les ténèbres, maintenant, elle s'apprêtait à ne plus trouver ça si fou. Alors, à la surprise de Pierre, elle apporta son appui, *C'est une bonne idée, enfin je trouve. Pierre, tu ne voudrais pas retourner au Vietnam ? Je pense qu'il faut dépasser ton espèce de traumatisme et cette histoire, vraiment, je la trouve magnifique.* Pierre était surpris par la tournure que prenait la conversation. Il n'était pas hostile à l'idée, non, mais il y a cinq semaines, il ne connaissait même pas Alexandre. Il se souvenait néanmoins que son jeune ami lui avait parlé des pierres de Toulouse, de l'église. Il revit Alexandre sur la côte sauvage, emporté, qui se livrait comme jamais personne ne s'était livré à lui. Il s'interrogea :

que doit-on aux êtres qui se sont mis à nu devant nous ? *Tout peut-être*, sembla lui répondre une petite voix, *tout*. Quittant ses rêveries, il dit, *Pourquoi pas ?* Anne l'embrassa immédiatement, Minh pleura davantage. Chacun y trouvait son compte, sauf Pierre, qui se dirigeait comme un automate vers la ville du fleuve où tout avait commencé.

Le serveur apporta les dernières coupes de champagne de la journée. Minh embrassa tendrement les deux amants et les livra à leur taxi. Sur le boulevard du Montparnasse, la petite femme s'effaça dans le rétroviseur ; il sembla à Anne qu'elle griffonnait quelque chose dans son carnet, comme une folle. Pierre avait promis de la revoir. On organiserait le voyage très vite. Il ne fallait pas traîner. Il se laisserait guider. Dans l'habitacle, Anne tenta, *Je crois que c'est exactement ce qu'il te fallait.* Il la regarda, il savait qu'elle avait raison, il dit quand même, *Tu dis ça parce que tu ne veux plus de moi.* Anne, *C'est dégueulasse.* Pierre, *Oui, un peu.* Une pause. *On ne sait pas comment se quitter, pas vrai ?* Anne s'attendait à cette question. Elle ne savait pas quoi lui répondre pourtant. Elle se tourna vers lui. Déjà, il somnolait. Alors, glissant sa main dans la sienne, elle souffla, moqueuse, *Et moi je te dis que tu es pierre, et que sur cette pierre, tu feras bien ce que tu veux...* Elle le raccompagna chez lui mais ne resta pas dormir. Pas ce soir, ni même demain. Ils avaient raison, c'était fini. Ils trouveraient bien comment se séparer.

Saigon, 1953

Vous savez, Paul-Bernard, dans les anciens textes chinois, nan-mien *– faire face au sud – était l'expression consacrée quand le régnant se posait face à ses sujets, qu'il régnait, si vous préférez. Hô Chi Minh, ses hommes ne sont rien d'autre qu'un empire en devenir. Ils nous regardent depuis le Nord, on leur appartient déjà, ils n'ont qu'à attendre car, déjà, ils règnent. Vous comprenez ?* Pierre Motton se resservit du vin. Paul-Bernard, sur la carte, indiquait du bout des doigts une poignée de positions tombées. Angelo semblait indifférent à tout cela. Paul-Bernard reprit, *Et alors, qu'est-ce que vous proposez, sinon le même cynisme que tout le monde ici ?* Motton était exaspéré par l'intégrité affectée du jeune homme. *Écoutez, c'est l'empire qui paie. Ce n'est pas comme si la ville entière ne s'était pas déjà servie.* Paul-Bernard, *Donc on ruine le Trésor comme ça ?* Motton, perdant patience, *Mais de cette guerre,*

Paul-Bernard, n'êtes-vous pas le premier à savoir la fin ? Le jeune homme bouda. Angelo se resservit du vin, cela ne lui plaisait pas tellement, cette conversation qui opposait ses seuls amis. Alors, reposant la bouteille, il tenta, *Paul-Bernard, pourquoi ne pas oublier cette histoire ? Pour faire plaisir à Pierre.* Celui qui boudait haussa les épaules. *Ah ! Si c'est comme ça...* éructa-t-il.

Pierre Motton trempait dans le trafic de piastres. Il avait ainsi racheté une villa sur la côte Atlantique, puis pris des parts dans des petits commerces ici et là, du savon en Algérie, de l'hévéa au Tonkin, des mines en Lorraine. Comme beaucoup en ces années de guerre, il profitait gentiment de l'incroyable subvention accordée par la République française à la devise indochinoise, le faramineux prix payé par l'État pour faire durer ce mirage colonial. Naturellement, Pierre Motton voulait que Paul-Bernard s'associe à ce trafic pour financer son film, celui qu'il allait faire avec toutes les bobines qu'il volait à l'armée. Le cinéma coûtait de l'argent, surtout en ces temps où les bandes venaient de si loin. Paul-Bernard s'en scandalisa, mais il admit des années plus tard que *La Légion des honneurs* avait été intégralement payée par ces manœuvres semi-légales.

Paul-Bernard quitta la maison du médecin maussade mais certain qu'il allait accepter. Il était affecté de découvrir les aspects moins reluisants de la personnalité de Pierre Motton. Cet homme qu'il vénérait n'était en fait qu'un énième corrompu d'Empire, un de ces hommes qui, à force d'Histoire, à force d'attentats et de régimes, avaient acheté, vendu, perverti toutes les valeurs qui furent. Peut-être était-ce inévitable en traversant ce siècle de sang au bout du monde. Après tout, il en avait fallu de la versatilité pour survivre aux Gardes rouges, aux Anglais, aux caodaïstes, aux Japonais, aux Américains, au Kuomintang, aux illuminés, aux gagne-petit, aux vichystes, à la Libération, aux Russes, à la milice, à la police spéciale, à la CIA, au KGB, et la liste était interminable. Que Pierre Motton devînt ainsi d'un relativisme abject, ce n'était que la moindre des politesses. Paul-Bernard se ferait une raison.

Motton et Paul-Bernard retrouvèrent un certain Courtade dans une petite échoppe mal éclairée de Cholon. Le trafiquant, qui faisait un lien régulier entre l'autorité des monnaies et les douanes pour fluidifier, arranger et conclure les échanges, était de tous les coups montés par Motton. On disait qu'il payait autant les Viêt-minh que les industriels pour maintenir à flot sa petite entreprise. Sa tête finirait néanmoins au bout d'une pique avant même l'évacuation du Nord – la justice a ses voies. Assis à une table de fortune, ils partagèrent une bouteille d'un grand cru de Bordeaux : Courtade ne connaissait pas d'embargo qu'il ne pût lever. Paul-Bernard fit la liste du matériel dont il aurait besoin. Bandes, caméras, micros, lumières, il n'y avait qu'à demander. Courtade, dans un carnet, notait consciencieusement chaque demande et, chaque fois, il ajoutait le double de ce que le jeune homme demandait. La note ainsi gonflée permettrait de gagner le reste en francs, lorsqu'il serait en métropole. Le vieux trafiquant, une fois l'exercice terminé, leva les yeux vers Paul-Bernard, *Mais vous savez faire un film au moins ? Non pas que ça change grand-chose pour moi, cela dit...* Il pouffa d'un rire lourd. Motton prit la défense de son protégé, *Bien sûr, le petit est au service de la communication qu'a rameutée ici de Lattre.* Courtade, *Ah çà ! De Lattre, il l'aime bien, sa petite guerre en cinémascope. Bientôt plus de reporters dans cette ville que de guerriers. T'es là depuis quand, petit ?* Paul-Bernard vérifia dans les yeux de Motton s'il pouvait parler, le vieux lui fit un petit signe de la tête. *Tranquille.* Alors, il s'élança, *Je suis arrivé ici en 1950 mais je me suis engagé au service presse information quelques mois avant, j'avais dix-huit ans... C'était ici ou l'Allemagne. Ma mère venait de mourir, je voulais prendre le large. J'ai commencé à la radio à Hanoï et je me suis retrouvé dans un bataillon de marche indochinois en même pas six mois. Puis, de Lattre, Saigon, le service me rappelle. Depuis, je me partage entre Radio Hirondelle et les actualités cinématographiques... Ah*, le coupa le trafiquant, *il a fait du BMI, le petit ?* Paul-Bernard opina, intimidé par les manières du type. Courtade portait un chapeau d'appelé, un couvre-chef en toile au large rebord qui retombait sur sa nuque et conservait ainsi son visage dans une semi-obscurité. Une Gauloise éteinte traînait au coin de ses lèvres. Sa chemise était largement tachée de vin et de sueur et, sur son torse, s'échancrait largement. On devinait, sous le tissu rapiécé, un corps lourd et trapu, avec de ces mains qui avaient déjà joué du coupe-coupe sur des civils, des enfants ? Motton sortit Paul-Bernard de sa rêverie en lui adressant un coup de coude. Il devait continuer, gagner la sympathie du trafiquant, sinon tout s'arrêtait. *Oui, le jour de mes vingt ans, j'étais avec les gars de ma patrouille à Quinh Quang, une mission sauvetage... On a fini tout le village à la lame, faute de balles.* Courtade se régalait, il adorait ça, les gamins dans le genre qui venaient dans le pays avec leur petite morale, leurs petits livres, leurs petites manières, et qui finissaient par bouffer de la terre et du sang, de la merde et des larmes, comme des chiens, comme tout le monde. *Ah*, s'esclaffa-t-il, *t'es un beau fils de pute, toi ! C'est bon. Je la prends, votre affaire.* Motton, sans se faire prier, se leva, remercia Courtade et sortit de l'échoppe. Paul-Bernard le rejoignit, la nausée aux lèvres. Ils marchèrent silencieux dans l'artère centrale du marché chinois. Autour d'eux, l'animation sempiternelle du quartier, le trolleybus plein à craquer, les bicyclettes à trois roues qui filaient sur les pavés humides, les enseignes en mandarin qui s'accumulaient sur les boutiques et qu'on ne pouvait plus vraiment lire tant elles étaient maculées de poussière, enfin, partout, la rumeur incessante du commerce, café, coriandre, opium, citronnelle, putes, porc pané, 45 tours, fruits du dragon, beurre normand, et haleurs aux cris incompréhensibles.

Chez Motton, Paul-Bernard vida son verre sans se faire prier. Il faisait chaud, il faisait lourd, il se sentait poisseux. Courtade avait eu un regard mauvais en les observant partir. Il monta dans la chambre du médecin, vérifia que les bandes volées – la mise à sac du village, le charnier – se trouvaient toujours cachées dans le linge de lit. Elles y étaient. Il avait eu un mauvais pressentiment. Il descendit et en fit part à Motton. Celui-ci railla la sensibilité du jeune homme, *Alors si même Courtade se met à faire de la politique, nous sommes perdus !* Paul-Bernard s'en voulait d'avoir ainsi divulgué son projet, d'avoir parlé des bandes volées à Courtade. Motton tenta de le distraire, *Vous savez que je pars pour le haut du fleuve demain ? Prenez donc soin d'Angelo, ça vous occupera l'esprit.* Paul-Bernard, pas rassuré, *Qu'est-ce que vous allez encore fabriquer là-haut ? Vous finirez par y rester...* Motton, *Je suis un chanceux, mon vieux, voilà mon infortune.* Il rit. Mais ne résistant pas à l'envie de parler de son voyage, il s'assit dans son fauteuil et, sur la carte du Mékong posée devant lui, commença à dessiner de son doigt son parcours. *Voyez*, dit-il, *je me suis arrêté à cette embouchure la fois dernière, mais je crois savoir que si je remonte par là*, il fit un geste circulaire autour de la confluence du Mékong et du fleuve Bassac, *je peux rejoindre ensuite Binh Hoa. Là, un bonze promet de parler aux ancêtres dans les eaux du fleuve. Il habite un temple de rien du tout sur des pilotis. Le matin, il descend dans un panier de bambou et s'assoit dans l'eau remuante en silence. Il remonte et il vous raconte tout. Bon, je ne sais pas trop s'il faut le croire mais ce n'est pas bien grave, ça... J'ai toujours entendu les morts parler dans les fleuves, rien ne m'étonne.* Paul-Bernard scrutait maintenant la carte, il essayait de se rappeler où les passages étaient piégés, où les prisonniers avaient été captifs, *partout*, semblait-il penser. Il aurait aimé dissuader Motton mais depuis le temps qu'il connaissait le médecin, il savait bien que c'était peine perdue. *Parler avec les morts*... s'amusa le jeune homme. Motton, sévère, *Paul-Bernard, ne jouez pas à l'imbécile, vous savez très bien de quoi je parle.* Prenant un livre posé à ses côtés, l'ouvrant à une page qu'il avait fraîchement annotée, Motton lut, levant un doigt au-dessus de son crâne : « *J'ai fait des progrès », dit Yen Houei. « Comment cela ? » s'enquit Confucius. « Je puis rester assis dans l'oubli », répondit Yen Houei. « Que veux-tu dire par là ? » demanda Confucius, intrigué.* Motton, quittant son épais tome du *Tchouang-tseu*, vérifia si le jeune homme suivait. « *Je laisse aller mes membres, je congédie la vie et l'ouïe, je perds conscience de moi-même et des choses, je suis complètement désentravé : voilà ce que j'appelle être assis dans l'oubli. » Être assis dans l'oubli, vous entendez, Paul-Bernard ? Oui*, fit l'autre, d'une voix lasse. Motton retira ses lunettes et laissa le silence se faire, paisible, savourant son effet, appréciant chaque mot de ce dialogue. *Vous comprenez mieux maintenant, n'est-ce pas ?* Paul-Bernard ne comprenait pas vraiment, non. Au fond, il aurait simplement voulu que le vieil homme reste chez lui, la saison allait être sanglante.

Saigon, 1953

Motton, de ce voyage, ne revint pas. Il laissa les deux jeunes hommes à la tête d'une petite fortune qu'ils trouvèrent disponible sous la forme de bons et actions que le vieux docteur avait eu soin d'organiser et d'abandonner à Angelo et Paul-Bernard. C'était, pensèrent-ils plus tard, comme s'il avait tout prévu. On avait cru pendant quelques mois qu'il avait trouvé le bonze et méditait dans le fleuve. *Avec qui voulait-il bien parler ?* demanda Paul-Bernard à Angelo. *Son épouse. Elle a péri en Chine*, croyait se souvenir Angelo. Ainsi, ils se dirent que leur vieil ami vivait désormais plus au nord, à la merci de ses morts. L'image, séduisante, ne tint pas. Un matin, Courtade, qui vint rendre visite à Paul-Bernard, promettant la livraison prochaine du matériel nécessaire au film ainsi qu'une part rondelette des gains propres à la conversion de la piastre, parut exceptionnellement paranoïaque – même selon les standards de

Saigon. Sur le perron de la villa de Motton, il semblait surveiller ses arrières, persuadé d'être suivi. *Vous n'avez parlé à personne ?* demanda-t-il, répétitif, à Paul-Bernard. Il serait décapité par son amant vietnamien dans son échoppe sordide de Cholon, le surlendemain.

Le piège se refermait lentement sur Paul-Bernard. À peine apprenait-il la mort de Courtade qu'on retrouvait le corps de Motton. Un trou dans la tête. Renversé et rêvant sur la grève du fleuve au sud de la ville. Sa maison fut visitée alors qu'Angelo se rendait au marché. On y renversa le contenu de chaque tiroir, de chaque placard. Les carnets relatifs à ses trafics disparurent. Les bandes de Paul-Bernard également. À cet instant, le jeune militaire crut à la fin de *La Légion des honneurs*. Il venait pourtant d'en finir le texte commencé plusieurs mois plus tôt à Hoi An, la veille de la mort de l'officier Matthieu. Orphelins, les deux jeunes hommes se laissèrent tomber sur le sol de la villa. La chaleur, la peur que reviennent ceux qui avaient fait tomber Courtade, Motton, et sûrement encore des dizaines d'autres trafiquants les abattaient. Qui était-ce ? La question était vaine. Les affaires seraient rapidement expédiées par la police. On mourait tellement dans cette ville, de moins en moins souvent de trahison politique et de plus en plus souvent des veuleries d'un monde sans lois – sinon celles des souverains du jour dont on changeait chaque jour. Plus tard, Paul-Bernard apprendrait que les extrémistes de la secte de Tan An avaient, durant quelques jours, mené une épuration morale. C'était Saigon et tout s'y éteignait d'un instant à l'autre. Paul-Bernard et Angelo inhumèrent, seuls, le corps mutilé de Motton. Puis ils reprirent leur vie là où elle s'était arrêtée quelques jours plus tôt. Angelo prépara son départ, il fit faire des faux papiers qui enterraient définitivement Lucien Leibovitz. Consacrant pour le restant de ses jours son nouveau nom, il se soûla avec Paul-Bernard en trinquant, plus d'une fois, à Motton.

Ce n'était pas exactement visible mais Paul-Bernard ne s'y trompait pas : son ami Angelo était sorti de ses blessures de guerre, certes, mais il périssait dans l'enfer tranquille de Saigon. Alors, en frère, Paul-Bernard insista pour qu'il rentre, qu'il chante, qu'il devienne Angelo Molino pour de bon. Paul-Bernard retrouva en cet instant la sagesse de Motton et encouragea ce qu'il y avait de meilleur chez l'autre. Il allait leur manquer, Motton. Qu'avait-il fait pour eux ? Les trouver, les rassembler, les sauver de la guerre, non pas seulement par la désertion, mais par un certain degré de folie indispensable. Ces *livres à brûler* qu'il leur avait intimé d'inventer, en dépit de tous les sacrifices. Motton, s'il n'était pas un héros, pas même exactement un lettré fiable, était au moins un de ces hommes qui portent et partagent l'intranquillité. Pareille qualité ne se place nulle part sur l'échelle de la morale et ne rachèterait pas ses errements. Néanmoins, combien d'hommes pourraient se vanter d'avoir, dans la boue d'une guerre, fabriqué deux artistes ? Les jeunes hommes trinquèrent encore. Paul-Bernard cacha son désarroi à Angelo. Il ne laissa pas apparaître sa tristesse. Il ne savait rien encore du film qu'il voulait faire, à peine en connaissait-il le texte, mais ces morceaux de réalité qu'il avait lui-même saisis l'asseyaient dans le monde, croyait-il. Il ignorait que son film ne serait pas porté par la réalité, mais par un désir en lui, par des songes obscènes qui se tapissent dans le fond des tripes. Peut-être était-ce alors plus simple de croire à la valeur des choses *vraies*.

Ce vol des bandes le repoussait malgré lui loin de son héroïsme de documentariste, il lui retirait l'onction du réel. Il était condamné à la tromperie : condamné à reproduire les images disparues. Balayant ainsi leur morale, leur valeur, il s'autorisait à présent au désir de rejouer la mort avec du jus de betterave. Il oscillait, songeait à ses indignations à l'égard des reporters sensationnalistes, revenait à son désir de montrer, mais montrer quoi s'il n'avait plus rien ? Il approchait, sans rien en savoir, du sublime par la grande porte : celle de l'artificier, du poète. Ce qui lui avait été dérobé établit en lui le désir de tout reprendre. Combien cette règle de ce qui est retiré, son effroyable disproportion à ce qui est accordé, a-t-elle pesé sur sa vie ? Il était trop tôt pour le formuler. En l'état, il n'avait pas même récupéré les caméras et le matériel de montage que Courtade avait dû emporter avec lui dans la tombe. Angelo partirait bientôt, c'était la seule actualité.

*

Après avoir vu partir Angelo dans un grand bâtiment, rejoignant d'ici quelques semaines la villa sur l'Atlantique de Motton, Paul-Bernard se soûla souvent dans ce bar où l'on passait un étrange boogie vietnamien, ce bar où ils étaient venus avec Motton auparavant. Qu'est-ce qu'il lui restait à faire, maintenant que son film avait pris l'eau ? En ces semaines de vacillement, l'opium ne manqua pas. Les filles non plus. Il s'attacha à une petite. Elle mourut, la gorge tranchée dans la rue adjacente. Il arrêta tout. Il chercha à rentrer en métropole, à rejoindre Angelo.

Revenir, c'est ce qu'il s'apprêtait à faire quand, au quartier militaire, il entendit deux jeunes recrues échanger des nouvelles récentes. Un des deux gars avait tenté de raccompagner un gosse chez ses parents après l'avoir trouvé à l'aube, bouffant des cailloux devant la caserne. Le gamin pour guide, la recrue avait alors parcouru des bornes à bicyclette jusqu'à se trouver aux abords d'un quartier flottant sur le fleuve. L'endroit était ravagé par l'humidité et il y survivait des paquets de gosses comme celui qui avait été recueilli. Dans la boue des rives, leurs parents, petits coolies, porteurs, ou parfois rien du tout, survivaient. Il avait alors cherché le père du gosse tandis qu'un Vietnamien, croyant par avance connaître la raison de sa venue, l'avait conduit jusqu'à un entrepôt de fortune. Là, tout un stock de bandes, une caméra neuve et encore d'autres choses dont on ne savait pas bien à quoi elles pouvaient servir étaient ensevelis à moitié dans la poussière. L'autre recrue, haussant les épaules, rétorqua, *Tu pouvais pas trouver de l'opium ou de l'or, toi ? Et le gamin alors ?* Paul-Bernard, qui les écoutait, les interrompit.

Courtade avait eu le temps de monter son dernier trafic. Juste avant d'y perdre la tête. Le lendemain, le jeune volontaire accompagna Paul-Bernard jusqu'à sa marchandise. Ils y allèrent en camion et prirent tout. Dans l'esprit du jeune homme, *La Légion des honneurs* revivait. Il avait de la chance et, comme tout homme désespéré, il la confondit avec la destinée. Revenant vers la caserne, Paul-Bernard dit au jeune soldat, *T'as une bonne gueule, toi. Tu voudrais pas devenir acteur ?*

Trois semaines plus tard, on tourna les premières scènes. Le film serait achevé bien après la fin de la guerre. Et il faudrait que Paul-Bernard revienne à Saigon pour y filmer les scènes manquantes. Dernière ironie : son film n'existerait jamais autant que lorsque enfin, la guerre achevée, il tournerait un simulacre en lieu et place des bandes subtilisées par quelques barbouzes à la mort de Motton. Le réel n'était déjà plus quand il orchestra cette nouvelle vérité. Ainsi, en 1955, il tournait comme si avaient été fictions les crimes ensevelis de l'officier Matthieu. N'était-ce pas ce même jeu que Veronica jurait inoffensif ? Il ne parut dès lors pas étonnant que Paul-Bernard, toute sa vie, ne fixe jamais dans ses films que les deux faces opposées de ses pertes, de ses deuils : la guerre, l'amour. Les deux hémisphères du tragique à qui il volait leurs circonstances et leurs hésitations pour qu'elles se figent éternellement sur la pellicule. En 1956, le montage et la post-synchronisation étaient terminés. Cette même année, son *livre à brûler* était enfin prêt à consumer le monde entier.

Paris, hiver 2018

Dans la salle du cinéma du Panthéon, Pierre s'était assoupi. Ce fut sa mère qui le réveilla finalement. Isabelle dit, *Mon chéri, les gens attendent dehors.* Sur l'écran blanc, une lumière. Au sortir de la cabine, un rayon de poussière. Il fallut ouvrir les portes, Anne et Victoire étaient venues, Minh était également là. Il savait que Veronica, par discrétion, s'était installée seule au fond de la salle. Quelques réguliers du cinéma avaient fait le déplacement en ayant pris connaissance de la petite affiche rédigée sobrement par Pierre : *Projection de* La Légion des honneurs*, film de 1956, réal. Paul-Bernard A., 14 décembre, 16 h.* Le patron du cinéma avait accepté sans trop de discussion cette séance posthume. Il avait cherché dans sa mémoire – et quelle mémoire ! Tant d'images y logeaient –, mais ne se souvenait pas d'avoir déjà vu ce film de Paul-Bernard. Jean Rosselin avait connu Paul-Bernard en 1964, sur le tournage d'un policier à grand succès. Les deux hommes s'y étaient disputé l'attention d'une jeune scripte. L'affaire était entendue, Paul-Bernard avait renoncé, Rosselin lui en devrait une. Finalement, la scripte préférait la compagnie des femmes. Cela n'avait pas empêché Rosselin de tenir sa promesse, bien plus tard, en 1973, avec la projection, quatre fois par jour, de *L'Aigle et la Belle* dans le cinéma du Panthéon dont il n'était pas encore le propriétaire.

À peine trois rangées étaient occupées. On entendait quelques murmures depuis les fauteuils alignés. Pierre s'en alla dans la cabine et, là, fit le geste qui, plus encore que la bénédiction sur le cercueil, inhuma le père : il actionna lentement et avec discernement le projecteur 35 mm. *La Légion des honneurs*, 93 minutes, 2 496 mètres de bande, sortit alors de la cabine et alla s'écraser contre l'écran. Plus un bruit dans la salle qui s'éteignit. La voix du père, soudain : *Ils ont un message pour vous, c'est tout chaud dans leur gorge, ça sent la poudre, le cuir humide, la pipe froide, le caoutchouc brûlé et le brouillard des rizières (ça sent le sang aussi). Ils étaient partis vers de lointains rivages – si lointains que la vie d'un homme ne suffit pas pour en revenir. Et puis, ce n'étaient que des enfants. Il n'y a que des enfants pour faire la guerre : du simple soldat au général, que des enfants.* À l'écran défilaient des images des actualités cinématographiques : véhicules, rizières, routes de sable, gamins. Paul-Bernard, comme on le fait toujours d'un livre à brûler – en d'autres termes : d'un premier essai –, avait cherché les moyens formels de mettre tout ce qu'il avait vécu en Indochine dans le film trop plein. Il y avait ainsi les références directes à ces reportages sans formes qui avaient été son gagne-pain et plus loin, subtilement, dans le cadre, un journal titrant : *Trafic de piastres en Indochine.* Il était là comme rassemblé, prêt au Jugement dernier – ainsi que nous le sommes toujours au sortir d'une première œuvre.

Veronica, au dernier rang, voyait lui revenir, entre les images projetées, des images hors champ. Cette voix sentencieuse, cette dévotion à la dénonciation, c'était l'homme qu'elle avait brièvement connu en cette lointaine croisière sur la Seine. Elle se souvint de cette phrase : *Je suis dans les révolutions quand il y en a.* Quel idiot, quel merveilleux idiot. Le voilà mort. Elle étouffa des larmes dans son mouchoir. Comme le temps sur tout cela avait passé. Soudain, une autre image hors champ la happa : approchant la scène meurtrière du village, dans le cadre, le visage enfantin et convulsif d'un homme fraîchement rasé dont, si on y fait attention, on aperçoit plusieurs regards caméra qu'il ne peut s'empêcher de faire. Signes d'anxiété d'un acteur non professionnel qui ne sait pas où se mettre. Un acteur sur le tas qui joue à la guerre pour faire plaisir à un frère. C'était Angelo. Veronica l'avait immédiatement reconnu et se remémorait désormais que la scène avait été ajoutée en 1955, un rafistolage grotesque mais sans lequel, pensait Paul-Bernard, le film ne tenait pas. Ils avaient fait avec les moyens du bord, les figurants de l'année passée ayant disparu. Chacun y mit du sien, à commencer par Angelo, qu'il fallut raser et entraîner. La belle affaire : il ruina tous les plans qu'on avait pu tourner. Perdant patience, Paul-Bernard garda le moins pire. Angelo n'y faisait que trois regards caméra successifs. L'actrice riait silencieusement. Elle était désormais secouée entre le rire et les pleurs. Des larmes qui n'étaient pas de la tristesse mais qui étaient l'émotion d'une femme qui, au loin, saluait leur jeunesse.

Pierre, dans sa cabine, s'activait, vérifiait l'intégrité des bandes, en caressait les bords pour s'assurer qu'elles n'étaient pas endommagées, que le film sur l'écran blanc se terminerait. Isabelle, de temps à autre, se retournait vers le projectionniste. Elle versa une larme elle aussi pour son fils qui, en dépit des circonstances, s'animait, avait appris en quelques jours la projection analogique pour faire les bons gestes, aller jusqu'au bout de son hommage. Elle se sentait confusément coupable de la narcolepsie de son fils. Sans le lui dire, elle s'informait longuement sur le Net, avait débuté une psychanalyse, avait tiré les cartes. C'était une maladie étrange qui ne semblait pas tant détruire Pierre que laisser sa vie en suspens. Il n'avait jamais l'air malade ou affecté, il avait simplement l'air de ne plus être là. Comme Anne, elle avait des théories sur la question. Ce voyage au Vietnam, ce manque de sommeil sur place peut-être, tout cela avait dû déclencher dans les méandres de son esprit un déclic. C'était en somme une dépression. Elle se retourna une nouvelle fois et elle vit, au travers du rayon blanc, son fils qui s'affairait.

Salopard ! Soudain, perçant le calme de la salle de cinéma, la voix de Minh. Elle était, de toute la séance, la plus captivée par le film. Lors du plan où l'on découvre le sadisme du capitaine – il tranche la gorge d'un enfant sous les yeux de sa mère –, elle ne put s'empêcher de s'indigner. Minh trouva ce film très bon. Elle pensa même qu'il aurait fallu qu'on le passe dans les classes de collège. Elle qui se souvenait combien son Alexandre avait pu endurer les moqueries de ses camarades de classe. Ces petits morveux n'avaient-ils aucune idée du pays d'où l'on venait, de la rive, de la guerre dont on était issu ? Comment, s'enflammait-elle, pouvait-on se faire continuellement traiter de chinetoques par des blancs-becs quand ces mêmes blancs-becs avaient passé quasiment un siècle à domicile – suffisamment pour savoir que la Chine et les Chinois, c'était au nord, non ? Elle avait eu des colères de mère. Ce n'était pas qu'elle n'avait jamais souffert, elle, de ce racisme mais elle s'en fichait. Le fait d'être mère l'avait changée. Elle avait vu remonter les vérités refoulées d'une vie en France, cette hésitation toujours irrésolue entre être ici avec les traîtres et être là-bas avec les sauvés. Que fait-on des guerres qui nous déracinent et qu'on oublie ? Elle s'était rendue à l'évidence : tout cela ne changeait rien, ici nous étions chinois, sinon des chinetoques. Elle s'était endurcie, avait tenté d'endurcir son fils. C'était là le destin d'une guerre de volontaires, la honte en vient plus vite, la mémoire ne disparaît que plus tôt quand ceux qui en reviennent et qui s'en plaignent ne peuvent s'en prendre qu'à eux-mêmes. Idiots qu'ils étaient d'y avoir foutu les pieds. La faute à la propagande – *Voyagez avec le corps colonial !* –, à la rumeur – *Les plus belles femmes du monde* –, à la gourmandise – *Revenez riche comme un chercheur d'or* –, le pays entier qui, oh non, vraiment, n'y avait pas cru à ces bobards – et qui pourtant parcourait peu de temps auparavant et avec émerveillement les expositions coloniales –, le pays entier qui n'avait pas croqué dans le fruit interdit, ce pays-là, imaginaire, puant, moralisateur, s'accorda à mettre sous silence toute cette affaire qui ne concerna bientôt plus que les volontaires – les dindons de la farce – et les évacués – certainement des vendus et des collabos s'ils devaient fuir leur pays et leurs semblables. Quelle affaire. Minh, chassant ces idées, reprit avec un intérêt vif le fil du récit à l'écran : ces pauvres types allaient crever dans leur cahute au milieu de la brousse, elle le sentait venir. Mais, jugea-t-elle, le suspense était bien mené, du beau boulot, Alexandre aurait aimé.

Dans la salle obscure, tant de films se faisaient et se défaisaient dans chacun des fauteuils occupés du cinéma – quand à l'écran pourtant il n'y avait qu'une image. Anne et Victoire, même elles, avaient « leur » film : Victoire aurait voulu prendre des notes, ce film apportait une vraie alternative au *male gaze* en filmant les corps avec une esthétique curieuse, homo-érotique peut-être, l'absence des femmes la troublait toutefois un peu. Anne, elle, était épatée. Elle accédait à une autre connaissance de Paul-Bernard. Elle découvrait tout un monde qu'elle avait ignoré. Elle crut alors comprendre mieux Pierre et voir la tragédie de ce film trouver des échos dans le fils. Elle s'en voulut de n'avoir pas compris avant la mort de Pierre-Bernard à qui elle avait affaire.

Pierre, lui, s'arrêta sur une image curieuse et qu'il ne s'expliquait pas. Le sergent-chef, la voix du film – et pour ainsi dire le masque de son père –, passait en revue ses hommes indigènes avant la nuit. Du bout de son fusil, il en pointait un, puis un autre et ainsi de suite. La caméra suivait le même travelling latéral en s'attachant au fusil dans son avancée. L'image laissait le fils songeur. Plus loin, un autre plan continuerait de vivre dans le crâne de Pierre, allant et revenant, posant autant de questions qu'apportant des idées vainement associées : les hommes du campement viennent d'enterrer un des leurs, pompes et funérailles, puis vient la douche et un homme en regarde un autre s'enduire d'eau et de savon. Ils discutent des missions du lendemain, jusqu'ici le plan se tient, s'explique, puis il bascule. L'un des deux hommes s'éclipse, la caméra reste en tête à tête avec un acteur magnifique, il se dénude, les épaules sont larges, le torse est puissant. Il fait ruisseler de l'eau sur son crâne, sur son corps. Plus de musique, plus de voix off, plus d'explication. Paul-Bernard s'abandonne à ce désir du voir. L'acteur poursuit : le savon d'un blanc de lait s'éparpille sur sa peau. Il se caresse et se délasse. Le plan continue, les secondes passent, plus rien ne rattache cet instant au reste du film sinon l'évidence érotique de la guerre, son obscénité. Durant ces longues secondes, Pierre repensa à la scène qui précédait : le canon du fusil qui suit l'optique de la caméra – et inversement. Lorsque le fusil était pointé vers eux, les Vietnamiens souriaient de toutes leurs dents, signant là leur innocence. La caméra filmait cela, le suivait de très près, attendant que ce sourire soit plein pour aller vers le suivant. Le jeu se répétait : le fusil pointait, le Vietnamien souriait. Le film fut là percé à jour, peut-être se regardait-il être fait ? À la guerre comme au cinéma, on sourit pour de faux, sous le joug d'une arme. La scène de douche prend fin, comme un supplice qui ne dure pourtant que quelques secondes. Que fait l'acteur ? Il regarde un peu au-dessus de la caméra et lui sourit, le savon dégouttant encore sur la peau parfaite, s'attardant encore dans les replis de la musculature. Le plan s'arrête. Pierre n'en revint pas. Il repensait à ce que Veronica avait dit : les tournages sont des jeux inoffensifs. Pierre sut à cet instant qu'elle avait menti et que le père aussi. Il ne se pouvait pas que Paul-Bernard fît à contrecœur les films pornographiques, c'était plus glissant, plus énigmatique. Ce que Pierre vit ce jour-là dans *La Légion des honneurs*, ce ne fut pas le film intègre et politique du père, ainsi qu'il se l'était toujours figuré, mais une œuvre obsédée par le conflit entre le voir et le filmer, consumée même par la révélation de la frontière fine entre la guerre filmée et le sexe filmé, et, en somme, entre le jeu et la vie. Paul-Bernard savait combien il était pathétique de faire tourner des Vietnamiens dans un film mimant une guerre qui avait rempli des fosses de leurs corps. Il ne résista pas à dévoiler cette petitesse, à s'y avouer vaincu et profiteur. Plus loin, il abdiquait. Puisque c'était ainsi que le cinéma vibrait, ainsi qu'il était désir et désirable, qu'il en fût ainsi : nudité, le savon glisse pour révéler la puissance d'un corps et la caméra, elle, tourne en faisant son ronron pareil au sang qui palpite dans la verge.

Générique, musique larmoyante, un feu se profila derrière les surtitres qui fondaient : *Avec le concours de Pierre Motton*... Le film se brouilla sur l'écran, voilà que son temps était fini. Le silence se fit. Jean Rosselin, qui venait de rejoindre la salle, se leva et applaudit bruyamment. Il lança des bravos. Puis, de la même voix tonitruante, appela Pierre pour qu'il vienne dans la salle. Le jeune homme descendit de la cabine et s'avança vers l'écran, confus. Il tenta de prendre la parole, *Je... je voulais... Merci d'être venus.* Rosselin, *Un discours ! Un discours !* Pierre, *C'était vraiment important pour moi, et, euh, pour ma mère, de montrer ce film de mon père une dernière fois. Je crois qu'il aurait aimé vous savoir ici*... Rosselin applaudit encore. Anne et Victoire se lancèrent des regards gênés. On quitterait la salle sur ces bravos, par grappes. Veronica fila la première, elle n'avait pas l'intention de rester, elle ne s'aventurait jamais si longuement loin de chez elle. Puis Anne et Victoire, suivies d'Isabelle et de Minh qui s'étaient présentées, quelques spectateurs inconnus, puis Pierre et Rosselin qui, lui, faisait encore des éloges sur le père, sur le film, sur son courage de fils de montrer ce film.

Côte atlantique, 1972

Quand ils se retrouvèrent en France à la fin de la guerre, Paul-Bernard et Angelo s'étaient languis tels les deux frères qu'ils étaient devenus. Chacun était toutefois changé par ses travaux. L'un était rempli des premières images de son film à venir, il était extatique, paranoïaque, bouffé de l'intérieur par la bête de l'imagination ; l'autre était enfin à sa place, croyait-il : sur scène. Ce furent quelques clubs de jazz qu'il retrouva en quittant temporairement la villa de Motton pour prendre des chambres dans la capitale et bientôt, appelé par la pop music, son inexorable odyssée dans le progrès et le siècle, il se consacrerait à l'écriture et la composition. Il écoutait tout ce qui se faisait, pendu à son transistor. Travaillait sa voix, réécrivait ses textes, voyait les mélodies le visiter la nuit. Ils se prirent dans les bras à la descente du quai.

Ils partirent pour la Villa Caprice aussitôt. Angelo, excité, lui racontait cette vie nouvelle qui était la sienne.

Il parlait à Paul-Bernard depuis un autre continent. C'était étrange, Paul-Bernard se sentait voyageur du passé. Angelo l'accueillit dans la villa de Motton. Paul-Bernard en parcourut les pièces avec curiosité. Il retrouva quelques traces qui signaient définitivement les obsessions qu'on avait connues au médecin : piano, cartes d'Asie, petites babioles, céramiques chinoises. La vaste maison était telle que l'avait décrite le vieil ami décédé, un doux abri dans le berceau d'une ville balnéaire. Paul-Bernard se demanda ce que l'on pouvait bien faire de tout ça. Angelo avait déjà réglé la chose, *On la garde, cette maison, elle me rappelle celle de Saigon.* Une extension de la protection de Motton en quelque sorte. Paul-Bernard opina. Les deux jeunes hommes seraient happés bientôt par la redécouverte du pays qu'il avait laissé quatre ans plus tôt. La France au mitan des années 1950, pour ceux qui revenaient de son cauchemar refoulé, n'était que merveilles. Électrique, radieuse, pacifique. Quand l'Indochine et l'Algérie s'engourdissaient, s'ébrouaient dans leurs angoisses, Paris étirait ses jambes sous le soleil. Comment ne pas comprendre l'inéluctable désamour d'un pays envers ses embarrassantes colonies ?

Solidement aidés par la petite fortune de Motton, la villa à l'océan mais aussi quelques rentes, les deux garçons s'installèrent en 1954 dans un appartement que leur avait trouvé Angelo à Passy. Puis ils achetèrent chacun la même BMW R25. Ainsi, chevauchant ces deux insectes géants au corps chromé et rutilant, ils rattrapèrent bien vite l'esprit et l'odeur de la paix continentale.

Il faut aller bien en avant désormais, presque une décennie plus tard – 100 kilomètres par heure sur les R25 –, pour retrouver ces deux engins en 1972.

*

Linda, depuis son casque où ses cheveux bataillaient dans le vent, tenta de viser à sa droite la silhouette gracile de Marguerite cramponnée à Paul-Bernard. La petite blonde, immensément heureuse, au point de confondre l'effroi de la vitesse et la joie, exultait dans un long fou rire. Paul-Bernard accéléra légèrement, fit tanguer vers la gauche sa moto et s'approcha de celle d'Angelo. Les deux filles se firent signe, elles souriaient comme des enfants, nageant dans la vitesse, mangeant quelques mèches au passage. Les larmes montaient, ce n'était que l'accélération dans le mistral. L'une cria. Le son se perdit dans le vent. Quelle joie de filer loin de chez soi, contre le cuir d'un homme, sur une motocyclette. Si ce n'est pas l'amour, alors on ne sait rien de ce qui nous est accordé ici-bas. Le jour grandissait au-dessus d'eux, serein. Ils avaient quitté la Villa Caprice tôt le matin pour rouler sur les lacets de la côte. Jusqu'où ? Cela n'avait aucune importance. Le jour blanchissait les fougères et les buissons du bord des routes. Le soleil, métallique, maculait de blanc la frondaison des arbres qui, au détour des lacets, se paraient de contours argentés. Soudain, ils quittèrent cette aveuglante lumière pour traverser, rien qu'un instant, des canopées obscures comme des cavernes. Dans leurs narines s'infiltrait en grandes bouffées l'haleine de ces galeries aux odeurs fraîches. Angelo fit signe à Paul-Bernard de s'arrêter lorsque, du haut d'un virage, il crut apercevoir une clairière dans les landes. *Nous pourrions manger ici ?*

Dès que Marguerite eut posé le pied sur la terre sèche, elle sentit une odeur de sel et de pins. Ses jambes furent alors parcourues par les fourmis qui accompagnaient les jours de moto. Au contact des herbes sèches qui jonchaient le sol, ses mollets, soudain couverts de rougeurs éparses, se mirent à la démanger. C'était délicieux. Plus loin, Linda déposait son casque sur la moto d'Angelo. Secouant sa chevelure pour y sécher la sueur accumulée, elle frissonna de bonheur. Quelques voitures passèrent sur la route, perçant le silence. Leurs grondements s'évaporaient aussitôt. Les deux hommes, leurs deux-roues attachés l'un à l'autre, guidèrent Linda et Marguerite entre les arbres. Au-dessus d'eux, la cime des pins, haute et trouée de soleil. Au-devant, effacées dans l'horizon, les dunes de la plage. Ils avancèrent tous les quatre silencieux ; à peine entendait-on le fou rire des filles qui continuait de les cueillir, pas encore complètement retombées de leur ivresse. Angelo trouva finalement une prairie entre les arbres pour s'installer. On dénoua une nappe. On posa une bouteille de vin sur le sol et on commença à manger les sandwichs que Paul-Bernard avait préparés. On parlait gaiement, les filles n'en revenaient pas d'être si loin de chez elles, si libres. Linda avait fui pour de bon le couvent. Où vivait-elle ? Personne ne le sut exactement. Bientôt, ils s'engourdirent dans la chaleur. Ils pensèrent à dormir, lovés les uns sur les autres. Deux petits couples ainsi assemblés sur la terre séchée. Il fallut se taire pour ne rien entamer de la grâce qui s'écoulait sur eux. L'étrange secret qui règne depuis des siècles dans toutes les maisons de berger. Marguerite posa sa tête sur le ventre de Paul-Bernard, de sous la chemise de ce dernier elle sentait la chaleur, la respiration, la vie. Elle flottait. Angelo, entre ses doigts, faisait couler la chevelure noire de Linda qui, soyeuse, s'y déployait. Paul-Bernard se leva abruptement pour rejoindre la moto, il en revint avec son appareil photo. Alors que les trois amis le fixaient sans trop comprendre, il captura une photo. C'était un déjeuner sur l'herbe. Une image d'Épinal. Un souvenir qui ne leur appartiendrait pas vraiment tant il rejoignait une mer plus grande : l'époque, sa fraîcheur et ses lieux communs de Trente Glorieuses.

Paul-Bernard revint auprès de Marguerite et posa l'appareil photo à ses côtés. Celle-ci le prit entre ses mains, le soupesa puis, pointant dans le viseur le ciel et les cimes qui venaient s'y agiter, déclencha. Aussitôt, dans l'optique, l'obturation la fit frissonner. Fondu au noir : le filet se resserre sur la pêche, la main se referme sur le sable, la paupière se clôt sur la nuit. Sans doute pensa-t-elle en d'autres termes : près de l'image, le néant séjourne. Bien sûr, ce ne fut pas si clair mais elle sentit dans son corps ce rattachement de la perte à l'image, de l'image à la perte. L'après-midi fila, on se resservit du vin. Linda, prenant la bouteille des mains de Marguerite, but au goulot. Elle en fit couler le long de ses lèvres, bientôt le long de son cou.

Marguerite rit et, s'approchant de son amie, l'embrassa là où avait coulé l'alcool. Linda, chatouilleuse, bascula en arrière, emportant Marguerite avec elle. Bientôt face à face, elles s'embrassèrent à pleine bouche. Peut-être, des années après, le lien tacite entre l'obturateur et cette soudaine fièvre paraît-il évident mais alors ce n'était qu'un après-midi confus, des jeux enfantins. Linda passa sa main dans la chevelure blonde de son amie et, la retournant sur le dos, s'assit sur son ventre. Elles riaient. Marguerite, depuis le sol, fixait les yeux de Linda, y devinait la malice. Les mèches brunes lui tombaient sur le visage. La jeune femme déboutonna lentement son cache-cœur, avec suffisamment d'application pour que, dans l'esprit des garçons, la clarté se fasse. Paul-Bernard reprit en main l'appareil et, consciencieusement, mitrailla. Le bruit mécanique, clic-clac, qui suivait les prises encourageait et excitait Linda. Elle fit couler à nouveau le vin sur son cou, sur ses seins. Marguerite, se redressant, alla encore embrasser le liquide, s'attardant ici et là sur les grains de beauté de Linda. Angelo regardait avec bonheur. Marguerite se déshabilla et, désormais aussi nue que Linda, la serra contre elle de toutes ses forces. Linda agrippa les fesses de la petite blonde et, à l'épaule, la mordit. Paul-Bernard, désormais accroupi, s'approcha encore un peu avec l'objectif. Alors, prenant la main de Marguerite, Linda s'avança vers Angelo. Il leur sourit avec l'innocence d'une proie près d'être saisie ; Linda adorait ça. Elle l'embrassa puis, se tournant vers Marguerite, lui rendit le baiser. Angelo posa alors une main sur le sein de chacune et, comme s'il avait senti y battre le monde, se laissa gagner par la pulsation des deux petits cœurs sous ses paumes. Il se déshabilla, et bientôt tous les trois, nus, se caressèrent. On tourna tantôt le regard, tantôt un sein, un sexe, vers l'objectif de Paul-Bernard. Puis Marguerite se saisit de l'appareil et, d'un coup de coude, fit signe à son amant d'aller rejoindre leurs amis. S'écartant, elle reprit la pose accroupie de Paul-Bernard et se fit elle-même photographe. Quelque part, elle sentait, par ce lien entre l'image et le néant, qu'il devait en être ainsi. Marguerite n'avait pas suivi les leçons pontifiantes de Motton mais, étant un esprit hanté par la perte, cela la rendait aussi décidée, aussi radicale, que si elle avait cru aux livres à brûler. Sur le fleuve qui passe, chacun sauve ce qu'il peut. Clic-clac : Angelo et Linda, lovés, la tête de la jeune fille reposant sur le ventre blanc du jeune homme. Le sexe de ce dernier posé contre les lèvres de Linda. C'est innocent, simple. Clic-clac encore : Linda déshabilla Paul-Bernard alors qu'Angelo déposait un baiser sur la fesse pâle de la jeune fille. Linda, malicieuse, se retira alors d'entre les deux hommes et rejoignit Marguerite. *Allez, au boulot*, dit-elle, directive. Angelo, saisissant dans l'espièglerie du regard le désir de son amoureuse, approcha sa paume du sexe de Paul-Bernard et, doucement, la posa. Il sentit une vibration instantanée. Paul-Bernard, bandant, déboussolé d'excitation, attrapa les boucles d'Angelo, passa les mains derrière son cou et l'embrassa sur les lèvres. Bientôt, tous deux se tiendraient l'un contre l'autre à même le sol, ne se quittant plus des yeux, le souffle court, les mains portées vers leurs sexes. Marguerite et Linda, fascinées, continuaient d'immortaliser ces deux hommes au sol, verges tendues, se cherchant des lèvres. Marguerite, laissant l'appareil à son amie, partit rejoindre Angelo et Paul-Bernard. Elle s'installa tendrement entre l'un et l'autre et, de ses mains, reprit leurs sexes. *Embrassez-vous encore*, dit-elle. Les photos continueraient ainsi jusqu'à épuisement de la pellicule.

Ils partirent ensuite, étourdis de chaleur, vers la mer. S'y baignèrent, s'embrassèrent encore. Nous étions en août 1972 et la fin approchait. On aurait voulu passer le restant de sa vie à baiser dans les bois, à faire du maintenant un toujours. L'eau giclait, les rires fusaient. De retour sur le sable, essorés, ils s'y reprirent un peu. Sans plus de regards, sans plus de clic-clac, vivant désormais pour la seule perte, pour la seule mémoire. Dans la bouche d'Angelo glissaient les doigts de Marguerite. Il se laissait faire, bientôt dévoré de tout son long par Linda. Paul-Bernard, lentement, avec soin, léchait les aisselles de Marguerite, mordillait son sein. Le sable se perdait dans les plissures de leurs entrejambes, le sel leur brûlait les lèvres. Les cheveux étalés sur la plage, Angelo exultait sous les coups de langue de Linda, il allait jouir ainsi, démuni, à demi enterré, au contact de la brûlure du sol. La jeune fille découvrit la puissance d'aliénation de l'orgasme qui vient. Alors, éblouie par la fébrilité d'un homme, elle continua encore et fraya dans les boucles foncées. C'était toute une respiration, un frémissement vital qui s'y concentrait. À bout de conscience, Angelo se crispait et s'abandonnait tandis que Linda, immensément grandie de son pouvoir, forçait encore de sa langue et, du goût salé et doux de cette drôle de bouche des entrailles, s'accommodait, s'y plaisait même. Elle y perçut l'énigme des corps, leurs puanteurs et leurs tourments qui, dans le plaisir, ne sont jamais que doux et obsédants. Angelo vaincu, giclant plus d'une fois, collant, dévasté, effrayé de son bonheur, gisait dans le sable. Paul-Bernard et Marguerite se percèrent à leur tour dans l'orgasme. Le soleil était déclinant, l'océan pâlissait, le vent se levait. Alors que le paysage s'éteignait, tout, en eux, chantait. Ils reprirent la route du retour, flottant dans une douce euphorie.

Si l'avenir était déjà écrit au moment de rentrer, ce ne serait qu'au développement des photos que les choses s'éclairciraient lentement dans le bain chimique. D'abord obscènes, bientôt splendides, les corps nus et le regard, dès les premières photos, absolument entêtant d'une petite blonde qui ne cessait de capter toute l'attention. Irradiant la pellicule, elle projetait, avec ses yeux océan, l'aura d'une lionne. Un certain Joël, aux scrupules faibles sinon inexistants, n'en revenait pas dans son labo du fin fond du 9ᵉ arrondissement. Les photos allaient sortir d'ici en plusieurs exemplaires. Marguerite, bientôt, serait dépossédée de son regard, de ses seins, de sa blondeur adolescente. L'avenir s'affairait si vite. Ne manquait qu'un ultime ingrédient : que Paul-Bernard fasse banqueroute avec son deuxième long-métrage, pour relancer enfin la roue du destin.

Olympia, 1972

La salle respirait de ce souffle intranquille et constant qui inquiète, celui de la foule qui attend, son odeur au loin d'anxiété et de boucherie, son électricité aussi, celle qui traverse le chanteur et le fait vivre-mourir-vivre-encore dès qu'il pose un pied sur scène. À cet instant, Angelo sentit les regards. Il vit ainsi, ahuri, une auréole apparaître autour de sa jambe, dès son premier pas. Qu'on ne s'étonne pas que tous les chanteurs finissent par se parer de strass, de paillettes. Ce n'est jamais que pour refléter ces regards venus de toutes parts. Angelo entra sur scène, les paupières closes. Quand il rouvrit les yeux, ce n'était plus lui. Les chaussures rutilantes commencèrent leur sortilège : il fit une pirouette sur lui-même. Le public disparut au bout du tour. Enfin, il perçut la douleur qui s'écoula en lui plus vite que lors d'une chute à moto, sous le coup de ce que le cerveau invente d'hormones pour survivre à l'inimaginable d'être nu face à la foule vorace. Il se plongea dans ce silence. Claqua les talons des bottines qui étincelèrent un peu davantage, capturées dans le cercle opalescent qui le suivait désormais. Il leva l'index gauche dans le faisceau blanc du projecteur et les musiciens ainsi que les trois choristes appelés de la sorte s'élancèrent. Ils jouèrent, tonitruants, les premiers accords d'*Un cœur à l'envers* – le dernier deux titres d'Angelo au succès modeste mais à la mécanique mélodique implacable, une ligne de basse comme on passe des nuits à en chercher ; réarrangée pour la scène, la musique provoqua son effet sur le public. On cria, on tapa du pied, ce fut effrayant, ce fut joyeux. Après tout, le public avait beau l'avoir boudé au top des ventes de l'année, il ne résistait toutefois pas à son efficacité mystérieuse, la science dans laquelle Angelo progressait inlassablement. Le voilà qui s'avançait vers le micro à la pomme d'argent. Il referma les paupières en posant les mains sur le métal, l'aluminium était déjà chaud. Il ouvrit de nouveau les yeux et commença à se déhancher, le micro partant à droite, à gauche, le public frémissant encore davantage. *Bonsoir*, glissa Angelo. Débuta alors le concert, endorphines à deux mille, survivre à la terreur – le corps peut trouver cette énergie-là : Lucien Leibovitz s'était déjà soulevé de la fosse commune dans une lointaine rizière de morts. Or c'était bien de ça qu'il s'agissait : de cette vie qui palpite quand on mord la poussière. Il était venu sur scène ainsi qu'on va se faire arracher les dents, il n'en sentit pas plus de douleur tant du cerveau se déversait tout un liquide d'euphorie, de survivant, un liquide qui coule du crâne comme d'un tonneau percé – finit-on par ne plus en avoir assez ? Cela fit mal, bien sûr. Cela fit aussi songer à l'éternité, à Icare qui vole, à un peloton d'exécution, au doigt sur la bombe atomique, à l'idée même de gicler dans le corps d'une femme, à la peur qui nous saisit avant de tomber du plongeoir, à la 911 qui s'explose sur le circuit monégasque, à la cocaïne, à la vie blanche, froide, sublime. Angelo, de ses concerts, conserverait seulement le souvenir de cette épouvantable joie d'en revenir. Le jour où Linda disparaîtrait, ce jour-là, toute cette douleur accumulée qu'il avait momentanément prise pour la gloire lui ferait une détonation dans le crâne. Un crâne où il ne restait plus une goutte du fluide contre la douleur qu'il avait épuisé devant la foule vorace. Alors à son tour, un jour, dans la Villa Caprice, il pointerait le fusil dans la direction du trou qui s'était ouvert il y avait bien longtemps. Peut-être voulut-il le reboucher et faire revenir l'endorphine qui y restait coincée.

Dim-dam, choooo-woooo : les choristes terminèrent le hit. Le public l'acclama, un tonnerre lourd et grave. Angelo, *Merci d'être venus.* Prochaine chanson : « Marine ». Tenir le public en laisse, lui donner des tubes déjà connus, passés et repassés sur le mange-disque à la maison, ce petit joujou qui leur faisait prendre le ticket, qui leur faisait croire qu'ils vous aimaient, qui leur faisait penser qu'ils ne vous oublieraient jamais. Alors que plus ils l'écoutaient, plus ils vous oubliaient : ainsi vont les tubes. La chanson se termina sur une pétarade du batteur, finale magnifique, la pop music dans ce qu'elle avait alors de sacré. Le public s'ensauvagea, on siffla, on tapa des mains, on hurla, et puis soudain, malgré toute la sueur qu'Angelo put y dépenser, une voix dans le noir surnagea : « *Une si belle vie* » *!* L'importun fut applaudi. *Ah oui !*

L'impatience commençait dès la deuxième chanson, cela allait être une longue soirée. Les nouvelles chansons n'intéressaient plus autant que les anciennes. Ceux qui avaient eu vingt-cinq ans sur « Une si belle vie » en avaient maintenant trente et, déjà, le cœur n'était plus à la nouveauté. Ceux de la génération de Linda et Marguerite avaient envoyé valser les yéyés. La musique populaire vieillissait comme l'adolescent des Trente Glorieuses, défiguré par l'âge qui passe sur un visage qui ne le perçoit pas. Tout pourrissait de l'intérieur. On jetterait la marchandise après utilisation : c'était de cette consommation-là qu'était issue la pop. Alors il les leur donna, ce frisson, ces souvenirs, cette trace d'une fille sur la plage ou à l'usine peut-être, c'était idem, cette impression d'une voiture neuve que l'on conduit pour la première fois sur la route en juin, juillet, août ou même septembre 1969, la salissure délicieuse d'une peine de cœur, la mémoire d'une grossesse, l'image de quelques fiançailles ou d'un service militaire, c'était idem, il les leur donna sans rien avoir pourtant à donner mais c'était idem. Et ils reçurent. Ils exultèrent, ils chantèrent, les chœurs se firent centaines. Brouhaha. Applaudissements comme une rivière ébouillantée qui claquait, qui tremblait, qui ne voulait plus s'arrêter. Angelo murmura, *Merci, merci, merci* – sans plus savoir tellement pourquoi.

Puis, pour la toute dernière fois, il prit une guitare électrique et fit hurler les accords d'une chanson italienne. D'un accent qui ne faisait pas illusion longtemps, se lança, *Motocicletta...* Au refrain, de derrière un rideau à la droite de la scène, apparut, hésitante, Linda. Applaudissements faibles dans la salle. Elle s'approcha, mima avec ses bras une accolade. Puis, ensemble, ils intimèrent, *Non dire no, non dire no, non dire no...* Ils se regardaient tendrement, jouaient aux charmeurs. Ce moment-là fut à eux. Ce n'était plus l'usinage des souvenirs des autres, c'était la réminiscence d'un des leurs. Ce dernier passa alors comme un ange dans la salle plombée, survola, traînée de poudre, puis s'éteignit dans les yeux des deux héros. Ils scintillaient. Les choristes ajoutèrent bientôt une corde, *Non dire no, non dire no...* Solo de guitare électrique d'Angelo pour terminer et cela s'arrêta. Linda salua. Le public, sceptique mais docile, applaudit. Linda sortit de la scène sous ces applaudissements un peu mornes. Angelo, de nouveau seul, dit, *C'était Linda, une amie très chère avec qui j'ai enregistré un deux-titres, j'espère que vous l'avez écouté !* La salle pensait à autre chose, attendait la suite, voulut sentir l'odeur de viande. Une nouvelle voix s'éleva, « *Le Voyageur* » *!* Nouveaux applaudissements. Juke-box triste, mécanique, Angelo fit signe au pianiste. *Il voyage sans bagage et il va où on le porte*, chanta Angelo, esclave de ses tubes passés.

Et la salle, ravie, chanta. La foule s'abandonna, recouvrant tout de cette passion ancienne pour la chanson, et de nouveau vinrent s'y perdre les pellicules brûlées, les cœurs gravés, les bisous guimauves, les chewing-gums *strawberry* et les magazines *posters* qu'on avait gardés de cette année-là, 1970 – peut-être l'ultime année où Angelo avait encore eu le droit de faire des tubes, d'être là dans la vie des gens, parmi la jeunesse qui va, vit et périt.

Ce fut l'ultime concert du chanteur. Après cela, plus rien. Il en avait vu assez, entendu assez. Il allait devenir machine, microsillons. Il s'était trop longtemps trahi avec cette célébrité fantoche, ces couvertures de magazine et ces paroles qu'on écrivait pour lui sur des modèles américains. Il ne supportait plus d'être l'esclave des modes. Il repensait au *livre à brûler*, à la nécessité vitale qu'avait eue la musique pour lui, combien elle l'avait ramené au monde quand il était proche de la fin. Angelo ne comprenait plus pourquoi il s'infligeait ces concerts, ces interviews qui, tous, lui rappelaient qu'il n'était qu'un oiseau de passage dans une industrie de gloires fugaces. S'il voulait se consacrer à la musique, celle qui le tenait éveillé la nuit, il faudrait sacrifier la célébrité... Il voulut tout jeter au feu. Le juke-box avait des sentiments, il voulait devenir déchirant. Alors qu'au-dehors, sur le boulevard, scintillait le nom que lui avait inventé Pierre Motton en lettres rouges tungstène, Angelo se promit de ne jamais remonter sur scène. Il le confia à Linda dans leur loge. Elle feignit de ne rien entendre, elle se demandait, anxieuse, pourquoi le public ne lui avait pas offert un meilleur accueil. Elle craignait que le vent ne tourne déjà pour sa carrière, elle n'en dit rien.

Ils sortirent fumer une cigarette, un taxi passa sur le boulevard, traînant un halo de poussière.

Paris, hiver 2017

Pierre trouva Anne assise devant la porte cochère. Il lui fit un signe de la main et ils remontèrent la rue du théâtre. Le dépassant, ils entrèrent au Luxembourg par l'entrée est. Évitant la fontaine célèbre, verdâtre, débordant de touristes, ils filèrent à l'ombre, aux abords de la fontaine Delacroix. Il s'assit, fit basculer la chaise en fer vers l'arrière. Elle s'installa non loin. Qu'est-ce qu'on avait vraiment à se dire ? Anne se demandait ce qu'elle faisait là à quitter l'homme duquel elle eût juré encore au printemps qu'il la rendrait heureuse toute sa vie. Elle venait poser ses yeux sur lui pour s'en souvenir comme on se pince. Alors certes, elle connaissait absolument son corps : elle savait où débutait son cou, où se terminait son aine, pourrait en redessiner les veines, leur petit tracé bleuté dans la peau blanche, la bombe légère du pubis à cet endroit… Elle savait les orteils, ceux qui étaient en dedans, ceux qui étaient droits, se rappelait les grains de beauté, tous, même celui caché derrière l'omoplate. C'était ainsi pourtant que cela se terminait, devant l'eau froide d'une fontaine. Au fond, quelques pièces jaunes pour autant de vœux. C'était cela peut-être, l'issue : l'espoir. Des Pierre, il y en aurait d'autres, en meilleur état, un peu moins égratignés. Elle se perdit en bouffées de promesses : elle sortirait plus, elle ferait attention à ses tenues, à sa façon de sourire, elle aurait les manières qu'ont celles qui obtiennent ce qu'elles veulent. Il fallut s'accrocher à cette idée : elle allait avancer. Cela ne suffit pas. Il dit, *Anne.* Elle entendit autre chose. Elle sentit ses doigts qui la touchaient, qui la tiraient vers le rire, celui qu'elle avait avant de l'embrasser, elle trouva son parfum, comme capturé sous son nez, elle songea que c'était perdu. Étonnamment perdu alors que ça avait le goût d'une familiarité presque fraternelle. Pourrait-il encore la prendre ? Elle pensa à cela, avec une clarté troublante. Y aurait-il encore d'autres fois, d'autres occasions, même lointaines, où il la prendrait immédiatement ? Y retrouverait-elle la délicieuse banalité qu'elle avait connue ? Rembobinerait-elle le temps comme sur le caméscope : tout serait-il alors pareil, elle ne l'aurait jamais quitté et il la toucherait, elle passerait sa main dans ses cheveux, ce serait d'une douceur ancienne, tranquille, évanescente, un goût de rien, de déjà-vu, d'une valeur à peine discernable, et en même temps cette impression indubitable qu'ils avaient été unis ? *Anne*, reprit-il. Non, décidément, elle n'avait pas envie de parler. Pas maintenant. Elle devait trouver en elle la détermination qui l'avait saisie quelques jours auparavant à La Coupole, quand elle avait promis à Minh de soutenir Pierre dans son départ.

C'était le sommeil au fond qui lui avait pris Pierre, bien avant qu'elle ne songe à le quitter. Ce qu'elle faisait aujourd'hui n'était qu'acter. Prenait-elle plaisir à cela ? Même les espoirs auxquels elle s'obligeait la décourageaient. Les hommes à nouveau, se demander sur qui ça va tomber, si on peut y perdre plus d'une semaine. S'il voudra, l'autre, y perdre plus d'une minute. Elle savait qu'elle était menacée par quelques goûts qu'elle avait : les perdants, les perdus. Elle craignait de s'enticher d'un fumeur de joints, comme Victoire en cette lointaine année de licence. Cela avait duré puisque, comme tant d'autres, Victoire avait cru qu'on remodelait les hommes. Cela n'avait été que Xbox, TV, pétard, Xbox, TV. Elle ne s'en était pourtant pas débarrassée tout de suite. Les filles ne font pas ça. *Anne, tu n'es pas avec moi*, répéta Pierre. Elle se tourna vers lui, les arbres projetaient des ombres sur son visage. Elle dit, *Tu recoucheras avec moi un jour ?* Pierre, *On devrait pouvoir s'arranger*. Elle sourit.

Ils passèrent devant Verlaine, arrivèrent devant la statue de la Liberté. Le vert du gazon était profond, humide. Les ombres tiraient vers le noir. *Je pensais qu'on aurait des enfants*, dit-elle. *Combien ?* demanda-t-il. Elle haussa les épaules, *Suffisamment.* Ils continuèrent à parcourir le jardin sans plus de paroles. Bientôt, ils s'installèrent sur un banc proche du boulodrome. Alors, elle lui prit la main.

Elle l'ouvrit et regardant sa paume dit, *Je n'ai aucune sorte d'idée sur ce qui va t'arriver, bizarrement, je n'ai pas peur pour toi*. Elle déposa un baiser dans sa main, la peau était sèche, tranquille, elle en eut un frisson. Le vent le décoiffait. Les yeux étaient un peu plus tombants que lorsqu'elle l'avait rencontré, la barbe plus fournie, peut-être les cheveux plus fins, l'enfance s'était rangée dans une boîte pendant combien, *Quatre années*, dit-il, la corrigeant dans ses pensées, elle répondit, *Non, cinq si on compte mon année à Londres*. Elle ajouta, *Peut-être que je viendrai te rejoindre au Vietnam*. Il caressa son cou, son oreille, joua de la boucle qui y pendait. Non, elle ne viendrait pas, il le savait et ce n'était pas si grave. Il avait désormais sur les ruptures des idées tranquilles. Depuis la mort de son père, il se sentait partir dans une solitude nouvelle, une solitude qui lui paraissait être sa place. C'était comme un appel, régulier, stable, qui résonnait en lui. Ce n'était pas qu'il envoyait valser la vie passée, c'était qu'elle était déjà terminée. Il se souvint : quand il était enfant, une petite venait dans la rue de la Ville-d'Hiver pendant la deuxième semaine de juillet. Pierre l'attendait. Elle revenait chaque année et c'était délicieux. Dans cet endroit où rien ne demeurait jamais longtemps, les vacanciers, les saisons, les bateaux, cette fillette, un cycle trouvait malgré tout sa voie. Quand il avait eu quatorze ans, elle n'était pas revenue. Il se souvint d'en avoir été soulagé. Sa voix à lui était devenue insupportable, des boutons grossissaient dans son dos, ses draps étaient sales chaque matin. Il n'était plus le même. Alors ce jour-là devant Anne, les choses ne lui parurent pas tellement plus compliquées. Vinrent sonner les cloches de Saint-Sulpice, bientôt les sifflets des gardiens. Le temps s'écoulait à nouveau, ils s'approchèrent de la sortie. N'y tenant plus, elle le serra dans ses bras aux portes du jardin. Dans ses cheveux qui retombaient sur ses lèvres, il aspira de larges bouffées de son parfum. Puis elle le poussa vivement et il se laissa choir contre un muret. Elle posa des baisers dans son cou, alla mordre l'une de ses oreilles et, finalement, de sa main, tâta son sexe. Il bandait. Elle s'écarta et lui sourit. Ahurie, déchirée, excitée. Dans le soleil mourant de la rue Guynemer, elle disparut.

*

Le lendemain, Pierre se rendit chez Minh. Personne ne répondit à la porte de l'appartement, il lui téléphona. Au bout du fil, Minh s'écria, *Comment, je n'entends rien !* Le vent couvrait les paroles de la femme et Pierre tenta, articulant, *Je suis chez vous, je vous attends*. Elle reprit, *Je suis au Havre. Je loue un conteneur pour les pierres, c'est un enfer, vous n'imaginez pas !* Le son était brouillé, il en comprit la substance et en perdit les détails – pourtant savoureux. Minh, qui, selon son habitude du moment, avait pris l'affaire en main, avait déjà parcouru la France deux fois : d'abord allant à Toulouse récupérer l'achat de son fils – où il y eut bien naturellement confusion, effusions et menaces entre l'homme qui les avait vendues à

Alexandre, il y avait de ça plus d'un an, et la femme qui venait, vitupérant, les demander. On s'y retrouva en fin de compte : personne ne tenait vraiment à ces pierres, à peine pouvait-on les soulever. Alors il fallut des engins pour les récupérer dans le hangar où elles végétaient. Le tracteur de location ne pouvait pas faire la route depuis Toulouse, la nationale était interdite aux engins pareils. Avec la ténacité qui était la sienne, elle résolut chaque problème. Elle passa ainsi quatre jours à Toulouse. Puis, l'affaire réglée, les pierres déposées dans la remorque d'un camion – routier recruté sur une aire d'autoroute par la force de conviction et les billets d'une mère éplorée –, elle se rendit au Havre. Cette fois, il s'agissait d'affréter un conteneur pour un voyage vers Saigon. Et que ça saute, bien entendu. Elle avait fait le tour des compagnies, passé des coups de fil, appelé son avocat – il était normand, il avait peut-être un avis sur la question (il n'en avait pas) –, elle avait proposé de l'argent sous la table dans des bars de marins, puis elle avait trouvé. En somme, elle avait remué ciel et mers. Elle prit l'appel de Pierre alors qu'elle signait les derniers formulaires de la douane, sur les quais. *Sous le paillasson, la clef*, s'époumona-t-elle, *allez chez Alexandre, prenez ce que vous voulez, je vais tout bazarder !* Elle raccrocha, elle devait aller à Montpellier s'engueuler avec le père d'Alexandre. Cela faisait dix ans qu'ils s'étaient vus lors des funérailles. Cela l'occuperait encore deux jours. Puis, une fois la colère retombée, elle prendrait un train pour Paris.

Pierre prit la clef, la mit dans sa poche et décida de retourner chez Alexandre. Sortant de l'immeuble de Minh, il fila dans la bouche de métro la plus proche. Il s'installa dans la rame qui vint et, la tête contre la vitre, s'endormit. Il rêva d'Anne. Il sentit, confusément, qu'il ne l'avait pas perdue, pas encore, qu'elle était là, quelque part dans le sommeil, qu'il y avait quelque chose qui frémissait dans son crâne, un espace curieux, encore invisible, à la porte duquel se trouvait la jeune fille. Elle tournait en rond, gracieuse, languissante, presque nue bien qu'il ne sût dire ce qu'elle portait, c'était encore flou. Il s'approcha. Il tendit le bras. Le claquement des portes du wagon le réveilla. Il était au terminus, perdu. Il sortit du souterrain et héla un taxi. Ce serait plus simple.

Dans l'appartement, les grandes fenêtres s'ouvraient sur un après-midi gris. Minh n'avait touché à rien. Si elle cherchait des occupations, cela ne comprenait pas le rangement des affaires de son fils. Pierre, qui n'avait pas encore eu la force de retourner à la Villa Caprice, le comprit sans mal. Il inspecta alors les différentes passions éphémères d'Alexandre et ce qu'elles avaient laissé de séquelles. La plus impressionnante était l'obsession pour les 45 tours. Elle remplissait à elle seule tout un mur de l'appartement. Plus loin, il y avait quand même quelques montres. Pierre ensuite fouilla un dressing impressionnant de costumes – palette de terre, de bleu, de crème –, tous dans l'enveloppe plastifiée du pressing. Il en sortit un, enfila la veste. Une laine tissée, soyeuse et légère. Elle fit un léger bruit quand il passa les manches. Il la garda sur ses épaules et parcourut la collection de chaussures. Les cuirs luisaient, neufs pour la plupart. Il reconnut la paire de mocassins qu'Alexandre avait portée ce jour de cuite matinale. Pierre se trouva de nouveau dans le salon, face au mur de disques. Il aperçut alors les 33 tours empilés sous les fenêtres. Une pile, avec des post-it qui en dépassaient, ne comprenait que les albums d'Angelo. Tous, même un concert live et un best of. Les post-it, parfois plusieurs par pochette, griffonnés d'anecdotes, de dates sans plus de détails, de citations relatives aux paroles. Alexandre avait dû passer des nuits entières à chercher, recouper et analyser les paroles et les articles sur Angelo. Qu'il finisse par louer une maison dans la ville du chanteur disparu n'avait été qu'une étape de plus dans la longue investigation que menait Alexandre depuis combien de temps maintenant ? Si l'ami avait été là, il aurait pu le formuler : il aurait rappelé que c'était quand il s'était mis à visiter Jade, sa grand-mère qui se perdait en histoires sur Linda. Celle qui avait été dans l'orphelinat, puis à la TV, celle qu'on avait perdue de vue et celle qui était morte. En un sens, c'était d'abord l'obsession de la grand-mère avant d'être celle d'Alexandre. Seulement, là où Jade avait la curiosité et les remords d'une amie qui n'avait pas su sauver sa sœur, Alexandre fut bientôt affecté d'une fascination qui lui fit se glisser dans la vie du chanteur et de sa petite amoureuse.

Pierre prit dans la pile le disque le plus expérimental d'Angelo, celui qu'Alexandre avait dit préférer quand ils s'étaient rencontrés, et le posa sur la platine du salon. Dans l'appartement vide, les réverbs profondes et terrifiantes résonnèrent comme dans une cave. Pierre aperçut dans le coin de la pochette à rabat une note : *Indo, 52 ? 53 ? P.B.A. Lucien L. ?* Il était facile pour Pierre de compléter : l'Indochine, Paul-Bernard, Lucien Leibovitz. La voix du chanteur s'éleva. Une voix de tête, larmoyante, apeurée. Derrière, des accords secs et aigus de guitare électrique. Les paroles évoquaient les coups de feu, la jungle. Une fillette morte. Un fleuve rouge. Des avions qui passent et brûlent le monde. Pierre redécouvrait cette chanson et s'approchait pour la première fois d'Angelo, comme s'il faisait quelques pas de plus dans l'obscurité. Ce n'était plus la voix lointaine et distante du vieil ami de son père, il l'écouta comme Alexandre avait pu l'écouter. Alors que devant les fenêtres de l'appartement les oiseaux passaient, dans la voix d'Angelo, Pierre put entendre la douceur et la chaleur du timbre d'un frère. Une subjectivité brûlée, épouvantée, d'un homme qui a tout trop vécu, qui ne chante plus que pour priver le temps de son passage. Il entendit ceci : *La vie n'a pas d'épaisseur*. Il en fut dévasté tant cela lui était familier. Soudain, Angelo n'était plus associé aux meubles pleins de poussière de la Villa Caprice, au bazar que l'on avait trouvé quand il avait disparu, ce n'était plus l'odeur d'essence et de tabac d'une veste en cuir quand il vous tenait dans ses bras, mais un déchirement du temps et de l'espace qui rappela un autre Angelo de son oubli. Un homme revenu de la boue des rizières pour être quitté par la seule femme qu'il avait aimée, abandonné par un public qui ne s'aperçut même pas qu'il l'abandonnait.

Pierre se sentit trouble, plein d'eau. Le salon passait à la nuit. Les lampadaires de la rue Guynemer s'éclairèrent. Pierre, dans la pénombre orangée, sous l'effet d'une solitude soudaine et profonde, mystique peut-être, crut pouvoir parler à son père. Il dit, *Pourquoi ne m'as-tu jamais raconté l'histoire d'Angelo, la vraie ?* Une voiture glissa ses phares dans les fenêtres. À peine entendait-on le frigidaire de la cuisine qui soupirait. Au loin pourtant, quelque spectre de Paul-Bernard sembla hausser les épaules. Alors Pierre insista, *Comment as-tu fait pour supporter maman alors que tu en aimais une autre ?* Paul-Bernard, de manière inaudible, saisi dans des nappes lointaines d'eau, protesta, *C'est elle qui m'a supporté...* Pierre bouillait, *Pourquoi ne m'as-tu pas dit que tu avais perdu l'amour de ta vie, que tu l'avais consumé par ton orgueil ?* Sa voix déraillait un peu, montait. *Je l'ai vue, papa*, dit-il, *je l'ai vue, Veronica. Tu m'as menti, elle t'aimait, tu l'aimais, tu étais heureux.* Paul-Bernard sembla hésiter, il chancelait. *J'ai vu le film, j'ai vu comment tu regardais les corps, pourquoi ne m'as-tu jamais dit que ton cinéma, c'était ça, ce désir que tu as eu de garder prisonnier ce qui t'échappait, que tu l'avais fait pour toi, pour ne pas laisser partir les souvenirs, fussent-ils tes pires cauchemars ?*

Le lendemain matin, dans le silence grave de l'appartement, Pierre se réveilla, allongé contre les lattes froides du parquet, la veste bleue au bras. Sur le tourne-disque, le 33 tours d'Angelo tournait encore, le bras de lecture butant inlassablement sur les microsillons vides. Pierre avait mal au crâne. La vie n'a pas tellement d'épaisseur, pensa-t-il alors, tant le passé s'écoule à travers.

Côte atlantique, Paris, 1973

Le torse de Paul-Bernard s'élevait au rythme des vagues, lentement, régulièrement. Marguerite les voyait par-delà la fenêtre de la chambre qui se cassaient, vertes sur les roches grises. Il passa sa main dans ses cheveux blonds. Il dit, *Ma petite souris*. Elle s'enfonça un peu davantage dans son torse. Elle y déposa un baiser. Il s'approcha de son crâne et l'embrassa à son tour. Il sentit dans sa chevelure un parfum de nuit, d'humidité et de sel. La vieille commode de la chambre grinça. Ils frissonnèrent, se serrèrent un peu plus. Ils en rirent. Il dit, *Je ne sais pas ce qui va se passer avec* L'Aigle et la Belle. *J'essaie de ne pas y penser...* Elle posa une main sur son ventre marbré de poils, *Tout va aller*. Paul-Bernard était inquiet, bouffé d'angoisse depuis *La Légion des honneurs* et la censure. Il savait le prix à payer de voir le travail de plusieurs années, l'investissement et le feu qu'on y avait brûlé, être ainsi réduit en poussière.

Avant la commission, il avait renommé le film qui s'appelait *La Légion déshonneur* pour mettre ses chances de son côté. Il savait que la critique anticoloniale n'était pas en odeur de sainteté : on jouait encore l'après-match algérien. Cela n'avait pas suffi.

Après son film mort-né, il était resté un complet débutant seulement expérimenté à la défaite. Il fit ainsi *L'Aigle et la Belle* comme un premier film, y sacrifiant ce que chacun trouve à dilapider en lui en de pareilles occasions, y perdant plus qu'il ne pouvait, sans garantie aucune qu'il y aurait d'autres films après celui-ci. Pour la deuxième fois de sa vie, il joua son va-tout. Il était à la fois vieux des combats perdus et d'une ignorance de jeune homme. Ce fut encore un livre à brûler, la violence et la rigueur qu'il n'avait pu jeter à la face du monde étaient restées en lui, piégées par son insuccès. À celles-ci, il s'était ajouté l'amertume. Bien sûr, et peut-être Marguerite seule ne le savait pas encore ce matin-là, *L'Aigle et la Belle* tirerait un trait définitif sur la carrière de cinéaste autorisé de Paul-Bernard. Innocente, amoureuse, elle dit, *Mais qu'est-ce que tu risques de toute façon ? Que les gens n'aiment pas ? Ça ne les empêchera pas de payer leur ticket !* Au-dehors, le soleil se levait dans les nappes grises des nuages. La matinée serait fraîche. La mer opaque.

Ce que risquait Paul-Bernard : presque tout. Pour terminer *L'Aigle et la Belle*, le jeune réalisateur avait engagé sa fortune personnelle, c'est-à-dire le reste des actions de Motton et ses parts dans la villa. Il vendit la moitié de la maison à Angelo, qui en devint le propriétaire exclusif, et ainsi, il termina le coûteux tournage. Ils étaient donc à la veille d'un baptême du feu : soit le public remboursait Paul-Bernard, soit disparaissaient sa fortune, son nom et sa carrière si mal débutée.

Paul-Bernard haussa les épaules, enlaça la petite blonde et l'embrassa dans le cou. Encore et encore. Il n'avait pas la tête à penser à tout ça. Il voulait faire le mort en attendant la sortie, il aurait même souhaité qu'on le tue et qu'on le ressuscite dans trois, quatre mois. Il dit, *J'ai envie d'un croissant chaud.* Ils s'habillèrent et partirent dans la fraîcheur maritime du matin vers la boulangerie.

*

Jean Rosselin fut le seul exploitant de France à projeter le deuxième long-métrage de Paul-Bernard. Ce dernier perdit plus que ce que nous serions en mesure de compter. Le matin de la sortie, le sort du film était déjà joué. Nul suspens. Il aurait dû impérativement y avoir 70 000 spectateurs dans la seule salle du cinéma du Panthéon en trois semaines pour se rembourser. Il y en eut 1 463. Ce qui, en soi, fut honorable. Rosselin n'avait pas chômé, mais qu'y avait-il à faire contre un destin si acharné ? Quand ce n'était pas la censure, c'était la distribution – la censure du présent, dirait Paul-Bernard. Il y avait de quoi devenir paranoïaque. Bien entendu, Paul-Bernard le devint.

Il devint tout ce qu'il y avait jamais eu d'haïssable en lui : orgueilleux, violent, désespéré et désespérant, asocial. Plus rien n'eut de grâce à ses yeux, à commencer par lui-même. S'il était sorti abattu, mais confirmé dans son intégrité, de *La Légion des honneurs*, il fut détruit par le bide de *L'Aigle*. Marguerite en souffrit mais ce ne fut pas la seule, tout le monde endura la colère de Paul-Bernard. Angelo se vit reprocher un supposé égoïsme et une avarice. Mais plus encore, c'était le monde entier qui avait tourné à l'horreur, à l'insupportable, à l'intoxication, pour le réalisateur. Il ne faisait plus rien sinon proférer des sortilèges à voix basse dans l'appartement de Passy. Marguerite n'eut pas la sagacité de fuir l'homme abattu – peut-être auraient-ils pu rester ensemble si elle était partie avant qu'ils ne s'abîment, elle y pensa parfois –, au contraire, elle s'approcha encore plus. Elle qui n'attendait que de le sauver s'élança tête baissée dans un feu qui allait tout détruire, tout finir. Pour subvenir à ses besoins et commencer à rembourser ses créanciers, Paul-Bernard vendit progressivement tout ce qu'il lui restait, incluant sa BMW R25, mais également – et jamais il ne le dirait à Angelo – des fétiches et babioles qui avaient appartenu au chanteur, des premiers tirages, des enregistrements inédits. À ce moment, pour Marguerite et Paul-Bernard, l'argent brûlait comme un sacrilège. On manqua de tout, on ne crut plus à rien, on s'en remit à tous les dieux, on survécut – à peine. Marguerite était alors dévastée. Elle avait de plus en plus besoin de son amant pour calmer ses angoisses qui ne l'avaient jamais lâchée et qui, en ces temps troublés, s'accentuaient : lui s'éloigna. Et pourtant, elle ne le quitta pas. Il prétendit vouloir voyager seul, recommencer sa vie au Vietnam. Il n'en fit rien toutefois, c'était à croire qu'il cherchait simplement à la blesser. Il était devenu son propre tortionnaire, ne s'économisant d'aucune lâcheté, d'aucune erreur, d'aucun déshonneur. Il vivait comme si elle n'existait pas. Elle fut bientôt transparente. Il se lançait dans des monologues interminables sur le sacrifice des grands, sur la haine de l'art, sur toutes sortes de choses qui pouvaient expliquer sa chute et seule Marguerite l'écoutait, sans qu'il s'en satisfasse. Progressivement, il refusa finalement qu'elle dorme avec lui, prétextant qu'elle était trop agitée. Puis un matin, il lui demanda simplement de quitter l'appartement. Et ce fut la fin de cet étrange supplice. Cette histoire d'adolescence écrasée dans le tumulte d'une péniche de la Seine.

Elle en demeura sonnée. Elle rentra chez sa mère et se laissa mourir pendant de longues semaines. Elle songea à passer le bachot ou à se foutre en l'air. Elle ne ferait ni l'un ni l'autre. Parfois, la douleur se soulevait comme un voile. Souvent, les heures butèrent. Marguerite s'en voulait alors sans trop plus savoir ce qui lui était arrivé. Elle avait été amoureuse, le reste était brûlé et inconnu. Elle se levait le matin en sentant un arrachement sans pareil. Dire que le temps passait serait faux ; pour Marguerite, il pesait sans passer jamais.

Paris, 1973

Il n'y eut pas de hasard, pas de répit. *L'Aigle et la Belle* sortait au cinéma du Panthéon en mars 1973. En avril 1973, Marguerite rentrait chez sa mère et Linda disparaissait.

Une jeune femme quitta l'appartement de Passy sans bagage. Elle passa la porte cochère, la repoussant avec délicatesse, craignant quelques soupçons. Elle jeta des regards furtifs sur une avenue, recula, faillit trébucher. Elle marcha ensuite hâtivement. Elle fuyait comme une bille lâchée dans un flipper, rien que la gravité pour la guider. Elle fonçait vers quelques projets lointains sans trop se souvenir pourquoi. Ce fut comme ça, sa nécessité. Peut-être une idée avait-elle émergé il y avait quelques semaines ou une poignée de minutes auparavant. Il avait suffi qu'on la regarde un peu différemment et qu'on lui dise que la vie pouvait être plus dangereuse. Elle pressa le pas. Un bus sur l'avenue Paul-Doumer l'aspira. Le ciel était blême, la circulation faible. Angelo, dans l'appartement, s'était rendormi. Ce matin-là, Linda était partie chercher des Gauloises bleues.

Elle pleura, une larme tomba sur sa tunique mais elle conservait le regard haut, fier, perdu dans les airs. La Seine, au loin, grise. Elle secoua ses cheveux et s'enfonça un peu plus dans la ville. Ce fut aussi simple que ça. Elle était partie sans une explication, sans un cri et sans prévenir. Angelo ne s'en remettrait jamais. Mais pouvait-elle le savoir ? Elle qui n'aimerait jamais comme lui.

Plus tard en cette année, Linda habita seule dans un appartement humide et insalubre d'Orvieto, dans l'ouest de l'Italie. Elle le partageait avec une colonie de pigeons et un chat famélique. Un Italien rencontré chez Régine l'avait emmenée là, promettant une vie loin de tout souci. Il se disait musicien, elle lui avait trouvé un talent radical, déconcertant, quelque chose qui sonnait plus fort que le Tout-Paris – c'était la cocaïne qui parlait.

Le type ne sortit pas un seul deux-titres et s'éteignit d'une overdose une année seulement après s'être installé avec Linda à Orvieto, où vivait une de ses lointaines cousines, la chose n'avait jamais été claire. Ainsi seule, sans le sou, accro à la poudre, et aucune nouvelle chanson pour déchirer la nuit dans laquelle elle se traînait, Linda sombra. Elle était devenue une femme qui ressemblait à ce qu'elle avait toujours imaginé de sa mère : vendue pour rien, rachetée pour trop peu. Elle n'était pas vraiment une pute, mais elle n'était plus complètement libre de choisir avec qui elle couchait. Si elle venait à bout de ses drogues, elle retrouvait, brièvement et c'était encore plus terrible, l'histoire d'une vie brisée par sa faute. Ce coup de dé qu'elle avait lancé à l'instant même où elle n'avait jamais été aussi heureuse lui revenait inlassablement dans le crâne. Le danger avait été doux, le risque entêtant, elle avait cru qu'on pouvait aimer plus fort qu'elle n'aimait Angelo, elle avait cru qu'une autre vie était à venir. Il n'en fut rien. Elle ne sut jamais comment s'arracher à cette ville qui l'avait transformée en une petite femme inquiète et dont la faim creusait le ventre. Elle restait attachée à cette obscurité sans plus de questions, se décomposant lentement dans la lumière brune des soirs. Linda n'avait jamais trahi personne sinon elle-même. Elle rêvait souvent d'Angelo, elle ne lui écrivit jamais. Elle aurait pu l'appeler au secours, il serait venu. Seulement, elle sentait dans cette nuit dans laquelle elle traînait qu'elle ne devait pas faire ça. Elle croyait parfois avoir tué cet amant italien. Elle perdait la raison. Elle voulut qu'Angelo vive sans elle, c'était mieux ainsi. Elle aurait voulu cesser de sentir cette béance qui aurait pu avaler et détruire le monde entier. Dans le fond de son lit traînait le 45 tours de son deux-titres, *Traces*. Elle repoussait la couverture dessus, ne pouvant s'en débarrasser, ne pouvant le regarder.

D'un seul reflet de toi
D'un seul baiser de toi
Je guette le fil de nos traces
Qui dans nos cœurs s'effacent

Ni Linda ni Angelo ne se quittèrent jamais. Aucun de leurs cœurs ne donna signe d'effacement. Parfois, durant leurs nuits de glace, peut-être se parlaient-ils dans leurs solitudes. Si loin l'un de l'autre, ils continuaient de rêver l'un à l'autre. Elle était son plus grand problème et inversement.

Dans cette douloureuse vie suspendue, Angelo s'enterrait dans la Villa Caprice. Il n'avait pas cherché Linda, il savait que ça ne servait plus à rien, résigné. Il avait fait installer un studio à la maison dans lequel il consacrait ou gâchait, c'est selon, l'essentiel de ses journées. Il perdit de l'argent en annulant ses tournées. Il en perdit encore davantage en ne produisant plus aucun deux-titres accepté par sa maison de disques. Il s'était lancé dans la recherche d'un son qui ne pouvait pas être aimé, pas être célébré, ni même être radiodiffusé, puisqu'il cherchait un son qui s'accorderait au sentiment d'arrachement qui était le sien. Il tournait ainsi en rond, progressant pourtant chaque jour dans la technique. Mais il n'était pas Stockhausen ni Boulez, il était un chanteur de variété déjà démodé et qu'importe au fond ce qu'il put inventer pour repousser le manque.

Ce ne fut pas pourtant qu'il composa de mauvais titres – au contraire, Alexandre, comme d'autres, considérait cette époque comme sa plus riche, ces titres comme les meilleurs de sa discographie et peut-être même les meilleurs de son époque – c'était qu'il se trompait de destinataires, ou bien il n'en voulait plus. Et tout cela n'avait pas d'importance à ses yeux, ses échecs le laissaient indifférent. Sa recherche était devenue plus importante que le succès. Il était progressivement aspiré par le son des machines à qui il tentait de faire dire ce que la pop music n'avait jamais dit.

En cette année, il composa plusieurs bandes d'une chanson qu'il ne finirait jamais. Un montage en plusieurs mouvements d'une durée approchant des trente minutes. Il enregistrait chaque jour une nouvelle piste qu'il ajoutait ensuite sur sa machine pour créer un mur de plus en plus imposant. Progressivement, les bandes s'annulaient les unes les autres, devenaient une sorte d'orchestre bourdonnant. La mélodie s'ensevelissait ainsi dans les arrangements. Il ajouta alors quelques prises de sa voix. Des mots, le plus souvent improvisés, parfois volés à de vieilles paroles qu'on avait écrites pour lui. Il voyait cet agglomérat comme une île, la solitude d'un monde luxuriant dans lequel se tapir. Il ajouta enfin des bandes démo de Linda et sa voix à elle, perdue dans le raffut, en fantôme. Il mit quasiment une année à travailler sur cette composition avant de tout abandonner, proche de la folie. Finalement, quand les machines ne supportaient plus toutes les bandes – qu'il dut huit fois écraser pour les recoller en une seule –, il utilisa cette montagne en arrangement sur la première piste de son ultime album. Il écrasa définitivement toutes les pistes en une seule bande, la retourna et la joua en alternance comme d'une boîte à rythme. Déformé, alterné, comme compressé, il ne restait plus grand-chose de ce mur immense de son, sinon son battement rythmique. Les paroles lui vinrent alors sans mal : il chanta.

Rien qu'une île où je vais
Pour les matins qu'on y trouvait
Ses longs chemins pour y partir
Sur la descente de mes souvenirs
Et te garder là tout près
dans une chanson emprisonnée.

Paris, 1973

À l'automne, un détail, absurde, revint à la mémoire de Marguerite : avaient-ils jamais retiré les photographies que l'on avait prises en ce lointain jour d'excursion à moto ?

Paul-Bernard les avait récupérées à l'époque et les avait oubliées. Lorsqu'il s'était rendu au laboratoire, Joël, le tireur, lui avait tenu la jambe pendant dix minutes sur la petite blonde qui suçait les deux mecs. Joël avait demandé, *Elle a une carrière dans la photo ? Elle fait du peep-show ?* Paul-Bernard, écœuré et jaloux, avait enfoui cette conversation au fond de son crâne et s'était gardé d'en parler à quiconque.

Désarçonné par l'appel de Marguerite, qu'il n'avait pas revue depuis des mois, et encore plus par sa demande, Paul-Bernard retourna au labo. Il y fut accueilli chaleureusement par le type, qui n'avait rien oublié de la session photographique *unique, merveilleuse, une vraie qualité technique,* redit-il. Paul-Bernard demanda innocemment, *Et si je voulais les vendre ?* Joël fut soudain froid, il les avait déjà vendues. Il prétexta, *Je pense que celles-ci sont encore un peu amateurs, il vous faudrait un peu plus d'expérience peut-être.* Il ne savait pas à qui il parlait. Le cadrage des photos que Paul-Bernard avait prises de Marguerite était impeccablement posé, les proportions idéales, la lumière était chaude, véritablement flatteuse, les ombres sur le visage de la jeune fille faisaient ressortir encore davantage sa beauté, son mystère, son attrait. *Quel genre d'expérience ?* glissa le réalisateur. *Je connais des gens qui ont l'habitude, qui font ça de leur vie, je peux vous les présenter si vous voulez*, répondit Joël, qui ne savait plus comment faire pour se sortir de cette conversation. *Ils gagnent beaucoup d'argent, ces gens ?* demanda Paul-Bernard. Le type du labo sembla confirmer mais il n'en savait pas grand-chose. *Il faudrait essayer*, dit-il. Ils se quittèrent ainsi et l'idée germa chez le réalisateur fauché.

Lorsque Marguerite vint récupérer les photos, Paul-Bernard ne dit rien de ce qu'il avait appris auprès du tireur, mais il tenta, *Je voudrais te reprendre, t'avoir rien qu'à moi, pour toujours*. Elle dit, *Non, Paul-Bernard, nous avons essayé mais je ne peux plus, je n'ai plus la force pour toi. Je dois vivre ou je vais en crever*. Il dit, *Je suis d'accord, pas comme ça, toi et moi, c'est impossible. Mais peut-on jouer une dernière fois à l'amour devant une caméra ? Ce serait comme un souvenir*, esquissa-t-il en manipulateur médiocre. Elle le regarda, il était suppliant, il disait n'importe quoi, elle sentit le parfum de mensonge, il était loin d'être irrésistible à cet instant. Elle dit, *Une autre fois peut-être, là j'ai mille choses à faire*. Elle n'avait rien à faire, sinon fuir cet appartement de Passy qui croulait sous le malheur et l'infortune. Elle comprit qu'elle avait eu tort de vouloir le revoir. Les photos lui brûlaient désormais les doigts. Elle prit la porte et décida qu'elle sortirait le soir pour se vider la tête. Au Tennessee peut-être.

Le lendemain toutefois, elle l'appelait. *C'est d'accord*, claironna-t-elle, à sa propre surprise.

*

À cet endroit, il n'y avait qu'une seule fautive : Belinda. Cette femme que Marguerite avait rencontrée au Tennessee il y avait si longtemps maintenant, elle l'avait recroisée ce même soir au club. Belinda n'avait d'abord pas reconnu Marguerite mais la jeune fille avait insisté, elle avait raconté qu'elle lui avait demandé de ne pas l'oublier quand elles s'étaient quittées. *Ah*, fit Belinda, rejetant ses cheveux en arrière dans la fumée néon, *je vois*. Marguerite l'ausculta un peu mieux : c'était une Noire tout en muscles, qui mesurait un bon mètre quatre-vingts ; il eût été difficile de lui donner un âge mais, dans son regard froid, on sentait une jeunesse lointainement épuisée. Elle demeurait une danseuse exceptionnelle et peut-être le corps ne servait-il plus qu'à ça, danser. Belinda prit aussitôt le bras de Marguerite et la conduisit hors du Tennessee. La foule nocturne disparut dans leur sillage. Elles furent alors à nouveau sur le boulevard, où flottaient quelques gerbes de lumière et un vent d'hiver. Marguerite se retourna vers le dancing : en lettres roses, la nouveauté de l'année, le lettrage TENNESSEE clignotait dans la nuit. Elles sautèrent dans un taxi. Où allait-on ? demanda la blonde. Belinda fit un geste de la main pour chasser la question.

Le taxi les déposa au Pré-aux-Clercs. Un petit appartement mansardé, éclairé à la bougie, où l'on venait et sortait. Des étudiants frayant entre eux, comme ensorcelés, des femmes étalées sur des coussins orientaux à même le sol, et, au milieu de cette drôle de foule, un homme avec une coupe en brosse qui nageait dans un sari orange en soie. Voyant Belinda passer la porte, il leva les bras et dit, *Thy hand Belinda !* Il se hâta en quelques foulées, il gesticulait comme un petit oiseau et il la prit dans ses bras. *Vincenzo, my darling, comment vas-tu ? Mal ?* Elle pouffa. Il protesta, *Mieux que toi, tu t'es vue !* Ils rirent de concert. Marguerite ne comprenait plus rien. Elle passa de nouveau en revue l'appartement : aux murs, quelques tableaux, le trait était effacé, fondu, les paysages laconiques, au sol, rien sinon les quelques gros coussins qui servaient à soutenir des Mata Hari à l'œil mou, à la langueur maladive. Elle s'aperçut alors que les étudiants étaient réunis autour d'un encensoir féerique, tout ouvragé et percé ici et là de poinçons qui traçaient des arabesques. Un parfum de réglisse et d'essence flottait. Ce ne fut qu'en déportant le regard vers la droite qu'elle vit les flacons et leurs ustensiles. Un appartement d'éthéromanes. Quelle étrange addiction, pensa-t-elle. Cela lui parut un peu triste. Vincenzo s'agenouilla dans les plis de son sari. Belinda, invitant Marguerite à s'asseoir, prit place dans le vêtement de Vincenzo, qui aurait pu accueillir encore une poignée de personnes tant il traînait au sol comme un tapis. Belinda et Vincenzo s'échangèrent un regard entendu. Vincenzo s'écria, *Nous sommes des éthéromanes purcelliens. Didon chantait « Remember me but forget my faith » et Belinda et moi avons un jour pris une bouffée d'éther et nous avons compris.* Marguerite feignait l'intérêt. Belinda enchaîna, *Nous avons compris cette phrase ! « Remember me but forget my faith ! » Depuis, je me fais appeler Belinda.* Vincenzo fit un signe de tête à Belinda, et, en un éclair, tous deux se levèrent, laissant Marguerite rêvasser dans cette foule étrange, ralentie, droguée. Ils revinrent l'un avec l'éther, l'autre avec un tourne-disque portatif fluo. Ils entamèrent ainsi leur rituel. Par grandes bouffées, ils inspirèrent le fluide couleur oubli et, aussitôt, pressèrent le bras de lecture contre leur disque de Geraint Jones. Belinda n'eut pas à forcer Marguerite, cette dernière se laissa parfaitement faire, étirant un large sourire quand elle eut les premières vapeurs au nez. Kirsten Flagstad commença alors à proférer ses sortilèges. Le corps de Marguerite sembla se flouter, disparaître dans le sari orange, Belinda lui parut lointaine et pourtant, elle entendit sa respiration plus fortement que si elle se tenait dans ses bras, Vincenzo lui sembla horrible et laid. Elle laissa tomber sa tête sur le sol. *When I Am Laid in Earth.* Elle revit la soirée au Tennessee, mais plus encore, elle revit la nuit sur la péniche. Elle avait déjà entendu cette chanson à cet endroit précis. Elle crut, dans le brouillard de l'éther, pouvoir y retourner. Elle ferma les yeux. Elle sentit sur sa peau la brûlure froide de la Seine, elle perçut dans ses cheveux les vents portés par la nuit, elle entendit le rire de Linda, dans son sommeil de brouillard elle articula, *Reviens, Linda, ne m'abandonne pas.* Puis elle se rappela les bras de Paul-Bernard, elle se vit tout entière dans ses bras alors qu'il la repêchait des flots. *« Remember me but forget my faith », ça veut dire souviens-toi de moi mais oublie mon destin*, Vincenzo, à travers les nappes de la dérive, se perdit lui-même en répétant sa traduction. Cela n'avait aucun sens, c'est vrai, et pourtant, dans l'éther, Marguerite crut elle aussi comprendre. *Je peux me souvenir de quelqu'un mais tout oublier de sa destinée*, marmonna Belinda dans le creux de l'oreille de Marguerite qui perdait contact avec le sol. *Ce serait alors être tout en n'étant plus rien*, reprit, comme un refrain, Vincenzo. Marguerite marchait désormais dans la phrase comme dans un palais des glaces. Souviens-toi de moi, mais oublie-moi. Oui, pensa-t-elle, oui, c'est exactement ça. On peut demeurer dans le temps et se défaire de la vie. On le peut. De ses doigts, elle caressait le sari, il lui sembla d'une douceur animale, pareil à une peau froide. Que reste-t-il de moi si je n'ai plus mon passé ? Elle revint sur sa pensée et formula la chose ainsi : Que reste-t-il de moi si ma mémoire est dissoute ? Il demeure une image. Et là, devant cette glace qui projetait encore mille autres glaces, elle s'arrêta. Elle ouvrit les yeux. Elle eut envie de faire l'amour. Elle se jeta sur une Mata Hari et l'embrassa à pleine bouche. Belinda, qui surveillait la petite débutante, la saisit à la taille et l'éloigna. Elle dit, *Laisse donc les chats tranquilles !* Marguerite se frotta les yeux. L'appartement était vide, les murs gercés de moisissures. On entendit le ploc-ploc d'un toit qui dégouttait dans la pièce. Plus d'étudiants, plus d'encensoir, seul Vincenzo au sol, son petit tourne-disque à côté de lui. Il portait un pyjama rapiécé et taché en coton bleu nuit. Belinda la retint par la taille pour qu'elle ne tombe pas. Marguerite voulut hurler mais le son ne lui vint pas. Elle dévala les escaliers et fila sur le boulevard Saint-Germain, à la recherche d'un taxi qui pourrait l'emporter loin, très loin, de ce cloaque.

Le lendemain, après un sommeil profond, elle appela Paul-Bernard et lui dit, *C'est d'accord.* Elle ajouta, *Tu vas en faire un film, pas vrai ?* Surpris, il dit, *Oui, j'aimerais bien, j'allais t'en parler.* Elle répondit du tac au tac, *Impec, c'est ce qu'il me faut.* Il n'en crut pas ses oreilles. Elle avait déjà raccroché. Elle rêvassa en reposant le combiné.

Forget my faith : son image dans la bande d'un film, rejouée pour l'éternité, inoubliable et pourtant déchargée du temps. *C'est inoffensif,* dira-t-elle à Pierre des années plus tard. Inoffensif comme l'abandon, comme l'éther. Ces deux-là n'avaient pas fini de s'aimer, trouver d'autres modalités, croyait-elle, suffirait pour revivre un peu leur histoire. Et, après tout, n'avait-elle pas promis de le sauver ?

*

La pièce était d'un blanc de chaux, monastique. Le lit était légèrement de travers, un peu surélevé pour améliorer la perspective de l'optique. Elle était nue, elle avait froid. Joël bavardait avec Paul-Bernard qui lui donnait des consignes, ce dernier faisait des gestes, pointant les arêtes d'un cadre imaginaire, prévenant d'une chronologie. Il faudrait zoomer, puis rouvrir le cadre au moment opportun, ne pas laisser la caméra s'endormir, les plans fixes ne rendent pas justice à deux corps emmêlés. Moteur, action. Ils furent nus tous les deux, face à face, Paul-Bernard mou, Marguerite battant la campagne. Marguerite ne savait plus quoi faire de son corps, de son regard. Ce qu'elle avait su d'instinct ce jour d'été passé lui paraissait étranger et proprement incompréhensible ce jour-là. Elle s'approcha de lui malgré tout, voulut toucher sa peau, son cou. Combien de jours avaient passé depuis la dernière fois qu'elle l'avait embrassé ? Au contact de sa peau, sentant la chaleur qui doucement émanait de lui, elle se sentit projetée dans un passé qui demeurait hors d'atteinte, elle était comme toute proche, mais semée à la porte. Elle ferma les yeux, elle percevait pourtant l'envie, tel un fil aérien qu'il eût suffi de saisir. Elle passa la main sur les épaules de Paul-Bernard, sur ses bras, elle alla retrouver le dos, ses omoplates, ses reins, elle caressa ses fesses. Dans l'oubli, elle voulut comme cartographier. Elle allait le faire, coucher avec lui, mais d'une manière étrange, ainsi que l'on récite une poésie mal apprise, faisant trop attention à la justesse, à ce que se suivent les gestes, tant, à l'intérieur même de l'action, logeait l'imminence de la perte et de la disparition. Il passa les bras autour de son corps à elle, la pressa contre lui, il voulut ainsi sentir ses seins, son odeur, effleurer de son sexe mou son bassin. Il voulut qu'elle lui appartienne sans que cela soit pour de vrai, il voulut qu'elle le cajole puis l'abandonne. Il souhaita qu'elle soit à lui mais sans en payer le prix, sans se haïr. Ils étaient véritablement deux loques, Joël trouva cela d'un ennui un peu dégueulasse. Il tourna néanmoins la molette de l'optique et le cadre s'avança vers eux. La lumière leur tombait, pâle, dans le cou, les rasant. Marguerite se baissa pour prendre entre ses lèvres le sexe de Paul-Bernard. Elle s'appliquait, ne savait plus si c'était le désir ou simplement un texte déjà écrit pour elle, comme produit par la présence de la caméra. Il feignit également, levant les yeux au ciel, posant sa main sur la tête blonde. Ce n'était pas qu'ils jouaient faux, c'était, au contraire, qu'affleurait encore la réalité. C'en était banal, gênant. Marguerite fit des regards caméra qui étaient déchirants de sincérité : elle ne savait pas ce qu'elle faisait là, dans cette chambre, à rejouer l'amour. Paul-Bernard eut des gestes pataudes, contrits, il la prit finalement, oubliant de faire attention au cadre. On ne vit plus que ses fesses qui s'agitaient entre les cuisses de la jeune fille. Joël intervint, gêné. On s'y reprit, pas sans quelques rasades de whisky. Marguerite avait cru qu'elle eût préféré être sobre pour ne rien oublier, elle s'aperçut qu'il faudrait que ce soit l'inverse. Elle but suffisamment pour sentir la chaleur de l'alcool jusque dans son ventre, brûlant d'un feu doux quelques secondes. Et, dans la vapeur de son ivresse passagère, elle parut enfin démêler la situation : il était inutile de s'appliquer à être ce qu'ils avaient été, heureux, amoureux, le bonheur passé n'était plus le sujet, s'attacher à le rejouer n'était pas se souvenir, c'était au contraire s'enterrer, admettre de toutes leurs forces qu'ils n'étaient simplement plus. Alors, se resservant du whisky, prenant une cigarette à Paul-Bernard, elle eut l'idée de reconquérir la caméra, de lui faire voir autre chose que deux corps séparés l'un de l'autre par une tristesse trop immense pour qu'elle fût union, elle songea à recomposer leur chimie par une soif nouvelle, différente de toutes celles qui les avaient jetés l'un vers l'autre jadis, et qui serait comme une bataille, pas exactement une vengeance, mais au moins le jeu reconduit d'un corps contre le sien. S'ils ne s'aimaient plus, s'ils n'étaient plus eux-mêmes, alors ils deviendraient deux autres. Et cela, ils le feraient pour la caméra, pour ne pas se quitter, pour rester unis dans un couple brisé et séparé en deux pour l'éternité, délaissés par cette compassion qui n'avait pas pu sur eux tomber. Elle dit, *Fesse-moi.* Il s'exécuta. *Prends-moi*, il la prit. Elle ne voulait pas se laisser abattre, se faire voler cet instant, elle se fit sèche, affamée, cruelle. Il en garda longtemps des traces de griffures dans le dos. Bientôt elle se rhabilla, le laissant meurtri dans le lit blanc suaire. Elle se posa derrière Joël, prit l'optique et fit un zoom avant sur Paul-Bernard, le corps encore convulsant et nu, le sexe retombant, le souffle court. Peut-être songea-t-elle à la vengeance, brièvement. Elle jugea alors que le film était prêt. Joël, encore sous le choc de la hargne de la jeune fille, lui obéit et coupa. Elle demanda, s'apprêtant à quitter la pièce, *On peut se faire combien avec ça ?* Il la jugea avec la fascination un peu morbide de celui qui sait que la proie est serrée, il dit, *Beaucoup*. Elle jeta un regard vers Paul-Bernard qui se rhabillait à son tour. Il ne savait plus quoi penser d'elle, il avait le sentiment d'avoir fait une erreur. Elle lui dit, *Garde cet argent, tu en as besoin, et rappelle-moi pour la suite, ce sera pour moi.* Elle disparut, laissant les deux hommes incrédules avec leur film, assez mauvais, incrusté dans les bandes ; leur virilité désolée devant un tel pragmatisme. La pornographie a cela d'étrange qu'elle surprend les hommes qui la font, ils n'en reviennent pas que ce ne soit jamais que *ça*, la nuit sexuelle leur apparaissant dès lors comme une gesticulation qui tient davantage à l'endurance des joueurs qu'à leur grâce. Les femmes, elles, le savent déjà, peut-être le savent-elles d'avant l'invention de la caméra, peut-être depuis toujours. Elles connaissent les règles du jeu qui attendrit les hommes, la danse curieuse que leur sortilège requiert et qui les laisse, eux, désarmés, à portée de main. Marguerite apprit cette leçon-là en un éclair grave et ancien. Cette vérité soudaine l'abattit et la rassura en même temps. Elle se souvint qu'elle avait toujours eu le désir d'être dans l'atmosphère, reproduite à l'infini comme la voix de Linda. Elle finirait par rejoindre ce monde étendu et sans plus de règles, la grossissante et chaotique dimension de la reproduction technique, son extension illimitée sur le monde, sur le commerce et sur la vie.

Quelques semaines plus tard, Paul-Bernard l'appela, *Il te faut un nom de scène.* Elle dit, *T'en as un, toi ?* Lui, *Burt Triengojt.* Elle explosa de rire. *C'est une blague ?* Il était pantois, blessé comme un enfant, *Réponds-moi plutôt que de rire... Veronica Billa*, dit-elle, hilare. Elle avait préparé ce nom loufoque depuis des jours déjà, renseignée par Joël des coutumes du milieu. Elle ajouta, *Monsieur Triengojt et madame Billa sont sur un bateau, Burt tombe à l'eau. Qui reste-t-il ?* Paul-Bernard, *Eh bien, Veronica ?* Elle, *Faux ! Il ne reste personne !* Elle raccrocha. Il se demanda si elle se droguait. Oui, elle se droguait. Elle devenait à son tour une éthéromane, de ces femmes qui se firent sorcières pour oublier qu'il y avait eu un homme. Peut-être se ferait-elle tailler un sari orange avec son premier cachet, un grand sari de soie brodée, qui tomberait au sol comme un tapis et sur lequel chacun pourrait venir s'asseoir, elle siégeant au sommet de la montagne de tissu satiné. Alors, du haut de son rêve brodé de fil d'or, elle dirait, *Je ne suis qu'une image dans mon tombeau de Carthage.*

D'aucuns diraient qu'elle devint cinglée, d'autres, qu'elle survécut à l'amour.

Paris, 1974

Ils s'évitèrent – le vide des journées ; le silence des matins ; leurs souvenirs paraissaient s'effacer. Il ne restait, flottant comme un voile, que la promesse qu'ils s'étaient faite : ils y retourneraient, à cette chambre blanche vidée du destin. Alors, lorsque Paul-Bernard revint, Marguerite lui sourit. Elle dit, *Je pensais ne plus jamais te revoir...* Lui, *Ç'aurait été dommage... Tout a été dommage...* railla-t-elle. Mais elle avait promis d'être là avec lui dans leurs images. Ils nagèrent dans les bonheurs que leur offraient leurs cachets : vapeurs de champagne, bribes de voix, couchants dans le Sud. Lui, sans elle. Elle, sans lui. Pourtant ils vivaient l'un pour l'autre, l'un dans l'autre. Parfois il se demandait où elle était, comme il l'aurait fait d'un jouet délaissé.

Un soir où les pavés doraient sous les réverbères et où la nuit bruissait d'éclats de verre, passant devant la rue

Soufflot, il dit, *C'est confortable, pour toi, cette situation ?* Marguerite rit lourdement. Le temps dessèche ce qu'il inonde. Elle faisait comme si, comme ça, et regardait s'ébattre entre leurs rives un vieux fleuve mourant. Demain, ils tournaient.

*

Intérieur jour. Un palais ancien, rococo, tarte à la crème du beau siècle, le vent sifflait dans les fenêtres, la moisissure avançait vers les poutres, tout un jour prochain s'effondrerait. Les caméras tournaient, les moteurs ronronnaient dans le vide comme au départ d'une course automobile. Des caméras, il y en avait quatre. Paul-Bernard s'agitait. Joël, à la tête des assistants, se rongeait les ongles, il était en charge de six assistants désormais, sans compter la maquilleuse, la costumière et la scripte. Les plus robustes assistants se pressèrent de visser les rails pour le travelling initial. Il y avait là plus de cinquante mètres à parcourir, la première image serait un long plan-séquence suivant le pas de la comtesse dans les salles du premier étage du palais. D'abord un couloir, ensuite un salon de lecture, puis une salle de bal où le parquet vermoulu avait demandé une extrême prudence lors de l'installation des rails, ensuite le vestibule, enfin, un deuxième salon où le mobilier baroque servait à entasser les acteurs nus, masqués. Paul-Bernard avait voulu une image d'une grande opulence, un sentiment de vertige et de liberté devait saisir le spectateur avant même la première scène érotique. Les rails traversaient la pièce jusqu'à viser une large fenêtre ornementée dans laquelle se perdait la campagne picarde. Lumières. On respira un grand coup. Moteur. Certains croisèrent les doigts, les assistants surtout. Action. Paul-Bernard se laissa porter par le mouvement mécanique. Dans l'optique, Marguerite apparut, de dos. Elle fit mine de se retourner vers la caméra mais elle regarda le réalisateur – cela faisait bien longtemps qu'elle savait dompter les regards caméra. Soudain, elle posa un pied devant l'autre, sa robe à crinoline se mit à faire de courtes lévitations dans de fébriles bruits de tissu flétri, les assistants poussaient la machine dans son sillage. Elle ouvrit la porte du couloir, toujours suivie du réalisateur, et entra dans le salon de lecture ; là, elle tourna la tête à gauche, à droite, son cou noble animé de légers mouvements de chair dans l'optique. Elle partit vers la droite, caressa le velours rose passé d'une méridienne Louis XV, à nouveau tourna légèrement la tête vers la caméra, mimant la malice, jouant celle qui voulait être suivie. Elle sortit du salon, entra dans la salle de bal dont l'optique agrandissait les voûtes peintes de scènes d'Astrée. Là, elle fit des pirouettes et tendit les bras en s'élançant en l'air comme une étoile. La robe parut suspendue au ciel ; sautillant, elle devait en faire suffisamment voler l'étoffe pour que la caméra puisse saisir le début de ses dessous. Elle avait répété la scène, tout se passa sans accroc, elle quitta enfin la salle de bal, la caméra à ses trousses. Elle se tourna encore, empourprée déjà de maquillage et du sang qui montait à ses joues.

Arrivant dans le vestibule, elle tenta de fermer la lourde porte d'entrée, puis, accélérant encore le pas – les assistants commençaient à suer à grosses gouttes –, elle entra dans le grand salon en poussant la porte aux battants capitonnés et s'arrêta. Marguerite se trouva ainsi au centre de la pièce, où l'attendaient deux autres caméras, gauche, droite, pour les plans suivants, et six acteurs : deux filles – costumes plus dénudés que la comtesse, porte-jarretelles déjà apparents et bustiers brodés d'où sortaient des seins lourds et poudrés –, quatre hommes – cuissardes de cuir bon marché au long laçage qu'on défaisait sur le côté intérieur, tuniques blanches que l'on avait recoupées plus haut que les originales pour que leurs verges et leurs pubis soient visibles dès le premier plan. Regardant la troupe, Marguerite fit un signe de surprise affectée. Les acteurs, qui étaient restés immobiles, se mirent alors à bouger lentement comme le réveil d'un ballet ; Paul-Bernard panota pour les saisir dans toutes leurs positions : ici avachis l'un sur l'autre dans un fauteuil crapaud, elle brune au ventre potelé, sa peau blanche marbrée par les ombres de ses plis les plus charnus, carré de garçonne d'où sortait un collier de perles ; lui, blond d'une vingtaine d'années à la nuque longue, tombant sur des épaules curieusement sèches, sexe pendant, démesuré, perdu dans des poils bruns ; là une jolie fille châtain aux pommettes saillantes, deux petits seins, elle parut se cacher derrière un guéridon de marqueterie, farouche ; plus loin, se caressant derrière des rideaux, deux angelots au physique juvénile, dix-huit ans au mieux, ils jouaient les pages.

La caméra revint sur son axe et Marguerite se tourna alors complètement vers l'optique, lui lança le regard interdit et, de sa main droite, fit signe de s'approcher. Reculant, elle l'emmena plus loin, on entendit craquer les rails sur le sol, puis elle quitta le champ brusquement. Dans le cadre, il ne restait, derrière la fenêtre de verre soufflé, que la campagne picarde. Une prairie à peine vallonnée où venait fleurir la bruine du matin. L'innocence du monde ancien à perte de vue. Cela servirait de fondu enchaîné avant de passer à la scène de fessée. *Coupez !* Paul-Bernard sauta de son chariot, ravi. *C'était impeccable*, dit-il, *ne refaisons que la scène du salon, au cas où*. Chacun reprit sa place. Moteur, action.

Marguerite quitta les gaffers, elle alluma une cigarette. On ne tournerait sa scène qu'en fin de matinée, une clairière les attendait. Les pages reviendraient de la chasse et trouveraient la comtesse esseulée dans la nature à n'en plus finir. Il fallait que le soleil soit zénithal pour que la scène fonctionne. Elle monta alors les marches du grand escalier d'honneur. Sous ses mains, les complications tarabiscotées du granit. Au palier, elle trouva Angelo, une tasse de café proche de son visage. Il avait l'air mal réveillé, des cernes où venaient loger comme des hématomes, le teint blanc tirant sur le vert, sa veste de cuir, éternelle veste de cuir, qui tombait sur des bras fébriles. Peut-être avait-il perdu des cheveux récemment. Elle ne l'avait pas revu depuis si longtemps – ce n'était pas tant la durée que la sensation de la durée : elle était une autre personne la dernière fois qu'ils s'étaient vus. Elle l'embrassa chaudement, projetant les baleines de sa robe contre le petit corps usé du chanteur. Il dit, *Tu es magnifique.* Il s'éloigna pour mieux la voir. La fumée de la cigarette volait sur un visage masqué de maquillage criard, les yeux bleus n'avaient pas changé, à peine montraient-ils désormais une plus grande finesse, causée par ce que la vie prend, occasionnant à cet âge non pas des signes de vieillesse, mais des signes de sérieux. Il s'attarda sur la robe : tourbillons et cascatelles de tulle et de taffetas irisés, enserrés à la taille dans une grande couture de fil argenté qui, elle, soutenait un bustier aux motifs floraux, nocturnes. Elle dit, *Ça en jette alors ?* Elle fit une pirouette, la robe s'agitant de bas en haut en un concert de vagues, telle était sa fonction, elle ondulerait ensuite longuement comme un ressort. Marguerite semblait joyeuse. Elle tira une large bouffée de tabac. Il alluma sa propre cigarette. *Tu veux du café ?* Il la servit, prestement. Il ne savait plus tellement où il était. Il était venu jusqu'ici pour composer la musique du film, son orgue électronique était branché dans une chambre non loin. Il avait oublié que Marguerite serait là. Il ne sut départager la joie et la tristesse de la revoir. *Tu as des nouvelles de Linda ?* s'enquit-il. Il parla comme un menteur, trop vite. Marguerite, *Non, aucune, plus depuis longtemps, et toi ?* Il ne répondit pas, s'asseyant sur les marches tourbillonnantes du grand escalier, il recracha une fumée bleue, épaisse. Elle voulut prendre place à côté de lui. La robe l'en empêcha. Elle rit à voix basse. La regardant s'agiter, il rit aussi. Se releva et vint l'aider à s'asseoir. Les baleines volaient désormais sur ses jambes, comme des paraboles. Jamais, pensa-t-elle, il n'y eut d'autre sentiment que de la chaleur et de la bonté dans le regard d'Angelo. À peine ses yeux pouvaient-ils se ternir de tristesse ou d'inquiétude. Elle s'en sentit le cœur lourd. Elle aurait voulu prendre sa tête contre son ventre et dire quelque chose qui avalerait immédiatement le passé. *Alors, actrice ?* finit-il par lui dire, tandis qu'elle rêvassait, plongée vers lui. *Oh, je rends riche Paul-Bernard, voilà l'affaire.* Elle tenta de rire, n'y parvint pas. *Si tu n'aimais pas*, dit-il, *tu partirais ?* Surprise, elle répliqua immédiatement, *Pour aller où ?* Il haussa les épaules, ralluma son mégot et continua, *Tu sais que tu pourrais toujours venir à la villa, chez moi.* Elle pouffa, *Ah, c'était ça !* Comme attaqué, Angelo protesta. Marguerite se tourna vers lui mais il n'y avait toujours rien d'autre que sa bonté, érodée par l'abattement. Elle dit, *Oh, laisse, je t'ai toujours mal jugé.* Il voulut savoir pourquoi. Prenant son souffle, laissant son regard partir vers les boiseries qui surmontaient l'escalier, elle tenta, *Nous deux, nous aurions été heureux, c'est curieux, tu ne trouves pas ? Nous sommes du même moule, toi et moi. C'est eux qui étaient...* Il la coupa, *Ils étaient d'une nature supérieure, quand nous étions d'un genre qui tombe amoureux en entrant dans la pièce.* La cigarette de Marguerite s'éteignit. *Voilà.* Elle voulut l'embrasser, remonter le temps. Parcouru de la même idée, il la chassa en disant pour eux deux, *C'est trop tard.* Elle laissa glisser sa tête contre son épaule de cuir, *Infiniment trop tard.*

En bas, on entendait l'agitation du plateau qui montait en écho dans l'escalier. Les assistants qui s'activaient autour des installations électriques, la maquilleuse qui pressait son monde, Paul-Bernard qui criait des ordres inaudibles au perchiste. Passant à côté d'eux, l'un des deux pages descendit l'escalier, nu comme un ver, il avait perdu ses chaussures. Les avaient-ils vues ? Face au garçon, sa gentille tête ronde apeurée, son sexe néanmoins dressé, les deux amis éclatèrent de rire. Marguerite profita de cet instant pour s'approcher encore d'Angelo et passa son bras autour du petit corps séché. Elle crut y entendre battre son cœur comme dans une machine brisée dont un souffle persiste. Elle respira l'odeur de tabac et de pétrole qu'il dégageait toujours, elle aperçut dans ses boucles les premières traces argentées de l'âge, elle s'en sentit lourde, maternelle. *Toi, tu m'appellerais si ça n'allait pas ?* Il fit signe que oui. Elle n'y crut pas. Il pensait gêner son monde, c'était plus fort que lui, il s'enterrait, préférant mourir de faim qu'appeler quelqu'un. Marguerite n'eut pas la force de le juger, elle aurait fait pareil. Tentant quelque chose, elle demanda, *Il y a quelqu'un dans ta vie en ce moment ?* Il la dévisagea, *Non, et toi ? Oui*, rit-elle, *un chat*. L'idée lui plut, il dit alors, *Appelle-le Minou*. Un sourire se dessina sur ses lèvres. *J'aimerais bien appeler un chat Minou*, continua-t-il. Le soleil se reflétait sur les vitraux du vestibule, projetant des éclats verts et rouges sur le sol. Il faudrait bientôt aller à la clairière, on irait jouer à l'amour sous un ciel bleu qui ne gâcherait rien. Il la redressa puis, s'approchant, l'enlaça.

Ça ne dura qu'un instant. Ils descendirent l'escalier sans plus un mot, certains cependant de se porter l'un l'autre une compassion sans limites, de celles que les amours blessées accordent au genre humain.

Dans les vallons d'herbes hautes, toute la petite troupe partit en direction de la clairière, les perches volaient au-dessus des têtes, Angelo soutenait la robe de Marguerite qui, d'un pas incertain, avançait à travers des fourrés. Paul-Bernard les suivait de près, leur répétant quelques instructions. Les pages, à leur suite, marchaient d'un pas gai, bravache. Qu'ils soient encore puceaux aurait été envisageable, à voir leur entrain et leur maladresse. En cela, Paul-Bernard jouait des codes de l'autre cinéma, les non-professionnels resteraient une de ces obsessions. La trivialité et le sentiment de faux qu'ils donnaient malgré eux à l'image le captivaient et, dès qu'il le put, il prit sous sa coupe quelques idiots pour voler comme des oiseaux en cage dans ses petites fabrications. À l'intérieur des structures rigides de ses films pornographiques furetait ainsi une innocence bouffonne, adolescente, qui déridait les plus méthodiques des actrices, les plus mécaniques des partouzeurs. Ils arrivèrent près de la clairière, derrière eux les longues rallonges s'étendaient en lacets jusqu'au palais. On déplia une nappe blanche sur les herbes ployées. Marguerite fit signe à la costumière, celle-ci s'approcha et dénoua la partie supérieure de sa jupe bouffante ; on prit alors les baleines et elles furent remises à un assistant qui s'empressa de les rapporter au portant. Désormais, elle ne portait plus que son bustier et une traîne de tulle. Elle s'allongea alors sur la nappe et reposa sur ses coudes, attendant le début de la scène. Là, une jeune femme s'approcha, la scripte, c'était son premier tournage, elle était une amie ou une cousine de Joël, on ne savait pas très bien, elle dit, *Avez-vous besoin de relire le texte ?* Marguerite pouffa et jeta sur la jeune fille un regard noir. *Non, ça ira comme ça, ce n'est pas du Racine. Vous êtes nouvelle, non ?* La scripte, *Oui, c'est mon premier jour, j'apprends encore...* Marguerite l'ausculta brièvement, elle devait avoir son âge. Jolie. Sotte, peut-être. L'actrice lui demanda, *Comment vous vous appelez ?* La jeune femme, *Isabelle, moi c'est Isabelle. On peut se tutoyer ?* Marguerite approuva et lui rendit un sourire avant de la chasser, les pages approchaient de la clairière, il faudrait tourner la scène où ils se cacheraient derrière des arbustes pour reluquer la comtesse. Le ciel était clair, le soleil, bien que froid, départageait la clairière des bois environnants. Au-dessus de la troupe volèrent quelques tourterelles. La journée était agréable. Angelo, derrière Paul-Bernard, fixait avec inquiétude, déconcerté, la jeune Marguerite qui était désormais le centre du monde et s'en réclamait. Cet endurcissement soudain de la jeune fille qu'il avait connue sur la péniche ne lui garantissait pas l'apaisement de Marguerite, il devinait en elle tout ce qu'il y avait à savoir : rien d'autre qu'une brisure précoce, un amour retiré dans une jeunesse confuse. Suffisamment pour devenir si vite, si brutalement, une de ces grandes reines froides aux yeux métalliques, quelque chose comme Didon à la veille de son trépas. À travers son viseur, Paul-Bernard ne détournait plus les yeux de sa proie, tout de son cadre s'ajustait à elle, rien qu'à elle. Le chanteur comprit sans se l'expliquer cette étrange relation. Il ne put s'empêcher de penser que si le monde avait été plus évident, peut-être plus à l'endroit, ils auraient pu s'aimer en tête à tête et non pas par l'intermédiaire technique, pervers, des caméras, des lumières électriques et des scènes où venaient d'autres hommes, d'autres femmes. Le moteur ronronna soudain. Les perches furent tendues vers l'actrice. Les deux gamins au fond de la prairie apparurent, leurs fesses blanches lacérées par les graminées urticantes, deux pantins chancelants qui se retenaient de se démanger, remerciant leur puberté pour l'érection qui seule les maintenait concentrés. Moteur. Action.

Le soir même, *Sarabandes X* serait fini. Un succès jamais démenti de Burt Triengojt, peut-être le sommet de son art. Pas encore un de ces films sophistiqués comme il en ferait plus tard pour prouver on ne sait quoi à on ne sait qui, seulement la beauté d'un lieu, d'une idée simple, l'amour déchirant qui se lit d'un cadrage et la tension folle, dramatique, de la poursuite d'une caméra à la traîne d'une jeune femme libérée. Une actrice ravagée de tristesse et pourtant reine en son petit pays, cette comtesse en crinoline régnant sur quoi, sinon son triomphe de l'amour. *Sarabandes X* resterait cette étrange lettre d'amour envoyée par un homme qui s'était déçu à une femme qu'il avait jetée sans se le pardonner. La tentative d'un rattrapage impossible, sinon devant les caméras, des souvenirs que Paul-Bernard avait brisés. En somme, la réplique lointaine de ces bandes qu'on lui avait volées à Saigon en 1953.

Paris, printemps 2018

L'océan montait insensiblement jusqu'à l'horizon nuageux. Minh, depuis le quai, regarda partir le porte-conteneurs. Elle vit les eaux remuantes qu'il recrachait comme une baleine d'acier, la fumée noire de son moteur qui s'élevait en volutes. Saisie par l'effort et le temps perdu à faire porter quelque trois cents pierres de taille à bord du géant des mers, elle se surprit à lui envoyer un signe de la main. Elle qui dédaignait les langages symboliques, ne s'y prêtant jamais que par coutume et pour ne pas se distinguer davantage, fut impuissante cette fois-ci devant la simplicité étrange des doubles sens que le deuil accorde aux choses minuscules. Elle avait songé à verser les cendres d'Alexandre par-dessus les pierres, elle avait craint la vulgarité du geste. Elle avait demandé à Pierre son avis, il avait eu une idée : en creuser une, y verser le contenu de l'urne. Elle quitterait Le Havre quelques heures plus tard, pleine de pensées lourdes qu'elle chasserait, s'y épuisant, y aiguisant son humour jusqu'à ce qu'elle n'en puisse plus. Une fois dans le TGV, elle prit un Lexomil. *Le sel des jours heureux*, lança-t-elle, sur l'air d'une blague entendue, à sa voisine de première classe. Un ange passa.

Minh retrouva Pierre dans un restaurant de la gare de l'Est. Il l'attendait à l'intérieur, assis devant un aquarium lumineux où défilaient quelques poissons orangés dans un décor de bulles et de château enfoui. Elle s'assit à sa table, elle rit de son retard. Elle dit, *Il ne faudra pas me laisser t'accompagner à l'avion, tu le raterais !* Il lui sourit. Les mains de Minh bougeaient nerveusement sur la table, il la sentait proche de l'explosion. Il n'en dit rien. Elle plaisanta, *Je nous ai amenés ici pour que tu révises ta cuisine vietnamienne*. Elle commanda pour deux. Elle avait lu qu'il s'agissait du meilleur bo bun de Paris. Si cela n'avait pas été le cas, elle n'aurait pu en juger. Pas plus qu'elle n'aurait su qu'on ne mangeait pas tellement de bo buns à Saigon. De ce qu'on croyait être son *identité*, elle ne connaissait que les images transversales, brouillées par les aléas de la traduction et de la distance. Au fond, ce que les Français faisaient de la patrie lointainement quittée par sa mère, c'est cela qui était son identité. Toute sa vie, elle avait pris à la lettre les rumeurs, les clichés, les idées que l'on se faisait de ses yeux bridés, de ce léger hâle tirant vers le jaune qui teintait sa peau, elle n'avait pas eu besoin de plus et n'avait jamais pensé à y aller, même si elle avait visité la Thaïlande et le Japon – toujours en Française, en femme qui voulait un café et un croissant le matin. Sur cette identité brisée en morceaux mal recollés par les dérives et les approximations de l'émigration, elle avait fondé sa liberté. Pensant à cela, elle dit à Pierre, *Moi, je n'ai jamais voulu y aller*, elle pouffa, *ce serait un cauchemar que l'on me prenne pour une locale alors que je ne sais rien dire en vietnamien, pas même merci... Tu imagines la scène ?* Elle demanda qu'on leur apporte des couverts. Pierre, à qui cette femme avait étrangement manqué depuis la projection de *La Légion*, l'interrogea sur le transfert de leur cargaison. Elle posa devant elle un carnet où elle avait noté, étape par étape, le voyage des pierres. Elles arriveraient sur la côte, puis seraient conduites par transport routier. Alors seulement, elles seraient livrées dans un entrepôt plus ou moins proche de l'église abandonnée. Il faudrait que Pierre trouve là le moyen de finir le voyage, elle avait eu beau essayer, elle n'avait pas réglé la question. S'il n'y parvenait pas, il pourrait l'appeler, dit-elle.

Puis, plus sérieuse qu'elle ne l'avait été jusqu'ici, elle lui dit, *Et si jamais tu n'y arrives pas, si tu veux rentrer, s'il se passe quoi que ce soit, je t'en prie, rentre ! Je crois qu'il faut que cette histoire soit une affaire d'intentions, sinon...* Elle lui servit un verre de Tsingtao, s'en versa un. *Tu ne vas quand même pas vraiment reconstruire l'église ?* Elle avait peur soudain d'avoir jeté un gosse dans une idée à la con d'Alexandre qui allait se refermer comme un piège sur lui. Elle commençait à mesurer ce qu'elle lui demandait. Pierre haussa les épaules, il lui sourit et murmura,

Je n'ai aucune idée de ce que je vais faire. Le tout, c'est d'essayer... Elle parut rassurée. *Tu vas quitter le cinéma ?* demanda-t-elle alors. Pierre confirma, il lui raconta le petit boulot à la caisse, lui dit qu'auparavant il travaillait dans la distribution. Il poursuivit, *Mais j'ai tout arrêté, je ne sais pas tellement pourquoi.* Il continua sur la narcolepsie, sur le voyage à Saigon où il croyait avoir eu les premiers symptômes. Il lui tendit son téléphone : le fond d'écran lapin était toujours affiché. Elle se perdit dans un rire tonitruant. Derrière eux, on se tourna pour juger la bruyante.

Minh prit les mains de Pierre dans les siennes, elle avait remarqué leur tremblement, sa difficulté à les garder posées, elle intima, *Ce que tu t'apprêtes à faire, fais-le pour toi.* Il opinait. Elle chercha à capter son regard, à y vérifier qu'il comprenait, qu'il n'allait pas faire une connerie. Le trouvant, elle ne le supporta qu'un bref instant. Ce qu'elle y avait perçu, c'était ce qu'elle s'évertuait à éviter : une image obscurcie, abîmée, de l'épuisement, du deuil. *Alexandre*, dit-elle alors que le soir avançait dans le restaurant vietnamien, *avait un cinquième sens avec les gens. Il ne tient pas ça de moi et certainement pas non plus de son père, sinon nous ne nous serions pas mariés... Peut-être tenait-il ça de ma mère, elle lisait dans les gens elle aussi. Il t'a apprécié au premier regard, je lui ferai donc plus confiance qu'à moi-même. Je regrette*, son visage s'empourpra, parut vieillir, *que tu l'aies rencontré si tard, il aurait eu besoin d'amis comme toi... avant.* Pierre fut rattrapé par une onde de tristesse. Il sentit les larmes monter. Sa fourchette tomba sur la table. Le bruit métallique rappela Minh des lourdes pensées dans lesquelles elle était partie et elle vit, avec une délicatesse étrange, comme un fantôme qui se pose sur le bord d'une fenêtre, le jeune homme basculer dans un sommeil léger. Elle regarda autour d'elle, par réflexe, comme si elle cherchait un médecin ou quelqu'un qui pourrait lui assurer que Pierre n'était pas mort. Puis, paniquée, elle lui fila un coup de pied sous la table. Il revint instantanément. Il dit, clignant des yeux pâlis, *Je me suis endormi ?* Elle reprit ses esprits, le trouva adorable et lui dit, *Mais non, voyons, c'est simplement la conversation des vieilles dames qui t'ennuie !*

Ils quittèrent le restaurant et descendirent le canal Saint-Martin à pied. Les grands réverbères se perdaient dans l'eau. Des cyclistes passèrent. On buvait ici et là des bières, des cigarettes étaient fumées, ils marchèrent à pas lents au milieu des passants, insensibles au monde, captifs l'un et l'autre de leurs mondes secrets. Il penchait un peu la tête vers elle, pour l'entendre, pour rester plus proche. Minh, elle, racontait à nouveau l'hôpital, les cris. Elle dit, *J'ai vraiment été une ordure.* Pierre se repassa les images. Il sourit, il posa sa main sur son épaule en disant, *Tu avais tes raisons.* Elle demanda alors, *Et ton père ?* Lui, *C'était le même jour, pas au même moment cela dit.* Ils longèrent les écluses, le vert d'un feu de circulation glissa sur leurs visages, au loin la lune à peine visible parmi les lumières de la ville. Elle voulut soudain parler d'Alexandre, elle raconta qu'il avait été un enfant tellement sage qu'elle s'était inquiétée. À l'école, ça marchait trop bien, c'en était suspect. Son père avait voulu l'inscrire dans un programme de surdoués, elle avait refusé. Elle avait craint qu'il ne soit pas heureux. Elle avait voulu ensuite qu'il traîne avec des filles. Elle avait peur qu'il soit le type qui couche avec des ordinateurs. Il en avait connu finalement, des femmes, alors elle avait pensé qu'il en connaissait trop. Elle dit, *Quoi que nos enfants fassent, on s'inquiète, nous, les mères, on ne prend jamais le temps de se dire que tout va bien...* Elle se souvenait de ses premiers boulots, elle le conseillait. Elle avait entendu parler de l'intelligence artificielle, elle avait voulu qu'il se forme auprès des grands noms. Elle voulait juste qu'il gagne bien sa vie, qu'il ne manque de rien. *On se trompe tellement à force de se faire du souci pour un rien...* Et, constatait-elle maintenant, Alexandre n'avait jamais désobéi. Jusqu'au bout, il l'écoutait, suivait ses conseils ; bien sûr, ils s'engueulaient, mais à la fin, il ne pouvait pas s'empêcher d'être un bon fils, c'était plus fort que lui. Elle s'arrêta et se tourna vers le canal. Pierre entendit la respiration de Minh qui s'accélérait, il lui sembla qu'elle sanglotait. Il s'approcha d'un pas délicat, elle le repoussa. Une ambulance passa sur le quai, leur jetant des éclats bleus au visage. Il s'approcha encore, elle s'écroula contre lui, parut minuscule, fluette, débordée par son émotion. Elle s'agrippa au pull de Pierre, il referma sur elle ses bras. Elle crut qu'elle allait s'écrouler, ne jamais plus s'arrêter de pleurer, elle était mortifiée, impuissante pourtant cette fois à chasser son cri, elle frappa contre la poitrine de Pierre, comme on toque à une porte fermée. Ce n'était pas contre lui, c'était contre elle-même.

Ça ne s'arrêtera jamais, pensa-t-elle, jamais. Sans même s'en apercevoir, il la berçait. Il savait qu'il ne pouvait rien, absolument rien, mais il aurait voulu la protéger, lui donner tout ce qu'il avait de résistance afin qu'elle ne pleure plus. Finalement, il tapota son dos. Elle essuya ses yeux. *Je ne sais pas ce qui m'a pris*, articula-t-elle difficilement. Il fit un signe, chassant l'embarras. Ils arrivaient à République, les voitures disparaissaient en des rayons jaunes fuyards, des skaters ponçaient le béton, les néons des fast-foods scintillaient. Devant eux, un abribus lumineux passait une publicité. Pierre crut lire *Voulez-vous, s'il vous plaît, vous dévider de l'infini indiscutable ?* Mais l'annonce disparut dans son rouleau, fit place à une affiche pour les parfums Calvin Klein. *Je crois qu'il schlingue*, dit alors Minh en désignant le flacon de la tête. Dans son sac à main, elle chercha des gommes nicotinées. En mâcha une avec insistance et l'avala finalement avec un Lexomil. Il la regardait faire. Elle était de nouveau en proie à l'agitation, consultait son téléphone, voulut qu'on s'appelle bientôt. Avant de partir, elle dit, *Le lapin, ton fond d'écran : quelqu'un te veut du bien, on t'espionne et il te le fait savoir. Coup classique*, jugea-t-elle, l'air soudain ailleurs. Puis elle l'embrassa sur la joue et héla pour lui un taxi. Ils se quittèrent. L'avion de Pierre était dans quatre jours.

Paris, 1980-1987

Burt Triengojt, alias Paul-Bernard, avait atteint les sommets, il était plusieurs fois millionnaire. La pornographie, naguère passagère de nuit dans des lupanars électriques, gagnait partout ses droits : magazines, boutiques, salles de projection, bientôt télévision. Son avancée dans le champ de l'acceptable s'accompagnait de surplus de revenus. Les réprouvés qui en avaient été les pionniers remercieraient le siècle d'acheter à prix fort ce qui ne valait rien auparavant. Veronica Billa faisait la une des magazines plus ou moins sulfureux, plus ou moins spirituels[1]. On s'arrachait ce demi-monde. Parfois, Paul-Bernard recevait du courrier : on avait analysé, plan par

1. *Hara Kiri* à trois reprises, en 1978, 1980 et 1983. Sur ce dernier – titre : *Tournante de la rigueur* –, Veronica mesure le sexe en érection d'un acteur coupé par le cadre.

plan, la poésie de *Partie de chasse*, de *Sarabandes X*, de *Bordel sur mer*, des jeunes gens débordaient de commentaires sur telle coupe, tel plan, il était comparé aux maîtres du cinéma d'horreur, leurs effets d'attente, de hors-champ, qui rappelaient le spectateur à son corps, au reptile apeuré qui vit dans son crâne. On commentait à n'en plus finir la clairvoyance du réalisateur qui avait confié à la pornographie la tâche d'être le cinéma des fondamentaux, l'entrée en gare de La Ciotat, l'attraction qui parcourt les foires avec ses bobines – *Ah bon*, disait le patron d'entreprise. On écrivait cela, dans des fanzines, dans des revues plutôt intellectuelles, c'était accablant, selon Paul-Bernard. Le nouveau petit chef y accordait peu d'importance : il était, et demeurerait, un homme d'après-guerre. Toute forme d'innocence consumériste et ses inéluctables louanges d'autoproclamation semi-publicitaires lui étaient ennemies, aberrantes, insupportablement jeunes. Il tint en ces années un journal critique qui ressemblait à s'y méprendre à une longue séance au confessionnal du siècle. D'une face, il était le *génie visionnaire* qui avait fait fabriquer un plateau de toutes pièces pour *Couples et autres farces* où la caméra, glissant sur des rails latéraux, pouvait passer de l'une à l'autre des deux chambres à coucher où les couples s'enfilaient en rêvant l'autre, projetant mentalement l'échange – qui n'avait lieu qu'à la toute fin –, et où une série de miroirs parvenaient à rapporter dans le cadre des détails magnifiques de la scène, ici une paire de fesses, là un gros plan de coït, comme autant de plans de coupe que, dès lors, le réalisateur n'avait pas besoin de faire, se suffisant d'un plan-séquence d'une heure et douze minutes pour clore ce qui resterait, selon ses commentateurs tardifs, son *film-cerveau* – convoquant là Deleuze. De l'autre face, il était lui-même commentateur du cinéma, de l'art, de l'époque, il se faisait moraliste à la petite semaine. Il détestait tout : *Apocalypse Now* bien sûr, mais également la new wave, la télévision, les radios libres – *Qu'ont-elles de si libre si elles sont publicitaires ?* –, le nouveau cinéma, l'ancien cinéma, la presse, la vie, les pressings automatisés, la mode des chaussures de sport ; d'aucuns diraient qu'il se rachetait ainsi de ses péchés. La vie fut simple pourtant : Isabelle, scripte sur ses tournages, emménageait chez lui en 1979. Ce fut lors d'une jolie journée de mai 1991 qu'ils se trouvèrent à s'embrasser devant la mairie du 16ᵉ. Isabelle était enceinte et quelques restes de catholicisme la pressaient. La robe était un peu large, on n'y fit pas tellement attention. C'était l'intention qui comptait. Veronica et lui avaient cessé de se détruire, à force de temps, à force de patience, à force de s'aimer comme personne ne pouvait savoir qu'ils s'aimaient – sauf peut-être Angelo –, ils s'étaient abandonnés l'un l'autre à la tranquillité. On pensa qu'ils étaient amis. Peut-être valait-il mieux ne pas en douter, c'était plus simple ainsi. Un peu avant son mariage, Paul-Bernard apprit l'adoption par le Vietnam de la politique du *doi moi*, libéralisation économique soudaine du régime socialiste. On crut à une paix éternelle, on se demandait si les guerres n'avaient pas été un rêve. Plus pratiquement, au rythme des chantiers et des investissements étrangers, les contrées qu'avaient connues Paul-Bernard et Angelo disparaissaient à une vitesse éclair. Engloutis sous le marché, sous l'industrialisation croissante, sous la démographie bondissante, les rues de Cholon, les antiques artères de Hoi An, les silencieux et énigmatiques sentiers du bord de l'eau à Hanoï gisaient sous les bétonneuses. Même Da Lat passa de fleur de ruines de la décadence occidentale à ville dynamique où l'on construisit de nouveaux bâtiments d'habitations, un marché couvert, un centre des congrès et une usine de thé en sachets. Ainsi, le monde qui avait été à feu et à sang sortait la tête de l'eau. Chacun – patrie meurtrie, amoureuse éconduite, artiste réprouvé –, selon la voie qui était la sienne, surnageait.

Angelo fit une découverte étrange en ces années-là. Dans la bibliothèque de Pierre Motton de la Villa Caprice, il retrouva un carnet de notes prises par le médecin au cours des années 1940. Il s'agissait du journal de la traque du mandarin chinois Li Wen et de son *Livre à brûler*. Paul-Bernard et Angelo marchaient le long de la plage, le soleil était hivernal mais doux, la marée basse. Ils étaient tous les deux ahuris. Paul-Bernard était venu depuis Paris avec Isabelle pour voir de ses propres yeux ce que son ami avait essayé, difficilement, de lui expliquer au téléphone. Dans les toutes dernières pages du carnet, Motton faisait un compte rendu succinct. Ayant fait le voyage vers le centre de la

Chine, il avait finalement rencontré là des textes et des fragments qui pouvaient vraisemblablement être le *Livre à brûler*. Voici ce qu'il avait noté :

Jour 72, approche du texte, petit homme très âgé conserve des fragments, sorte de bonze défroqué, il pratique religieusement l'apnée dans le Yang Tsé (rituel religieux ?). Texte : rien de ce qui m'avait été dit à Shanghai. Agréable poésie très imagée, il est question de ne pas suivre les règles des traditions (modernisme confucéen ?) / forte présence d'une influence bouddhiste. Propos : hédonisme (si l'on peut écrire ainsi mais c'est l'impression dense qui m'est donnée), émancipation, diogénisme ? Le petit homme qui gardait les textes porte une coupe de cheveux relâchée, pas un homme de campagne, une sorte de Jésus hilare. Hypothèse : le livre à brûler est un livre politiquement subversif sous les Ming non pas pour (comme je l'ai toujours cru et comme on le croit à Shanghai) son désespoir et sa critique du système en place, mais pour son approche individualiste et libérée de la tradition. Idée : le livre à brûler est un feu de joie. Suicide de Li Wen : le petit homme âgé n'y croit pas, il dit « le fleuve maintient l'esprit ».

Au bord de la page, une carte du fleuve tel qu'il passe dans le centre du pays. Sur quelques lacets, des points cartographiés par Motton avec pour légende :

Pratique du dialogue avec le fleuve. Secte disparue (?). Le bonze s'installe dans un petit panier de jonc suspendu pour rester dans les flots et ouvrir les yeux (?).

Jour 73, toujours logé chez monsieur Wen, bonze défroqué, protecteur de Li Wen, idée du jour : selon mon hôte, Li Wen a vaincu la mort dans le fleuve. Tout est souffrance, dit le petit homme. J'ai voulu descendre dans le fleuve, j'ai manqué de tomber, monsieur Wen m'a secouru. Il dit que je suis jeune comme un fruit, que je ne peux comprendre le fleuve. Il dit aussi : il faut s'asseoir dans l'oubli (?).

Jour 74, je dois rentrer. Li Wen : oublier tout ce que l'on sait.

Angelo ramassa sur la plage un petit galet et le lança au loin. Paul-Bernard, dans ses pensées, essayait de mettre au clair ce qu'ils avaient lu. Il dit, *Mais c'est impossible, pourquoi ne nous aurait-il pas dit que nous nous trompions sur la signification du* Livre à brûler *s'il savait depuis tant de temps le véritable contenu ?* Paul-Bernard n'était pas énervé, cela faisait bien longtemps qu'il ne vivait plus selon les règles et les valeurs qu'il s'était données jeune sous l'inspiration de Pierre Motton. Seulement, pour lui comme pour Angelo, le sentiment de tromperie était manifeste, ils auraient pu remonter ainsi presque deux décennies de leur vie sur lesquelles avait régné en maître l'intégrité morale de l'idée même du *Livre à brûler*. Chacun ayant suivi cette image fabriquée par Motton pour, respectivement, s'abandonner à la chanson ou se livrer au cinéma politique. Curieusement, l'un comme l'autre avaient échoué et avaient péri. Chez d'autres, les notes de Motton auraient provoqué l'hilarité ; chez eux, elles provoquèrent la mélancolie. Angelo, *Ce qui m'a le plus étonné, c'est sa connaissance, dès 1940, des bonzes défroqués. C'est sûrement ce qu'il croyait retrouver à Binh Hoa, le mois de sa mort... C'est dingue*, jugea Paul-Bernard qui, imitant désormais Angelo, lançait à son tour des galets dans le vide, *proprement dingue, je n'arrive pas à savoir si j'ai été un idiot ou si Motton était un clown.* Angelo haussa les épaules. *Peut-être pensait-il que chaque chose viendrait en son temps...* Paul-Bernard, soudain traversé par la colère, *Mais pourquoi alors nous avoir fait miroiter cette idée ?* Angelo, surpris, fixant son ami dans les yeux, *Parce que tu crois que, sans Motton, nous n'aurions pas suivi les mêmes pas ?* Paul-Bernard se ravisa. Qu'avait vraiment changé à leurs trajectoires le *Livre à brûler* ? Probablement pas grand-chose. Ils se levèrent et marchèrent plus avant. Paul-Bernard se repassait les années à Saigon, en mesurait désormais la brièveté à l'échelle de sa vie ; il s'aperçut que Motton, en fin de compte, ne les avait jamais confirmés dans leur croisade, le vieux docteur n'avait qu'appuyé leurs énergies. Il voulait manifestement qu'Angelo chante, il voulait tout autant que Paul-Bernard finisse le film dont il lui rebattait les oreilles. Mais des sacrifices consentis par l'un et l'autre, sacrifices multiples qui par la force des choses avaient rendu inflammables leurs destinées, Motton n'avait jamais dit un mot. À peine pourrait-on lui reprocher de ne pas les avoir dissuadés de faire ce qu'ils voulaient faire, or tel n'était pas Motton. Angelo, s'asseyant, chercha quelque chose dans sa mémoire puis récita de tête le dialogue que Motton leur avait lu avant sa mort : *J'ai fait des progrès, dit l'apprenti. Comment cela ? s'enquit Confucius. Je puis rester assis dans l'oubli, répondit-il.* Paul-Bernard, désormais à ses côtés, soupira : *« J'oublie la bonté et la justice... » Le vieux fou, il savait qu'on allait se tromper...* Angelo répondit, *Sans doute.*

L'océan se levait graduellement et le soir tombait dans les dunes de nuages bleutées. À l'est, le phare insulaire jaunissait la brume. Un parfum de boue mêlé à l'haleine des sous-bois les cueillit. Ils rentrèrent silencieux vers la villa où Isabelle les attendait. Elle en était à son huitième mois de grossesse, ronde comme un ballon. L'enfant à naître serait un garçon. On savait déjà qu'on l'appellerait Pierre. Angelo lui chantait déjà des chansons. On le berçait des classiques des sixties, de Donovan, qu'au même endroit Linda et Marguerite avaient chanté à la nuit tombée. On inondait l'enfant à venir de musique, le protégeant du passage du temps, de la péremption du bonheur. S'il devait être père, Paul-Bernard se jura ce soir-là de ne pas faire de son fils un *livre à brûler.* Peut-être, alors, ce soir-là, commencèrent enfin à grandir en lui les leçons de Motton.

– *J'ai fait des progrès, dit Yen Houei.*
– *Comment cela ? demanda Confucius.*
– *J'oublie la bonté et la justice, répondit Yen Houei.*

– C'est bien, remarqua Confucius, mais cela ne suffit pas.

Le lendemain, les deux amis reprirent leur marche du côté de la plage. Le ciel s'était éclairci. L'horizon était lisible, enserré entre le blanc et le bleu. Ils passèrent devant les carrelets où la mer venait écumer des grands-voiles. Les sous-bois étaient nus, les feuilles étaient tombées, des champignons parfois grossissaient à l'ombre. Paul-Bernard profita de leur intimité pour interroger Angelo sur une question jusqu'ici tue, *Il n'y aura jamais plus personne après Linda ?* Son statut de futur père, d'homme marié, lui donnait de l'assurance et des certitudes sur la vie, il aurait voulu partager son bonheur, que son frère entame lui aussi la seconde partie de son existence sur un mode similaire. Angelo réfléchit, fit encore quelques pas et dit, *Non, je ne crois pas, mais ce n'est pas parce qu'elle est partie, mais plutôt parce qu'elle est restée... Je ne sais pas tellement comment l'expliquer.* Paul-Bernard, pensant à lui-même, à Marguerite surtout, demanda, *C'est ta muse alors ?* Angelo, *Oui, je le crois, et certainement pour toujours. Moi, je ne suis pas comme toi, je n'ai pas la place pour deux femmes en même temps.* Il riait. Paul-Bernard se vexa à peine, il fut bientôt lui aussi gagné par le rire. *Deux femmes seulement ? C'est sans compter sur tout le casting de* Jour de fesses, rétorqua-t-il. Angelo, rêvassant, *Ne sont-elles pas toutes Marguerite ? Parfois, je vois tes filles et j'ai toujours l'impression que c'est elle. Sauf Isabelle, la seule peut-être qui est tout sauf Marguerite...* Paul-Bernard s'arrêta un instant. Angelo, dans son innocence, pouvait faire cela : dire l'évidence. Paul-Bernard s'en aperçut, il articula, penaud, *Je n'ai jamais quitté Marguerite et elle ne m'a jamais quitté.* Angelo, *Non, jamais. Cette fille, j'ai su dès le début que tu l'aimerais, qu'elle changerait nos vies.* Paul-Bernard, *Et pourtant, il a fallu tellement de temps pour que, finalement, on se regarde de part et d'autre d'une caméra, pour que nous soyons enfin l'un pour l'autre des amis, des gens qui se veulent du bien. Parfois*, continua-t-il, songeur, marchant dans le rythme du pas lent et presque magique d'Angelo, *je suis sur le plateau, tout m'emmerde, tout le monde a un problème, une décision à prendre, une actrice malade, ou que sais-je encore, et c'est plus fort que moi, je vais la voir, je la regarde, elle me regarde et on explose de rire. À la fin, elle dit toujours : Allez, Paul-Bernard, retournes-y et j'y retourne. C'est curieux, dans ces instants, je sais qu'il n'y a qu'elle qui pourrait me faire rire.* Angelo, *Tu diras à ton fils qui elle est ?* Des mouettes volèrent au-dessus d'eux, elles rejoignaient au loin des rochers dans la mer. Paul-Bernard réfléchissait, imaginait, n'avait pas tellement songé à ça. Il dit, *On verra bien, peut-être pas. Elle, je ne suis pas sûr que ça lui ferait plaisir.* Angelo, *Ne le fais pas, c'est peut-être la seule chose qu'elle ne supporterait pas.*

Paul-Bernard et Isabelle rentrèrent à Paris après le déjeuner. On s'embrassa. On reviendrait dans deux mois avec un bébé, Pierre. *Prends soin de toi*, dit Paul-Bernard à son ami, sur le perron de la villa. Ce dernier lui répondit, *Toi, prends soin d'eux.* Les deux s'enlacèrent sous l'œil de Pierre Motton, qui, depuis un portrait d'enfance, dans son aube de communiant, veillait encore sur ses deux disciples. Au-dehors, Paul-Bernard jeta un dernier regard sur le jardin. Il cria alors à Angelo, *Fais donc couper ces aubépines, j'ai l'impression d'être une momie quand je vois ces trucs envahir la maison comme si c'était une ruine.* Angelo, sur le porche, suivit le regard de Paul-Bernard et scruta au loin les buissons qui avaient grandi. Lui ne s'était aperçu de rien. Depuis longtemps, le regard d'Angelo s'était habitué, brouillé, et il feignait d'ignorer les plantes, comme il feignait d'ignorer le passage des années.

Paris, 1986

Marguerite, Paul-Bernard et Angelo furent réunis une ultime fois en 1981. Par une nuit de mars à Orvieto, Linda s'était donné la mort. Aucun de ces trois-là ne l'avait revue, ne l'avait réentendue depuis son départ en 1973. À peine une carte reçue par Angelo en huit ans. Elle avait écrit : *J'ai entendu la chanson « Une île où je vais », oublie-moi.* Il ne l'avait pas oubliée. Au contraire, il avait appris à faire ce qu'il voulait de ses souvenirs, il y demeurait comme dans autant de rêves amniotiques. Il s'interrogeait parfois sur les traits de son visage dans ces visions qu'il avait : avait-elle été vraiment ainsi ? L'idée même subsistait mais les détails, l'arête du nez, le contour d'une oreille, la longueur des cheveux furent floutés, vaporisés dans les chansons. Il aurait alors été temps de se sortir de cette nuit, de mettre une autre femme à la place de la fille qui se dissolvait. Angelo n'était pas comme ça, il n'eut pas l'esprit d'épargne : tout ce qu'il avait eu, il l'avait donné à une seule femme. Il se contenta treize années durant d'une amante comme morte. Au fond, il savait qu'il n'était plus seulement question d'elle, mais de la jeunesse elle-même. Lui n'était plus pareil non plus, peut-être également parti chercher des cigarettes.

Il espérait là, dans un ciel de givre, quelques signes divins. Paul-Bernard posa une main sur son épaule, attendit à ses côtés. Ils étaient tous deux impeccablement endeuillés, des costumes noirs, fines rayures grises poinçonnées pratiquement coordonnées. Marguerite arriva un peu plus tard, s'approcha d'eux. Sans une parole, ils se prirent les mains, comme on se passe un mot. Les gants de dentelle noire de Marguerite s'accrochèrent à la main d'Angelo, elle la pressa fortement. On gagna ensuite l'église dans laquelle se tiendrait la cérémonie. Les murs étaient couverts de chaux, au fond derrière l'autel se trouvait un vitrail rond aux teintes orangées. Les bancs de bois étaient clairsemés. Pas tellement de famille, quelques curieux, une petite assemblée de Vietnamiens. Les trois amis suivirent distraitement la cérémonie religieuse. Une certaine Jade prit la parole. Elle parla d'une enfant qu'ils n'avaient pas connue. Elle dit, *Linda m'a sauvé la vie à l'internat, j'ai toujours su que nous étions sœurs, même si, à elle comme à moi, il nous manquait des parents pour le prouver*. Marguerite en fut bouleversée. À peine se souvenait-elle du couvent, mais Linda en avait fugué tant de fois et avait eu tant de vies à cet âge qu'elle avait gardé l'impression que c'était un détail parmi tellement d'autres. Puis elle eut ce souvenir :

Jade était cette petite au téléphone que parfois elle entendait. Linda demeurerait ainsi : un papier qui se plie et se déplie, jamais ils n'en auraient vu tous les côtés d'un seul tenant. Marguerite fut émue d'entrevoir combien l'amie perdue avait pu être une grande sœur. Jade continuait : elle lui rapportait de Paris quantité de magazines ; quand elle avait faim, Linda avait une réserve secrète ; quand elle avait froid, Linda avait deux bras grands ouverts. Jade quitta l'estrade de la modeste église et partit s'asseoir. Marguerite suivit du regard cette petite femme, éblouie. Se tournant vers Angelo, elle l'interrogea du regard. Angelo haussa les épaules d'un air interrogatif. Personne ne leur avait jamais parlé de cette femme. Telle avait été Linda, secrète.

À la sortie, Jade alla trouver Marguerite qui fumait avec les deux garçons. Marguerite, sans réfléchir, la félicita pour la cérémonie. Était-ce elle qui avait organisé tout cela ? Qui avait récupéré la dépouille en Italie ? Jade, sans même répondre, dit, *Vous vous croyez autorisés à venir ici ?* Trois paires d'yeux la regardèrent avec sidération. Elle continua, *À vous, monsieur Molino, combien de fois ai-je écrit sans réponse ? Vous n'avez pas lu mon annonce dans* Libération, *peut-être ?* Elle chercha dans ses affaires, trouva le journal et le tendit à Marguerite : *Sa famille de cœur est au regret de vous faire connaître le décès de Linda Quartz. Dans la nuit du 27 au 28 mars, Linda s'est suicidée à cause d'une vie trop difficile à vivre. M. Molino est invité à prendre contact avec les proches avant les funérailles.* Marguerite, incrédule, se tourna vers Angelo qui était complètement perdu.

Paul-Bernard prit sa défense, *Madame, vous vous méprenez, Angelo n'a pas de téléphone et ne lit pas les journaux. C'est moi qui lui ai dit pour la cérémonie d'aujourd'hui et je l'ai appris de son manager chez Philips... Je vous en prie, ne faites pas une scène.* Jade, les yeux au ciel, tourbillonnant dans la colère, l'impuissance et la douleur, *Sans vous trois, Linda serait encore là aujourd'hui.* Sur ce, elle claqua ses talons et fit quelques mètres, puis, se retournant une dernière fois, hurla à l'intention de Marguerite, *Et que vous, vous soyez restée avec ce pauvre type-là !* elle fit un geste de la tête en direction de Paul-Bernard, *eh bien, Linda serait vraiment déçue. Je ne sais vraiment pas ce qu'elle vous trouvait !* Puis, se sachant regardée par tous, Jade se calma, chaussa ses lunettes et laissa son regard mauvais vagabonder de la starlette de porno au chanteur déchu en passant par le réalisateur sulfureux. Ils étaient plutôt fringants, peut-être sentaient-ils un peu la naphtaline vus comme ça, tout de noir vêtus, éberlués de s'être ainsi fait engueuler. Elle partit rejoindre ses invités.

Les trois se regardèrent, silencieux, puis Marguerite éclata de rire en se cachant derrière ses gants. Elle fut bientôt suivie par Angelo et Paul-Bernard. Ils quittèrent ainsi, le cœur bizarrement empreint d'une lourdeur tragique et hilare, l'église. Quand ils furent dans la voiture de Paul-Bernard, Marguerite déclara, *Et dire que c'est Linda qui m'a fait perdre ma virginité, combien de vies prétendait-elle avoir ?* Angelo prit sa main et y déposa un baiser, *Linda ne sera jamais complètement à nous, c'est nous qui nous sommes accrochés à elle, elle nous a réunis, nous a fabriqués et puis elle est partie. Elle était comme ça. De ces gens qui font le nid des autres, sans jamais faire le leur...* Marguerite hoquetait entre sourire et larmes. Paul-Bernard prit la direction de Paris, ils y seraient au soir. Il était temps que l'on boive, que l'on boive beaucoup, tous ensemble en l'honneur de Linda, en l'honneur d'eux-mêmes qui se réunissaient, cela faisait si longtemps.

La voiture parcourut lentement les Grands Boulevards, Paul-Bernard y cherchait la silhouette lumineuse du Tennessee. Ils passèrent finalement devant, ahuris : un incendie l'avait emporté. Marguerite se souvint qu'elle avait reçu chez elle une lettre qui prophétisait la destruction : *Nous, enfants de Carthage, anciennement connus par VERONICA BILLA sous le nom d'éthéromanes purcelliens, condamnons à périr par les flammes le temple outrageux nommé Tennessee, Paris 9e. Grosses bises, Belinda.* Elle avait reçu tellement de cartes idiotes de Belinda depuis qu'elle avait été cover-girl de magazines qu'elle n'y avait pas prêté attention. En contemplant les grandes traces de fumée noircissant encore les fenêtres, tel un masque pleurant des larmes de suif – les lettres néons devenues une sorte de débarras de métal sans plus de sens, aucune ne tenait encore débout, tombante ou tordue, on peinait à lire le nom autrefois scintillant –, Marguerite ressentit une paranoïa passagère, elle n'en dit rien. Paul-Bernard, égal à lui-même, se contenta de dire, *Sûrement une affaire mafieuse.* Angelo, silencieux, collait son visage à la fenêtre de la voiture et regardait disparaître derrière eux la carcasse monstrueuse du club. Marguerite, *Allons ailleurs, je ne me sens pas bien dans ce quartier.* Elle avait cru apercevoir Belinda et Vincenzo à leurs trousses mais ce n'était que des passants anonymes qui traversaient le boulevard pour se rendre au cinéma Rex. Ils roulèrent jusqu'au Jacques, un club nouveau qu'aucun ne connaissait.

Ils n'avaient plus l'âge pour de telles sorties, on les fit entrer néanmoins, dans leurs uniformes funèbres. À l'entrée, on avait reconnu Veronica. Dans la foule agitée, ils tentèrent de gagner le bar. S'y installèrent. Les trois posèrent des yeux ahuris, vaguement amusés, sur la piste où surnageaient quelques danseuses en tenue brillante, androgynes ; leurs robes étaient comme faites dans une écaille moirée, un danseur seul au milieu de ces filles, en look gothique ou quelque chose du genre, les cheveux crêpés, un projecteur violet avivait parfois leurs visages pâles. Un disque-jockey d'une toute petite vingtaine d'années s'exécutait derrière un mur de plexiglas, il passait et repassait des tubes new wave. La musique était comme un sortilège rock : c'était Catherine Ringer. Marguerite avait vu l'émission de Mireille Dumas où la chanteuse était revenue sur son expérience dans la pornographie, elle avait été frappée par son témoignage, Marguerite avait écrit à Véronica le soir même ; depuis, elle pensait que, peut-être un jour prochain, elle se réveillerait elle-même d'un long cauchemar, voudrait tout arrêter, se demanderait alors qui elle avait été durant ces dix dernières années. Cette fille qui acceptait ce que d'autres qualifiaient de destruction, de sévices, était-ce bien elle ? Elle n'en était pas encore là, elle jugeait le gain supérieur à la perte mais cette voix de Ringer sur le plateau TV était restée comme un fantôme, elle qui avait été petite, elle qui avait vu tant d'autres petites, quel monde étrange, il faudrait, c'est vrai, que ça change. *Et c'est la mort qui t'a emmenée*, chantait toujours Ringer quand Marguerite reprit ses esprits. Elle commanda pour eux trois gin-fizz. Le comptoir était fait d'un carrelage blanc comme celui du métro, on eût cru un hôpital, un asile. Ils trinquèrent. Marguerite voulut qu'Angelo aille prendre les platines, rien qu'un instant, pour Linda. Le barman lui répliqua que ce ne serait pas possible. Angelo dit qu'il ne savait plus faire – il mentait. Il ne voulait plus monter derrière la vitre, piocher les disques, distordre le temps : il était resté le disque-jockey des années perdues, d'une après-guerre où fleurissaient les chansons comme des cathédrales de joie. Des disques que l'on sortait aujourd'hui, des danses que l'on pratiquait sur les chansons de ces mêmes disques, il ne savait plus rien, il les trouvait seulement métalliques, froids, répétitifs. Il ne dansait plus depuis longtemps tant il avait perdu le pouls de l'époque. *C'est pas grave*, dit Marguerite, *buvons.* Angelo finit par fendre l'armure, *La chose avec Linda, c'est qu'elle voyait en moi quelqu'un qui pouvait tout faire pour elle, pour moi, et à force qu'elle me regarde comme ça, j'ai tout fait, tout.* Marguerite pencha la tête pour mieux le voir. Il n'avait pas changé si on oubliait la maigreur et les cheveux argentés, il était resté le même. Comme si, au départ de Linda huit ans auparavant, tout s'était arrêté. Portait-il déjà la même veste à l'époque ? Elle put s'en souvenir, oui. Le souvenir la glaça. Au fond du bar, un miroir dans lequel nageaient les flammèches de la boule disco argentée, une foule ondoyante parée de flashs mauves, et au-devant leurs trois silhouettes endeuillées, sombres. Elle craignit de croiser son regard et elle se détourna de son reflet. Marguerite sut qu'elle avait, elle aussi, gardé à sa façon sur les épaules une vieille veste abîmée, qu'elle était restée figée dans une jeunesse qui se détournait d'elle.

Elle voulut danser. Elle commença seule, les garçons n'en avaient plus le courage. Elle partit ainsi en éclaireuse parmi les jeunes gens qui à peine la remarquèrent. Au-dessus d'elle tournait la boule miroitante, sur sa robe de velours noir glissaient les minuscules carrés argentés, tournoyants. Elle ondulait doucement, sans plus de rythme, comme quelqu'un qui écouterait une autre musique, une musique intérieure. Angelo finalement s'approcha, elle lui prit les bras et les serra contre elle. Ils danseraient un slow, en dépit de la disparition certaine et inéluctable d'une telle valse à peu près autant liée au destin des Trente Glorieuses que le prix du baril. Au-dessus d'eux, comme un feu d'artifice, pétillaient les notes de quelques orgues électroniques, les voix des chansons étaient lointaines, perdues dans les phasers, les effets, les poèmes de la MTV. Le monde, depuis la piste du Jacques, se rêvait *Metropolis*. Arriva une volée d'oiseaux de nuit, des épaulettes comme infinies qui cadraient des yeux noircis de khôl. Marguerite s'approcha encore d'Angelo, posa sa tête dans le creux chaud de son cou et se laissa bercer, emportée dans la gondole de leur tendresse. Paul-Bernard, depuis le bar, les observait en se laissant gagner par la mélancolie, la fraternité.

Les deux danseurs revinrent à ses côtés. Finissant son verre, Marguerite vit finalement passer le photographe du club. Elle déclara aux deux garçons, *Je sais comment honorer la mémoire de Linda.* Ils la regardaient, craignant alors un plan dingue. Marguerite héla le photographe au loin, il s'approcha. Elle lui prit l'appareil des mains et, visant Paul-Bernard et Angelo, leur dit, *Allez, vous savez très bien ce qu'aurait voulu Linda.* Angelo eut un léger sourire au coin des lèvres. Il se tourna vers Paul-Bernard, qui ne savait plus très bien de quoi on parlait, et, le saisissant, l'embrassa abruptement. Marguerite mitrailla : clic-clac. Sonné, Paul-Bernard s'était laissé faire. Clic-clac encore, Angelo ne quittait plus les lèvres de Paul-Bernard, qui, lui, se retenait de rire, perclus de chatouilles. Marguerite, ravie, n'en perdit pas un instant, elle remontait la molette à toute vitesse pour prendre de nouveaux clichés. Le photographe, furieux, tenta de lui arracher l'appareil des mains. Elle se débattit. Rappelés par la dispute, les garçons cessèrent de s'embrasser et prirent la défense de leur amie. Puis tous convinrent qu'on avait assez rigolé, alors Marguerite, laissant le photographe repartir prestement avec son appareil, dit, *Je suis sûre que d'où elle est, ça l'excite encore !* Angelo se laissa prendre par un rire doux et hoquetant, un rire d'enfant. Paul-Bernard se remettait encore de ses émotions. Soudain, Marguerite se leva, les baisa chacun longuement sur le front, elle dit, *Mes amours*, et elle disparut. Elle s'était sentie ce soir-là à équidistance du souvenir et de son oubli futur, comme si on pouvait se tenir à la moitié du chemin entre l'image d'un bonheur fou et sa disparition. C'était quelque chose de simple, qu'on ne pourrait pas vraiment nommer mais qui semblait être le seul endroit où l'on voudrait être dès lors que la perte était une chose entendue. Derrière elle, dans la nuit bleutée, dans la nuit blessée, en lettres vertes d'une écriture cursive, néons comme elles se devaient d'être, Jacques palpitait. Paul-Bernard la regardant partir confia finalement à Angelo, *Je crois que c'est la guerre qui nous a fait les aimer, ces petites. Car elles ne savaient pas ce que c'était et tout ce qu'on voulait alors, c'était ça : cette jeunesse sans les blessures de la guerre.*

Depuis une cabine téléphonique, Marguerite appela le standard de Radio Pop Luxembourg, donnant son numéro de carte de crédit, elle acheta le passage d'une chanson et sa dédicace. L'opératrice au téléphone parlait lointainement, comme si un tas de gens les écoutaient, Marguerite articula alors doucement, *« Traces », Linda Quartz. Je vous laisse noter la dédicace : « Pour Linda, ses amis qui l'aiment, qui l'aimeront toujours. »* Marguerite déposa le combiné orange sur son socle en aluminium et disparut dans un taxi.

À sa demande, le chauffeur changea de station. Marguerite, en attendant que passe sa dédicace, lui fit prendre la porte de Bercy afin de faire tourner la berline sur le périphérique sans plus d'indications. Passèrent et repassèrent les portes de Paris, les spots blanchis des grues au loin, les voitures en sens contraire qui filaient dans leurs carrés dorés, les camions qui parfois tanguaient comme des éléphants endormis, les panneaux, leurs halos phosphorescents, les réclames tout illuminées, avivées de projecteurs, et au loin, parfois, la forme d'une ville, hésitante, noircie, bientôt disparue sous les immeubles, plus loin encore, comme des signaux, des écobuages d'une campagne disparue, des rivières, des bretelles d'autoroute, une orbite qui jamais ne se terminait, qui jamais ne se vidait. Elle, invisible dans l'obscurité du taxi, ensevelie dans sa robe, elle attendait « Traces » avant de rentrer se coucher. Derrière ses paupières, le gin-fizz scintillait encore un peu et la tristesse fabriquait de longues formes nuageuses, comme une mer évaporée.

Printemps 2018

Bonjour, Pierre, je... C'est Marguerite au téléphone. Je voulais vous parler de vive voix mais c'est bien comme ça aussi. Je voulais que vous sachiez, j'ai beaucoup réfléchi depuis la mort de Paul-Bernard, depuis le film aussi... Je n'ai pas de réquisitoire, je ne vous appellerais pas pour ça. Non. En revanche, je voudrais qu'on se parle pour la rue du Repos. Je ne veux plus vivre ici. J'y suis comme morte, reposante – ah, ça, reposant, c'est le mot ! – parmi les morts. Vous devez savoir que votre père m'a remis la propriété du bâtiment quand il y a eu le procès, qu'il était poursuivi. Ainsi, c'est à moi. Mais de vous y avoir vu, j'ai le sentiment que cet endroit est à vous aussi. Je ne peux pas me priver de l'argent que représente la vente du bâtiment, j'espère que vous le comprendrez, mais peut-être pourriez-vous récupérer tout ce qu'il y a ici, les mémoires, les archives, tout ce qui peut vous intéresser, je vous louerai autant de temps que vous voulez un garde-meuble pour tout stocker. Moi, j'ai passé l'âge de vivre dans mon passé.

En vous voyant, j'ai réalisé que Paul-Bernard avait refait véritablement sa vie. Je ne sais pas pourquoi j'ai mis tant de temps à l'accepter. N'allez toutefois pas croire que j'attendais votre père, ce serait ne rien comprendre à ce que nous vivions, lui et moi. Il me semble pourtant qu'à force d'avoir pensé que personne ne pouvait comprendre ce lien entre lui et moi, nous n'y avons plus rien compris nous-mêmes... En tout état de cause, je vais partir. J'ai trouvé une maison sur la Côte d'Azur. Quelque chose de simple, je rêve d'être une de ces femmes tachées de soleil, les cheveux oxygénés, repues de tout, de vin, de crevettes, de pastis, de sable. Vous m'imaginez ? Moi, je le peux. J'y arrive depuis cet été.

On m'interroge parfois – ceux qui se souviennent de moi, j'entends – sur ma vie, sur mes choix, on me soupçonne de ne pas avoir choisi, d'avoir été prise dans les filets de votre père, et c'est vrai, j'étais jeune, c'est sûrement un petit peu vrai mais c'est aussi complètement faux. Il faudrait pour me comprendre remonter à une époque qui nous est, de toute manière, étrangère. Vous ne pourriez pas imaginer. Les femmes, les hommes, tout était différent. Enfin, je m'égare. Tout ce que je voulais dire, c'est que votre père n'est pas un homme qui m'a exploitée, ou alors s'il l'est, ce n'est pas seulement ça. Vous savez que c'est moi qui ai eu l'idée du porno ? Personne ne m'en donne jamais crédit... Plus tard, fin des années 1980, les filles de ma génération commençaient à parler, à dire les salopards qu'il y avait eu, les drogues, les humiliations. J'y ai longtemps pensé. Ce que j'ai fait avec votre père, et seulement avec lui, c'était autre chose. Bien sûr, nous avons eu nos problèmes, nos responsabilités dans les affaires qui lui ont ensuite été reprochées, mais nous avions créé une famille.

C'est peut-être cela qui m'empêchait de quitter cet endroit. Mais c'est fini, c'est fini pour moi. Si je regrette une seule chose, ce n'est pas vraiment mon métier, comment j'ai gagné ma croûte, tout ça, ça me dépasse, c'est d'être restée accrochée là, par fidélité, loyauté ou je ne sais, à la gamine que j'ai été. Et pourtant je n'étais vraiment plus cette gamine, vous imaginez bien. Mais je ne sais pas comment, je ne sais pas pourquoi, il n'y a jamais eu tellement d'hommes, jamais tellement d'opportunités de tout plaquer, de tout quitter, de recommencer. Jusqu'à aujourd'hui, j'ai perçu des rentes qui m'ont laissé de quoi vivre, jusqu'à aujourd'hui, j'ai cru être assise sur une vie tellement riche que je n'ai pas bougé, pas d'un iota. Peut-être avais-je peur de regarder cette vie en face ? Vous comprenez, ne pas en sortir, c'était la garder intacte, sans aucun jugement, sans jamais de recul. Mais c'est totalement fini. Vous viendrez chercher tous ces trucs, n'est-ce pas ?

Hier, une fille m'a appelée – elle vous connaît, elle m'a dit –, elle voulait que je parle dans son émission de radio ou un truc du genre. Elle m'a dit que je devais libérer la parole. Je me suis assise, avec mon thé, j'ai écouté ce qu'elle avait à dire. Au bout d'un moment, j'ai compris. C'était encore ma conscience qui revenait mais ce qu'elle ne savait pas, cette gamine – vous pouvez le lui dire –, c'est qu'au fond, en 1998, quand Paul-Bernard a quitté Paris et tout perdu avec ces histoires de mineurs, de sida, ce n'était pas lui, ce n'était pas moi, c'était tout le petit monde dans lequel nous vivions sans nous soucier de l'extérieur. J'ai jamais été pour les capotes, moi, par exemple, vous pouvez me traiter d'idiote, je vous comprendrai, mais je ne sais pas, j'étais conne, j'étais radicale, je ne voulais pas qu'on vienne chez nous, dans notre petit lieu à nous, qu'on avait construit dans les terrains vagues, avec les rebuts dont plus personne ne voulait, comme un asile, comme l'arche de Noé ou un truc du genre, je ne voulais pas qu'on vienne y foutre son nez. C'était comme ça, nous étions fragiles, nous étions sûrement trop sensibles. Aujourd'hui, je me foutrais des claques. Ces gens, morts. Je ne sais pas, je ne croyais peut-être pas à la mort. Je m'égare… Alors cette petite m'a dit : Comment sauver les femmes du porno ? Je vois très bien ce qu'elle veut dire, combien de fois on s'est approché de moi en me croyant à disposition, combien de fois des types immondes sont venus vers moi en pensant que j'allais être à eux, que j'étais excitée devant leurs grosses têtes toutes laides, tout ça parce que dans la TV, je tournais en boucle sur la bite d'un type. C'est vrai, il faudrait nous sauver de ça, mais moi, le porno, il m'a sauvée, et ça, c'est une autre affaire, c'est autre chose, je ne sais pas comment on peut tout faire tenir ensemble. Le peut-on vraiment ? J'en sais rien, écoutez, je vois bien que je m'embrouille. C'est comme ça, parfois, on ne comprend plus rien à sa vie dès que quelqu'un en parle à votre place. Il faut vous imaginer que tout se passe tellement vite que l'on ne s'aperçoit pas de tout, on ne comprend pas tout, ça prend du temps à revenir, à s'éclaircir. Je n'irai pas au paradis, ça non, mais devrais-je vraiment aller en enfer ?

J'ai eu le sentiment que votre copine, c'était une bonne sœur qui voulait que j'expie mes fautes ou alors que je lui dise que j'avais été naïve et dupée. Ai-je été dupée ? Mille fois. Ai-je été naïve ? Oh, sûrement autant de fois. Mais que voulez-vous, c'était ma vie, c'était mon droit de l'être et d'être ensuite rincée par les conneries que j'allais faire. De toute manière, qu'est-ce qu'on devient quand on est une vieille pute ou une vieille actrice porno ? On disparaît dans le décor, on sortirait en décolleté que ce serait invisible. Là, je le sais, je vais partir dans le Sud, je vais m'installer dans un village, personne ne va me regarder. Alors peut-être, je ferai venir un plombier pour l'évier de la cuisine, il sera beau. Je rêverai. On devient toutes cette femme-là quand on vieillit, même quand on a été une pute. On ne fait pas exception. Ce qui nous sortait du lot disparaît. On disparaît et on rêve. Je crois que j'aime cette idée désormais, je ne voudrais pas renoncer à devenir invisible.

Un jour, on est venu me chercher pour tourner un porno nouveau genre, c'était il y a trois ou quatre ans, les mecs voulaient des vieilles, des grosses, des bizarres, ils disaient que c'était pour changer les regards ou je ne sais pas quoi. J'ai explosé de rire. Oh, c'était très bien, je veux dire par là que c'est une idée certainement très charitable, mais vraiment quelle idée ! Moi, je n'ai jamais tourné que pour deux choses : l'argent et le rêve. L'argent parce qu'il m'en fallait, et puis quand j'en ai plus eu besoin, eh bien il m'en a fallu encore plus ; et le rêve, parce que c'était ça, votre père et moi, on faisait les rêves que font les gens la nuit. On venait, on écoutait aux portes et ensuite on les fabriquait sur les bandes. Et ça, vivre et revivre les rêves, les sentir dans mon corps, dans la lumière qui tombait sur moi – votre père avait un don pour la lumière, c'était fou, comme un peintre –, tout ça me faisait comme un frisson. Je vivais d'autres vies, je faisais comme si j'étais eux, ceux qui rêvent, et j'étais émue, touchée, caressée, embrassée comme eux auraient voulu l'être. Alors coucher avec des vieilles, coucher avec des gros, je n'ai rien contre, c'est la vie heureuse de plein de gens que je connais, mais ce n'est pas ça que j'aimais. Non, je crois qu'on se trompe sur le porno. Peut-être que c'est comme ça, on s'est toujours trompé dessus, qu'on l'interdise ou bien qu'on l'adore, on se trompe dessus.

Peut-être est-ce moi qui me trompe ? C'est ce que vous allez me dire, je le sais.

Bon, je ne vais pas continuer comme ça plus longtemps mais j'avais besoin de vider mon sac avant de partir. Je fais les cartons de mon appartement aujourd'hui. Je ne vous propose pas de récupérer quoi que ce soit, ce n'est que des napperons et des dînettes, on croirait ma mère. Un type est venu hier pour prendre une horloge et un canapé. Il y a des marques sur la tapisserie à l'endroit où ces trucs étaient, ça me rend joyeuse comme si sous le bordel, il y avait encore l'appartement de ma jeunesse. Le type est pas mal dans son genre, d'ailleurs. Ça, c'est un rêve que j'entends encore dans la ville : se taper le déménageur, ça, c'est crédible, j'admets. Mais pour ce film-là, on n'a pas besoin de moi... Sans rancune, comme ils disent. Bon, j'arrête... De mon temps, les répondeurs se coupaient bien avant, il y avait des bandes magnétos derrière. Maintenant je ne sais même pas où vont les messages, sur Internet. Dans les nuages ? Je vous embrasse, Pierre, vous êtes un type formidable. Ça se voit.

*

Pierre était dans un avion à l'heure où Marguerite laissa son message sur son répondeur. Le téléphone du jeune homme était à Paris, il avait eu le pressentiment, en revoyant le lapin, qu'il valait mieux ne pas rester trop proche de l'appareil espion pour son voyage à venir. Sur la table de nuit de l'appartement de Pierre, l'écran s'alluma et vibra dans la nuit noire. Le message laissé par Marguerite ainsi que les suivants, qui portaient sur le déménagement, le garde-meuble, les archives, demeurèrent là, dans la bande virtuelle qui, elle, ne s'arrêtait jamais de tourner. Il ne les consulta jamais, comment aurait-il pu ? Il était à 12 000 kilomètres de là. Marguerite en garda une sorte de rancune qui lui fit finalement jeter aux encombrants tout le passé, toutes les archives. On s'y reprit à plusieurs fois, le type du déménagement à qui elle faisait du charme pour qu'il prête un coup de main contribua largement en emportant les bandes et les costumes à la déchetterie. Il fut remercié par Marguerite, qui lui laissa récupérer des impressions originales. *Vous étiez une bien jolie plante*, dit-il en fixant un tirage Fujifilm de 1974. Elle caressa alors d'un doigt léger la main maculée de cambouis et de poussière du déménageur. Elle interrompit le contact aussitôt, se laissant envahir par le fantasme doux, infini et lumineux qui lui vint en observant ses mains calleuses, sa chaînette d'argent qui pendait dans le bâillement de son marcel, dans le duvet noirci de son poitrail où un crucifix venait briller, plutôt que par l'étincelle morne qui aurait pu véritablement jaillir – le type n'avait pas eu l'intention de dire non. Elle continuait de croire aux fantasmes, seuls ceux-ci lui avaient sauvé la vie ; l'amour, le vrai, n'avait été qu'une perte de temps.

Plus tard, dans sa maison du Sud, Marguerite se félicita d'avoir tout foutu en l'air. Quel bien ça lui avait fait. Elle trinqua avec elle-même et depuis sa terrasse elle voyait le cap de roches rouges fondre dans la mer, le vent lui parfumait le visage d'air marin, de l'effluve des pins parasols. Elle était bronzée comme une viande rôtie. Elle était pleine à craquer de minuscules joies, de vin frais et de l'effroi simple d'aimer la vie. Parfois, elle appelait Pierre à nouveau. Elle lui laissait d'autres messages, comme elle aurait tenu son journal, *Aujourd'hui, détour au centre commercial au nord de la ville, jolies promotions sur les cerises, j'adore ça, elles étaient merveilleuses. Puis, cet après-midi, j'ai fini la lecture d'un ouvrage magnifique sur l'histoire de Didon, la reine de Carthage, cette fille avait un toupet fou.* Peut-être aujourd'hui encore Marguerite continue-t-elle de laisser des messages sur le téléphone abandonné de Pierre. Peut-être parle-t-elle à Linda, peut-être aussi à Angelo et Paul-Bernard. Elle les réunit autour d'elle, elle les accueille dans leur jeunesse parfaite et puis ils s'en vont tous les quatre, ils planent au loin, dans un grand vrombissement, sur leurs motos chromées qui détalent dans le ciel étoilé. Parfois, dans l'obscurité, viennent voguer quelques péniches, elles portent des lunes, des planètes, et des bateaux glissent tout à côté des motos ; on se salue, ils disparaissent derrière une étoile. À ses amis, Marguerite répète que tout va bien, qu'il fait bon à la plage en ce moment, qu'elle ne leur en veut pas de ne pas venir, qu'elle voudrait pourtant qu'ils dorment avec elle, qu'ils sont chez elle comme chez eux. Eux, ils hochent tendrement la tête puis ils la prennent dans leurs bras translucides et l'emmènent encore plus avant dans la nuit. Alors à quatre, comme s'ils n'étaient qu'un seul, ils rêvent tels des fleuves. Les fleuves eux-mêmes ne cessent-ils jamais de fuir ? Ils ne marquent pas d'arrêt, pas de pause. Ils avancent, ne se retournent jamais, glissent vers la mer, et fondent vers l'oubli : comme des rêves.

Paris, 1997

Il y eut un dernier hiver. Dans ces vies-là, le succès ne fut jamais que des quiproquos, les défaites, elles, furent d'une matérialité inouïe. Marie, vingt-huit ans, morte des suites du sida. Sous la caméra à dix-sept ans. Sans protection, prise dans les éclairages, les perches, les jeux de rôle. Comment meurt-on ainsi ? Passant comme une phalène dans l'attraction d'une ampoule, par hasard, par malheur, on était là au moment où il ne fallait pas. Marie, dix-sept ans, sur les bandes jouait des jeux qui n'auraient pas dû être de son âge. Qui l'avait emmenée jusque sur ces tournages, prise dans les spirales d'un demi-monde où tout se pressait si vite, si bien, qu'on ne la remarqua même jamais ? Nul ne sait, et, quand sa mort tonna dans le ciel, personne n'entendit rien.

Plus tard, les parents dirent, *Mais qui donc a pris une enfant si jeune ?* Le chœur se tourna vers Paul-Bernard, la tragédie était ainsi réglée.

Nous étions en 1997, le petit Pierre approchait des huit ans. La famille quitta Paris dans la nuit, sans un mot. Elle s'installa dans une villa envahie d'aubépines, de poussière et de la cervelle d'Angelo. On abandonna la rue du Repos à Marguerite, on prit une retraite anticipée et derrière chaque pas le monde sembla se refermer sur Paul-Bernard. Il reconsidéra sa vie, en eut le dégoût qu'il avait jusque-là seulement affecté. Il voulut se racheter mais on ne se rachète plus quand tout s'est derrière nous refermé. On patiente. On enterre notre meilleur ami. On inscrit le fils dans une nouvelle école. On coupe les plantes du jardin devenues folles. On regarde les voiliers au loin passer. On se demande qui a-t-on tué. Combien. Il fallut qu'il y en eût d'autres, on découvrait lentement que les absentes, les filles dont on n'entendait plus parler, les bellâtres qu'on avait crus mis au vert, se tenaient dans le silence des hôpitaux, dans la pénombre des caveaux. Mais de quelles joies, de quels excès payait-on l'addition ?

On n'avait plus d'amis. Angelo était parti lui aussi. D'avoir été trop longtemps seul peut-être, d'avoir partagé depuis tellement de temps la vie d'une absente, de n'avoir plus su à qui parler, de n'avoir plus fait qu'une musique envahie de mort, de l'avoir approchée, cette dernière, continuellement, comme les aubépines remontent vers la terrasse, d'avoir tenu cette mort entre ses mains et enfin d'avoir voulu la régler. Une fumée longue, une trace, un soupir, la matérialité que laisse dans ses pas la logique abstraite des idées noires.

On ferma le poing dans le vide. Les nuits furent courtes, agitées des sons, des orages qui enfin éclataient. Marie dite Cynthia Jess, vingt-huit ans ; Bertrand dit Fernando Caldo, trente-trois ans : on tombait comme à Saigon.

Alors, Paul-Bernard fut enfin père. Il découragerait en son fils toutes les aptitudes au désespoir et, ainsi, il s'en découragea lui-même. Bientôt, ils reviendraient à Paris. Ils reprendraient une vie dans le silence, sans plus tellement d'argent mais suffisamment pour survivre dans la masse, pour éduquer un enfant qui de tout ce qui avait été perdu, payé, pleuré, devrait tout ignorer. Il parut qu'on y parvint. Il y eut des dimanches à Cergy, des étés dans la rue de la Ville-d'Hiver, des petites amies, des anniversaires, des photos collées dans des albums plastifiés puis bientôt dans des disques oubliés. Il y eut une collection de K7 *Walt Disney*, des dizaines d'oursons sur une étagère, des Playmobil qui passaient la tondeuse sur le parquet, des Lego qui dormaient dans la baignoire, des Kapla qui montaient jusqu'aux appliques, puis, de plus en plus, des chewing-gums dans les cheveux, des déodorants qui fleuraient la menthe poivrée et la puberté, des chaussettes sales éparpillées comme autant de nuits agitées, des compétitions de judo et puis plus du tout de judo, des deux-titres LaserDisc de Michael Jackson et puis plus du tout de deux-titres, seulement des iPod pleins à craquer des Strokes qu'on avait piratés sur Internet ; on voulut des jeans, des tee-shirts, puis on n'en voulut plus du tout. Enfin, on passa le bac. Ce jour-là, les parents ne songeaient plus à cette malédiction jetée en ces lointaines années. Et pourtant…

Et puis un jour, le petit Pierre était allé à Saigon. Depuis il dormait. L'enfant adoré, l'enfant protégé, l'enfant qu'on avait tant souhaité oublieux, innocent, moderne, plongeait dans le sommeil comme on retourne au passé. Dans ces vies-là, si le succès ne fut jamais qu'un quiproquo, les défaites, elles, furent d'une brutalité inouïe.

*

Pierre Motton avait éclairé la voie. Ce n'était pas les morts, les bonzes, les secrets du monde oublié qu'il cherchait parmi les fleuves et l'Extrême-Orient, c'était simplement comment vivre et comment, de l'infini indiscutable, se détacher. Sur le tarmac de l'aéroport de Saigon, un avion se posa.

ÉPILOGUE

CE QUI SERA INFINIMENT ACCORDÉ

Saigon, 2018

Dans l'aube électrique de Hô Chi Minh-Ville, Pierre aperçut avec une sorte d'appréhension les quelques lumières encore allumées de la nuit, le passage tranquille de l'aube mauve qui s'élevait du tarmac. Ramolli par le voyage et étourdi, il se trouva de nouveau dans l'aéroport climatisé, assis à regarder le carrousel des bagages. Il se pinça pour ne pas s'endormir devant le spectacle morne des valises infiniment tournoyantes. Puis il quitta le sas.

Alors qu'il se rapprochait d'une agence de taxis, une main se posa sur son épaule droite. *Bonjour*, entendit-il. L'interprète, à nouveau. Pierre écarquilla les yeux et fit un geste de recul. *Ah, vous ne m'attendiez pas*, dit l'autre, amusé. *J'avais pourtant laissé un signe à votre intention,* poursuivit-il. *Le lapin, vous auriez dû deviner. J'ai eu l'idée de venir vous cueillir ici ce matin.* Pierre, harassé par le voyage, n'avait pas l'esprit à la confrontation, alors il se laissa porter dans une sorte de cafétéria internationalisée de l'aéroport avec ses bagages. L'interprète voulait lui parler, le prévenir. Il l'écouta distraitement, en portant ses lèvres sur la tasse chaude. Au-dehors des vitres mates de l'aéroport, une lueur blanchâtre, teinte de lignages orangés, avivait faiblement le ciel. *Vous savez*, expliqua finalement l'homme, *la mémoire est une chose fragile, même dans un pays pacifié comme le Vietnam. Votre père n'est pas tellement apprécié par ici.* Pierre leva soudain la tête de son café. L'autre continuait, *Il est important, pour les gens qui m'emploient, de garder un œil sur les anciens de la guerre, surtout s'ils en font des films, vous comprenez ? Il y a des choses qui ne peuvent pas encore être montrées, peut-être que ça viendra un jour, peut-être pas.* Pierre, tentant de suivre la pensée de son interlocuteur, *Mais mon père, son film sur la guerre a été censuré en France...* L'interprète, *Pour le régime, les gens comme votre père ne sont d'aucune utilité, ce qu'ils font et ce qu'ils disent ne sert rien, sinon eux-mêmes.* L'homme regarda vers l'horizon, joua du sachet de sucre de son café. *Parfois, quand on ne sait pas choisir un camp, il vaut mieux se taire, vous comprenez ?* Pierre hocha vaguement la tête, il discernait mal la gravité de la situation, elle lui échappait. *Qu'êtes-vous vraiment venu faire ici ?* lui demanda-t-il alors. Pierre tenta d'être aussi clair qu'il put, *Je viens essayer de finir une église... en l'honneur d'un ami perdu. Que me reproche-t-on ?* L'espion plissa légèrement les yeux. *Rien, on ne vous reproche rien, on ne veut simplement pas que certains agitateurs reviennent ici avec des idées inutiles.* Puis, sentencieux, *Pendant la guerre avec les Américains, il y eut un comité d'évaluation des artistes. En ce temps-là, il y eut le cas Godard. Homme étrange, cinéaste talentueux mais politiquement douteux, vous voyez ?* Oui, il voyait. *Soit. Mais ce monsieur semblait éminemment favorable à la cause nord-vietnamienne. Le comité discutait : Que faire ? Il était suffisamment célèbre pour apporter quelque chose. Mais il avait réalisé un film sur l'Algérie et là se posaient de graves problèmes idéologiques. Le film était contre tout, pour rien et complètement désespéré. L'absence d'espoir est impardonnable quand on mène une guerre. Maintenant, venons-en à votre père. Votre père est un criminel de guerre qui, une fois la guerre finie, est revenu ici avec son film interdit en France. Il voulait le projeter dans le Sud, ça n'eut jamais lieu, naturellement. Alors, il l'envoya au comité dans le Nord. Qu'ont vu les patriotes ? Une histoire de types sans espoir qui commettaient des meurtres en ayant des remords de pacotille. Vous comprenez maintenant ?* Pierre observait le visage de l'espion, le type avait l'air d'un bon élève, probablement intelligent ; sa maîtrise du français était parfaite, la langue virevoltante. Son air rangé, sa chemise repassée fleuraient bon les hautes sphères de la fonction publique vietnamienne. Lui était posé là, avec ses deux énormes bagages qu'il avait eu du mal à fermer, un tee-shirt taché de café et un short de sport en synthétique ; il aurait voulu trouver tout cela comique mais il était fatigué. *Monsieur*, dit-il enfin, *je n'ai pas l'intention de diffuser des idées ou quoi que ce soit au Vietnam, je vous l'ai dit, je suis venu pour la petite église. Je partirai bientôt.* L'espion, moqueur, s'élança, *Mais vous n'avez rien appris de votre histoire ? Comment croyez-vous que la fin des empires orientaux a commencé ? Par des types comme vous, venus pieds nus et qui eux aussi voulaient construire des églises...* Soudain inspiré, *L'Occidental a pour merveille de la pensée le prosélytisme du christianisme, c'est sa gloire et sa perte.* Le sachet de sucre s'était déchiré, la poudre cristallisée maculait désormais la table. Il n'avait pas touché à son café. Pierre en commanda un deuxième, il voulait partir. Peut-être s'enfuir dans un taxi ? L'espion, sentant la tension, déclara finalement, *Je vous laisse. Mais rappelez-vous, ne faites pas de vagues !* Pierre opina. L'autre lui laissa une carte de visite : « *Duc Trang Nguyen, interprète* ». *Appelez-moi si besoin*, lança-t-il avant de disparaître dans les larges halls vitrés de l'aéroport. Pierre retint alors son souffle un instant, pour éviter une attaque de panique, et se leva pour rejoindre les taxis.

Le conteneur des pierres était stocké à Long Xuyen, à 200 kilomètres de Saigon. Pierre devait prendre un car qui partait à la fin de la matinée, avant de l'atteindre. Là, il avait réservé sur les conseils de Minh une chambre d'hôtel pour trois jours. Ensuite, il n'aurait plus de filet, plus de réservations. Il avait l'intention d'acheter un scooter pour se déplacer : l'église était un peu plus au nord de Long Xuyen, une trentaine de kilomètres plus avant le long du fleuve Bassac, un peu à l'est d'une plus petite municipalité,

Binh Hoa. Il n'avait pas encore quitté l'aéroport qu'il sentait l'indocilité profonde du monde qui l'attendait à l'extérieur, des obstacles et des pièges idiots, des détours et des blocages, comme autant de bêtes dans la jungle. Il héla un taxi et partit ainsi pour la zone ouest.

Assis dans le car en direction de Long Xuyen, il voyait se perdre par les vitres des sommes d'habitations comme bricolées, une poésie étrange de l'extension urbaine, autant de poteaux électriques accueillant nids d'hirondelles et conglomérats désordonnés de câbles, des maisons faites d'une tôle et d'un mur de béton presque à demi fendu, la cuisine donnant sur la forêt où se baignaient des enfants, une fleur qui ici poussait dans un baril percé ; à quelques endroits, le car passait devant des inconnus, des curieux, des écoliers, des jeunes gens réunis en essaims de motocyclettes, au loin, les arbres, fabriquant mille sarments, liaient ces mondes les uns aux autres, quand ils ne s'ouvraient pas, en grand, sur des rizières, des champs, des terrains vagues où quelquefois gisaient des constructions de béton abandonnées que l'on croyait prises par la rouille. La nature avait sa voie singulière pour récupérer les lieux qui étaient laissés à son service : en quelques mois, tout se parait d'une teinte verdâtre, marronnasse, et soufflait une haleine lourde de plantes, de moustiques, d'un oubli à venir. Peut-être, sous ces latitudes plus qu'ailleurs, la poussière se fabriquait-elle plus vite. À quelques reprises, le car s'arrêta dans un village dont on aurait peiné à distinguer les limites. Montèrent quelques locaux, le plus souvent des provisions plein les mains, des légumes et des plantes dépassant, craquant leurs sacs. Vinrent à lui quelques parfums d'huile de moteur, de citronnelle et de coriandre qu'on brise en deux. Le ronron du car continua ainsi encore quelque trente kilomètres, comme plongé dans un rêve à soi, fabriquant sur sa route une répétition innocente des mêmes motifs. Parfois, une rivière rougie, terreuse, que l'on passait finalement sur des ponts dont on voyait les armatures dans le béton effrité. Un drapeau souvent flotta, bannière rouge, étoile d'or. Le temps semblait ne plus passer, comme une boucle. Pierre en profita pour s'endormir.

Arrivé à Long Xuyen, il fut réveillé par l'agitation qui pénétrait le car. La ville était en heure de pointe, il avait fallu presque six heures pour l'atteindre depuis son départ de Saigon, désormais il était l'heure des sorties des bureaux, de l'étalement des commerces dans les rues, d'un fourmillement de fin de journée. Il tourna un regard vers l'extérieur, une ville colorée aux constructions modernes de faible hauteur, jaunes, pistache, orange, de grandes affiches imprimées ici et là affublées de toutes sortes d'inscriptions et, au loin, des quatre voies immenses. Il descendit à la gare routière, des vendeurs un peu partout, des pastèques ouvertes en grand, rouges comme du sang, des choses sans trop de formes connues grillaient dans la rue juste devant les échoppes, poissant l'air d'une odeur de feu humide, de cochon brûlé. Il tenta de trouver un taxi pour rejoindre l'hôtel, il sentit les moustiques le suivre de près, se coller à son cou, chanter dans ses oreilles, ce n'était parfois que le passage d'un scooter sans âge. Le chauffeur de bus finalement lui trouva un taxi. Il arriva ainsi à l'hôtel réservé par Minh. Il y découvrit un monde sans trop de références connues, un bâtiment qui aurait pu être autant la salle de quelque congrès du Parti communiste qu'un hôtel. Le lobby relevait d'un lustre un peu curieux, comme trop plein de rideaux, de tapis, de choses disposées dans une symétrie inquiétante, disproportionnée, prêt à accueillir des foules qui ne viendraient jamais. Il fut conduit à sa chambre par un groom paré d'un uniforme pastel, comme un steward. Enfin seul à l'intérieur, Pierre se laissa tomber sur le lit. Il ne s'autorisa pas à dormir toutefois, il sentait en lui une curiosité, une excitation qui le maintenait éveillé. Il eut alors l'étrange sentiment d'être au-devant des événements, poussant son chemin jusqu'au bord du monde, dans les ramifications du delta, plaisir probablement aiguisé par ce sentiment d'être ici pareil à un intrus, sentiment qui l'avait pris dans le bus où sa petite tête blonde se faisait bien seule. Il repensa à l'espion, il était loin désormais et cette affaire louche était sans trop de gravité pour qu'il s'y attarde plus.

Il sortit dans la rue qui longeait l'hôtel, marcha quelques mètres, sans trop s'éloigner, se sentant encore trop confus pour une excursion au loin dans la ville, s'arrêta à une boutique. Elle faisait l'angle, sa terrasse était bâtie avec des morceaux de tôle et de bois, à l'intérieur brillaient et gigotaient sur des étagères des jouets électroniques inconnus. Il fit halte à une table en plastique à l'abri de la terrasse. Un ventilateur attaché par quelques câbles de fortune chassait les moustiques. Une jeune femme vint à sa rencontre. Il demanda un café et une bière. Il avait tenté en vietnamien, ce ne fut pas complètement convaincant, il tenta en anglais, pas tellement davantage, en français enfin et ce fut compris. La jeune fille, se retournant vers lui, lui dit, *Tourisme ?* Elle décapsula la bière. Il lança un regard au loin, par-delà la rue gercée d'herbes folles, sur le fil des arbres d'un vert profond qui flottaient au-dessus des bâtiments voisins. Il chercha dans son crâne quelque chose à répondre, il ne sut. Il demanda dans un anglais banal si elle savait où il pourrait acheter un scooter. Elle s'assit à sa table, le surprenant, et dit, *Vous pourriez répondre quand même ?* Il bégaya, chercha ses mots, la regarda dans les yeux ; elle était jeune, probablement son âge, et portait un collier de petites pierres, comme un gravier orangé qui coulait ainsi dans son cou ; il s'attarda sur sa peau fine, d'une couleur mate comme celle des gens de l'ouest du Mékong, ceux qu'on avait crus formés dans la glaise rouge du fleuve. Elle riait. Passa sa main dans sa mèche de cheveux noirs. *Bah alors*, lui lança-t-elle, *on en perd sa langue ?* Il dit, *Je suis désolé, la journée a été longue, j'arrive de Paris. Ah*, fit-elle, se levant, sans cesser de sourire. Elle l'abandonna à son café et sa bière qu'il termina sans plus la quitter des yeux. Derrière le comptoir désormais, elle s'activait, rêvassait, parut chantonner, siffloter. Il n'en perdit pas une seconde. Le soleil disparut derrière d'épais nuages gris et bleu, comme s'il glissait derrière une montagne. Pierre remarqua qu'il paraissait ici plus lointain, plus petit, il ne se l'expliqua pas très bien. Il alla régler la jeune fille. Elle dit, *Alors un scooter ? J'en ai ici, si vous voulez, ils sont à l'arrière. Demain, je vous montre.* Elle jeta un regard dans l'arrière-boutique où Pierre distingua, au travers d'une moustiquaire, un débarras au loin, une auto, des roues, des pièces en métal, des chaînes, un garage. Il acquiesça, puis, faisant un signe en direction des nounours en plastique qui s'agitaient sur une étagère derrière elle, il dit, *Et ça, c'est quoi ?* Elle l'observa un instant, se tourna vers l'étagère, parut surprise, puis, revenant vers lui, *Aucune idée.* Elle fut prise d'un rire timide. Ce fut bref mais Pierre en eut une palpitation dans le corps, dans un lieu de son être qu'il ne connaissait pas bien. *Vous ne dînez pas ?* demanda-t-elle ensuite à celui qui cherchait dans son portefeuille des billets de dông tous poinçonnés du large sourire de Hô Chi Minh. Il parut hésiter puis, sans un mot, s'installa au comptoir de béton. Il la vit partir dans la demi-obscurité de la boutique. Dans ses cheveux brillaient les reflets d'une lampe bleue qui brûlait des moucherons. Elle prit une papaye d'un vert tacheté d'or dans une cuvette. Elle la lava dans l'eau qui jaillit de l'évier. Pierre suivit son geste avec une émotion singulière. Sur ses doigts ruisselaient des gouttelettes, les lumières fébriles de l'échoppe vinrent y frémir comme dans de petits miroirs. Elle chassa le sable de gestes doux, religieux. Enfin, elle prit un couteau argenté et la découpa en dés. Les carrés de papaye dégoulinaient désormais d'un nectar orangé. Elle jeta les petits cubes d'une main dans un bol, y ajouta une poignée de crevettes roses qu'elle pêcha dans un récipient, et quelques feuilles de citronnelle qu'elle froissa dans ses mains vivement. Puis, mettant ses cheveux en arrière, déposa le bol devant Pierre. Il la remercia, faillit effleurer la main sur le comptoir, se ravisa et goûta. Il crut à un miracle, un parfum de fraîcheur, d'herbe coupée. Il termina son repas en silence. Elle s'était assise au fond de la boutique dans la pénombre et elle parut dormir. Sous l'auvent de tôle, plus un bruit sinon la longue plainte du ventilateur.

Il faisait nuit désormais, il marchait le long de la quatre voies pour revenir à l'hôtel. Les éclairages qui inondaient l'obscurité de halos jaunâtres faisaient de grandes ombres ondoyantes sur le bitume craquelé. Les arbres respiraient du souffle profond de dormeurs. On sentait venir la fraîcheur du fleuve voisin. À sa droite passèrent des nuées de scooters, de vélos. Le ciel, de son étrange écriture d'Orient, se tapissait de traces éparses de nuages où venaient gésir des étoiles dorées inconnues. Il se sentit bien.

Long Xuyen, 2018

Au matin, Pierre se rendit à la boutique, suivant de nouveau le fil de la quatre voies, voyant passer à ses côtés des remorques et des camions, que parfois un bœuf, hagard, surmontait. Dans une sorte d'arrière-cour où venaient rôder des chats sauvages, il trouva sa motocyclette parmi le débarras. Celle qui avait coupé une papaye lui dit, *Moi, c'est Mai.* Le scooter était parsemé ici et là de rayures superficielles, de terre séchée et de poussière. Il passa la main dessus, l'acheta. Alors la jeune fille, enjambant la bécane, força le démarrage à la pédale puis, quand elle vint à crachoter, en fit tourner la roue arrière. *Tout fonctionne à peu près*, dit-elle. Elle l'avait racheté à un vieux de son village natal, avait depuis une moto, beaucoup plus puissante, qu'elle lui montra avec une fierté certaine : une Goldwing de 1996, rapatriée du Japon. Elle ne se déplaçait cependant quasiment plus qu'en pick-up, elle dit, *Les provisions, le bazar, c'est plus pratique.* La boutique, elle y venait tous les jours. C'était à son oncle. Elle avait étudié à l'université de Long Xuyen, mais elle ne se rappelait plus très bien quoi. Elle n'avait pas eu envie de quitter la région. Elle habitait un peu plus au nord, à Hoa Binh. Elle lui montra où remplir le réservoir d'huile. Elle dit, *C'est un modèle italien, je ne sais même pas comment il s'est retrouvé là.* Puis elle lui rapporta une éponge et un seau. Elle dit, *Nettoie-le et surtout le pare-brise.* Il obéit, sans mot dire. Il retira sa chemise, resta en marcel blanc et, patiemment, lustra la bécane.

Des poules vinrent picorer ses jambes. Dans l'échoppe, les jouets électroniques continuaient de s'agiter, allant en avant, en arrière, tout éclairés de diodes bleues et roses. L'arrière-boutique donnait sur quelque sous-bois où grossissaient des fougères sauvages, grandes comme des hommes, des parterres de poivriers et un goyavier solitaire. Les mouches s'agitaient autour de lui, de son éponge, il les chassait. La matinée ainsi passa sans trop d'événements. Parfois, Mai revenait vers lui et vérifiait qu'il avançait. Elle demanda, *Tu vas faire quoi avec ça ?* Il ne savait pas tellement quoi dire, il prétexta qu'il avait pensé à se déplacer avec. Elle dit encore, *Mais tu vas rester longtemps ?* Il répondit vaguement, il n'en savait rien. Il n'osait pas parler des pierres de l'église, il avait encore le souvenir de Duc Trang Nguyen qui le décourageait de faire des vagues. Mai haussa les épaules et se détourna. Il la regarda partir, disparaître derrière la moustiquaire. Il jeta un œil autour de lui, une baignoire abandonnée accueillait mille vies, des moustiques, de ces longues araignées qui marchent sur l'eau, une carpe peut-être au fond qui survivait en gobant les larves. Il était trempé de sueur. La crasse du scooter lui restait sur les bras, dans le cou. Il s'installa alors sur la selle, fit les gestes qu'avait faits Mai auparavant, entendit la bougie brûler en forçant la pédale, puis le ronron soudain du moteur dont il garda une émotion, une vague effusion de liberté. Au bruit, les poules allèrent se cacher sous les fougères, indignées. Il sourit. Depuis la boutique, le son rappela Mai. Elle vint à lui avec une bière qu'ils partagèrent. Jugeant le scooter, presque rafraîchi, presque en état de marche, elle se souvint, *J'ai été partout avec, parfois même jusqu'aux routes frontalières du Cambodge. Tu verras, il a son tempérament.* Pierre fixait à nouveau le collier de Mai. Il remarqua les quelques taches de rousseur discrètes sur l'arête de son nez. Mai ressentit une sorte de sympathie pour lui, les piqûres rouges que laissaient les moustiques sur sa peau blanche l'émurent, elle ausculta alors son cou, les légères ondulations de sa colonne vertébrale, la trace de ses os qu'on devinait sous le marcel, elle ressentait un élan, s'en distrayait aussitôt. Elle partit à l'intérieur de la boutique lui chercher un casque. Qu'allait-il faire aujourd'hui ? s'enquit-elle. Il allait se promener, tourner dans la zone, indiqua-t-il sans plus de clarté. En vérité, il comptait se rendre à Hoa Binh pour voir l'église, comprendre ce qui l'avait ramené jusqu'ici, en voir l'état, la structure. Peut-être aussi juger l'absurdité de la situation. Elle conseilla d'aller voir les marchés flottants au bord de l'eau. Il hocha la tête, il se demandait comment la revoir. Il renonça à lui demander, il n'était pas comme ça, il ne l'avait jamais été. Anne l'avait bien remarqué au temps où ils étaient étudiants ensemble, il avait fallu des mois avant qu'elle ne se décide à le confronter. Il n'attendait que ça, depuis autant de mois. Il était un peu aveugle aux évidences.

Il quitta la boutique sur son scooter, tournant avec scrupule l'accélérateur, jugeant que tout était trop rapide, trop brusque, puis rejoignant la quatre voies, pris dans le flot, il oublia sa prudence et poussa le deux-roues à ses limites. Il filait désormais, évitant les nids-de-poule, les craquelures du bitume, esquivant aussi les cyclistes ; à l'arrière d'une motocyclette, un coq le regarda passer dans sa cage de paille. Il rit. La route bientôt suivait le fleuve qui se déployait à sa gauche, le Bassac, dans son tapis d'ondes brunes. On voyait au loin la rive opposée, à peine sortie de l'eau, où brodaient sur la grève des pilotis de ferraille et de bois, des canaux creusés irriguant les rizières, des bateaux à moteur réunis en autant de communautés flottantes, une indiscernable trame de plantes aquatiques, d'arbres fruitiers et de pontons vermoulus. Il fut bientôt seul sur la route alors qu'il s'enfonçait dans la campagne. Il croisa un âne, le dépassant par la gauche. Il roula ainsi jusqu'à apercevoir l'îlot de Binh Tanh au loin, d'un vert parfait, presque fluorescent, où scintillaient les eaux de la rivière qui, comme d'un continent non émergé, venaient ici et là refléter le soleil gris du matin. Il prit confiance, approcha un chemin de terre plus proche de la rive, il longeait désormais les habitations qui donnaient directement sur le fleuve. Une série ininterrompue de constructions ombrées de rouille qui, à l'avant, se terminaient en pontons de pêcheur. Dans le ciel bas de la plaine s'étalaient de grands nuages blancs immobiles. Puis, avançant encore, plus une seule habitation. À sa droite, le fleuve ; à sa gauche, un étang qui s'étalait en un long rectangle miroitant où fleurissaient des plantes aquatiques, des orchidées ; seule la route de terre les séparait. Passant un petit pont de béton, il accéléra dans le sentier de sable rouge. La roue arrière patina, il freina alors brusquement et c'est tout le scooter qui lui échappa. Sans même avoir le temps de s'apercevoir de rien, il était traîné sur le sol de tout son côté gauche. Le scooter s'arrêta finalement un bon mètre plus loin, dans des buissons. Lui, la tête visant le ciel, la veste de Paul-Bernard largement déchirée au bras gauche, le jean maculé de poussière et de sang, s'évanouit.

Lorsqu'il se réveilla, le soleil avait décliné. Lui revinrent les images de l'accident et de Paris, au loin, au très loin. Il tenta de se soulever. Tout allait bien en apparence, le genou gauche, endolori, tenait encore. Le coude, il l'inspecta, était éraflé sur toute sa longueur, il y vit de la poussière, du sang séché. Il essaya de relever le scooter, le rapprocha difficilement du sentier, ne put le démarrer, s'énerva sur la pédale qui ne pouvait rien pour relancer le moteur. Il abandonna et partit s'asseoir au bord de l'étang. Quelqu'un finirait bien par passer. Dans l'eau argentée, les nuages immobiles se dessinaient comme dans une gravure. Il chercha dans sa veste son mobile de fortune, maudissant Minh de ne pas lui avoir laissé son téléphone. Allumant le portable, il ne sut qui appeler. Alors, il repensa à la carte de Duc Trang Nguyen. Il fouilla dans ses poches jusqu'à remettre la main dessus et il l'appela. L'espion répondit presque aussitôt. Pierre se présenta, il dit, *Je suis le type de l'aéroport hier.* Duc dit, *Que puis-je pour toi ?* Pierre raconta l'accident, l'isolement ici sur le sentier d'entre deux eaux. Son angoisse. Duc Trang essaya de cerner où était le Français. C'était peu clair, Hoa Binh, le fleuve Bassac, un îlot, *Oui, mais vous savez, des îlots sur le delta...*, Long Xuyen au nord, la route qui suit le fleuve, *D'accord, je vois à peu près, garde ton téléphone, je te rappelle quand j'approche.* Pierre, *Quand à peu près ?* Duc, *Tu as de la chance, je suis à Sa Dec, donc à peu près trois heures...* Pierre paniqua : et s'il faisait une hémorragie cérébrale sans même le savoir ? Duc rit au bout du fil, rétorqua qu'il le saurait bientôt. Ils raccrochèrent. Pierre se mit en tête de pousser sa bécane sur la route et de marcher ainsi jusqu'aux prochaines habitations, mais le guidon avait été voilé dans la chute, elle avançait en zigzaguant, manquant le faire retomber ; il se découragea et attendit, assis sur le cadre du scooter renversé au sol.

Duc le trouva ainsi, le ciel déjà étoilé, la pleine lune rayonnant dans le crépuscule. Il sortit d'une berline grise en costume bleu foncé, marcha sur le sentier de boue avec des chaussures de ville, sembla s'en exaspérer mais vint jusqu'à Pierre et ausculta ses plaies. *Ça va aller, je pense... Avec quel engin de mort t'es-tu fait ça ?* Pierre désigna son scooter. *Mais c'est quoi, cette antiquité ?* Duc donna son bras à Pierre, qui se releva. *Je te ramène où ?* Pierre lâcha, *Paris... Plus près s'il te plaît*, dit, moqueur, Duc. *Long Xuyen dans ce cas*, répondit le blessé. Pierre avisa les chaussures complètement recouvertes de boue de l'espion, le haut de ses chevilles. Il coula un regard discret vers le visage du Vietnamien et de la gravité de l'aéroport ne trouva plus trace. Il dit, *Merci, vraiment.* Duc, se tournant vers lui, fit un sourire amical, gêné aussi. Le Vietnamien démarra alors sa voiture, qui ne répondit pas. La boue avait gagné les roues arrière et la berline n'avançait plus. Ils se regardèrent tous deux, soudain pâles. La nuit était désormais complètement tombée. Plus une lumière à l'horizon sinon les habitations au loin. Duc réfléchit, appela des contacts, s'énerva. Il sortit de la voiture, enchaîna les clopes. Ils avaient désormais tous deux de la terre humide jusqu'aux genoux, épuisés, plongés dans cet état où la colère n'avait plus même d'objet.

Soudain, ils virent au loin un pick-up approcher. À bord, Mai avait vu depuis la route la berline projetant de longs feus bleutés sur l'étang. Elle descendit du pick-up et, à la vue de Pierre que les phares défiguraient, faisant de son visage un masque, elle eut un fou rire immédiat. On n'entendait plus que le chant des crapauds, régulier, qui tapissait la nuit. Duc se jeta sur la jeune fille, s'expliqua en faisant de grands gestes, d'abord le scooter, puis la voiture, tout était ici enseveli dans la boue du chemin et plus les heures passaient, plus l'eau montait dans la terre. Mai fit un geste sur l'air de n'en dites pas davantage. Elle les fit monter dans le pick-up. Duc s'inquiéta pour sa voiture, elle dit, *Demain matin, l'eau sera redescendue, je te tracterai la voiture sur le pont et tout ira bien.* Il ne protesta pas. Les deux garçons se tinrent côte à côte dans le véhicule de Mai et, quand elle démarra, il leur échappa un soupir de soulagement. Pierre sentit venir à lui les douleurs, il avait été complètement dévoré par les moustiques, le genou gauche gardait une sorte de traumatisme, comme un bleu à venir ; par chance, le jean avait protégé l'épiderme et il n'avait là qu'une brûlure superficielle ; sur le coude en revanche, l'affaire était plus sanguinolente. Il prit le parti de ne pas s'en inquiéter encore. Mai les conduisit jusque chez elle. Des chauves-souris voletèrent dans le carré d'or qui suivait le sentier. Ils arrivèrent enfin chez Mai, une maison de pierre ancienne que coiffait un deuxième étage de béton et de tôle. Duc avait protesté durant la route, il prendrait un hôtel, disait-il, Mai riait, quel hôtel ?

L'un après l'autre, comme des écoliers, ils passèrent sous la douche. Une minuscule dalle de béton où une citerne versait une eau rafraîchie par le temps. Dans le froid de la nuit, ils claquaient tous deux des dents, nus comme des vers, se regardant d'un œil sidéré, ni l'un ni l'autre n'étant habitué à une telle sobriété. Mai, qui se tenait non loin dans la cuisine où elle allumait un réchaud à gaz, riait en mimant celle qui ne regardait pas. On passa de l'alcool de riz sur le coude de Pierre. Duc voulut se moquer mais, ayant dû abandonner son pantalon détrempé de boue et se tenant en slip et chemise dans la cuisine, n'eut pas tellement plus de motif de fierté. Mai tendit à Pierre une vieille veste de coton qui avait dû appartenir à un homme de la famille. Elle sentait le sel et l'herbe sèche. Il l'enfila et bientôt tous trois se mirent à table, éclairés par les ampoules jaunes qui tombaient du plafond. On mangea avec un ravissement singulier la soupe chaude qu'elle servit. Ils se fixaient en voulant lever le voile d'embarras qui subsistait. Mai tenta alors, *Comment vous vous connaissez, vous deux ?* Les deux garçons se tournèrent l'un vers l'autre, gênés. Pierre sortit Duc d'une mauvaise passe, *Je suis venu au Vietnam ce printemps pour le travail et Duc était interprète.* Oubliant le lapin, les menaces, ce fut plus simple ainsi. Duc fit un signe approbateur. Mai, le regardant, *Tu n'es pas d'ici, non ? Qui se risque sur une digue avec une berline neuve ?* Duc, *Je suis né à Hanoï et je vis à Hô Chi Minh-Ville. Je n'étais jamais venu jusqu'ici à vrai dire.* Pierre saisit alors l'instant pour se rapprocher de Mai, *Et toi, tu vis ici ?* demanda-t-il sur un ton qu'il aurait voulu moins méprisant. Elle éclata de rire. *Oui, votre pauvre serviteur vit dans ce modeste logis, ça ne l'empêche pas de vous avoir sauvé les fesses !* Elle se leva, riant toujours, et débarrassa la marmite de la table. Se rasseyant, elle dit à l'intention de Pierre, *Vais-je enfin savoir ce que tu fais là ou c'est toujours un secret ?* Le Français regarda Duc, voulant vérifier auprès de celui-ci qu'il pouvait parler librement. L'autre ne lui en laissa pas l'occasion, il répondit à Mai, *Eh bien figure-toi que ce petit gars a ramené ici des pierres venues de France pour finir l'église de Hoa Binh...*

L'église qui a été abandonnée il y a bien quatre-vingts ans maintenant. Je le suspecte d'être fou ! Duc avait dit cela avec un timbre radouci, on eût presque cru qu'il avait une certaine admiration pour Pierre. Ce dernier baissa la tête, attendant la réaction de Mai. Elle pouffa et dit, *L'église sur l'île ?* Ses yeux se posèrent sur Pierre. *Mais ça n'est pas possible de la reconstruire, tu sais ? Elle est à terre, il ne reste que trois ou quatre murs. Je la connais bien, mon grand-père vit à côté...* Mai proposa de l'emmener pour qu'il voie par lui-même, pour qu'il renonce aussi. On trinqua avec un reste d'alcool de riz. Mai, allumant un vieux transistor, laissa la demi-pénombre être envahie de chansons folkloriques, des contes d'amour et de jeunesse, des poèmes de villages et de rivières, qui bercèrent Pierre. La douleur lui sembla refluer, il jugea alors l'habitation. Sur les fenêtres dansaient des fissures entre quelques moulures à moitié effondrées, une échelle montait vers le logement qui était posé au-dessus de la vieille structure. Le sol, lui, était pour l'essentiel fait de terre battue d'où parfois sortait une dalle de pierre. Des plantes avaient poussé à l'intérieur même des murs, elles avaient été coupées, seules les racines dormaient encore à terre. Derrière le réchaud, il distinguait une ancienne cheminée, une photographie au mur recouverte d'une pellicule de poussière, des fruits pendaient dans un filet de corde, une bougie ondoyait dans le creux d'une niche. Elle leur fit faire la vaisselle tandis qu'elle préparait un lit dans l'espèce de cahute surmontant la vieille maison. La tuyauterie vrombit et se mit à tonner quand l'eau coula.

Au-dehors, des hululements indistincts venaient jusqu'à eux. Et le chant des batraciens qui se mêlait à la plainte du transistor.

À l'étage, les deux garçons découvrirent la chambre qui était pareille à une cabane dans un arbre. Le matelas de Mai tenait sur un sommier fait de grandes branches cloutées les unes aux autres. Un fil électrique alimentait une ampoule nue. Des ouvertures dans la tôle étaient barrées de moustiquaires, et au-dehors glissaient lentement les étoiles. Elle leur désigna un petit futon sur lequel elle avait déposé deux draps. Ils la remercièrent encore. Elle leur fit signe de ne plus dire un mot et d'aller dormir. Alors, sans trop savoir comment s'y prendre, Duc et Pierre tentèrent de tenir à deux sur le lit d'appoint. Pierre savourait les énigmes de leurs rencontres, les approximations de leur relation. Duc, lui, était serein en dépit des événements, il se trouvait bien là, perdu dans le delta, comme auprès d'une famille du hasard. Quant à Mai, elle avait apprécié son rôle de sauveteuse : elle n'avait plus eu d'amis de son âge depuis que sa mère était décédée, trois ans plus tôt, la forçant à quitter Long Xuyen. Elle était devenue de ces humains que la solitude reprogramme, changeant leur emprise dans l'espace, leur lien avec les éléments naturels, réduisant leurs mouvements, approfondissant leurs regards. Elle n'avait pas de regrets, la boutique suffisait à sa curiosité du monde. Ce qu'elle était venue chercher dans cette maison au bout du fleuve, perdue dans les goyaviers et les arbres aux feuilles grandes comme des bras, était d'une autre nature. Elle éteignit l'ampoule, et aussitôt le clair de lune vint bleuir la chambre. Encore, au-dehors, les crapauds chantaient.

Se réveillant, Pierre surprit Duc, le visage froissé par le sommeil, collé tout contre lui. Il descendit par l'échelle, trouva Mai faisant chauffer de l'eau sur le réchaud. La lumière du matin inondait la maison d'une clarté intense brûlant la poussière. Mai portait une simple tunique de lin blanche. Ses cheveux retombaient dans son dos en lacet. Il resta un instant suspendu à l'échelle, l'observant dans cette lumière, lui trouvant des grâces sacrées, tout auréolée de l'humilité de sa maison, de la simplicité de gestes mille fois faits. Elle l'aperçut et elle dit, *Bien dormi ?* Tous deux s'assirent à table et elle versa le café dans de petites tasses d'argile. Il porta la sienne à ses lèvres, sans quitter Mai des yeux. Elle s'empourpra et baissa la tête. Un chaton noir vint se faufiler entre leurs jambes, miaulant. Elle le prit sur ses genoux, lui gratta le crâne. Elle demanda, *C'est vrai, cette histoire d'église ?* Pierre raconta alors la mort d'Alexandre, de son père qui avait été soldat ici, les funérailles de l'un, de l'autre, l'idée que Minh avait eue, les pierres qui étaient désormais les siennes. Elle écoutait en réfléchissant, comme si elle cherchait une solution. Finalement, elle jugea qu'il faudrait lui présenter son grand-père, *Il vit dans les ruines, si tu veux amener les pierres là-bas, il faudra son accord. Et c'est un vieux qui ne manque pas de caractère...* Elle rit. Duc, qui les avait entendus, descendit de l'échelle à son tour. Les cheveux en pagaille, ses lunettes sur le nez. Il fut décidé qu'on partirait bientôt pour aller chercher leurs véhicules au bord de l'étang. Duc voulut reprendre une douche, il se sentait encore confus, il devait rentrer au bureau dans l'après-midi, voulait paraître présentable.

Mai et Pierre l'abandonnèrent et partirent marcher dans le jardin, un jardin immense, ou plutôt une prairie que rien ne terminait sinon l'horizon au loin. Suivis par le chaton, ils se perdirent bientôt dans des herbes hautes qui ployaient sous le vent léger. Tout était spongieux, boueux. Elle s'arrêta, chercha la main du jeune homme et le tira vers son ventre, l'y plaqua, le força à l'enlacer. Elle reposa ensuite sa tête sur son torse. Elle lui souriait. Il laissa le vent lui rapporter son parfum empreint de citronnelle, de miel, de réséda. Il ferma les yeux. Il passa enfin les deux bras autour du corps de Mai, voulut la parcourir, la sentir encore. Elle se tourna pour l'embrasser, lui mordit la lèvre. Il en resta étourdi. *Ça suffit*, jugea-t-elle, puis elle disparut, le petit chat noir à ses trousses. Il demeura perdu, excité comme un adolescent, plein du sentiment d'être plus loin que le bord du monde.

Mai n'avait pas menti, le fleuve avait refoulé et l'on put tracter la voiture de Duc hors du sentier. Elle se ralluma bientôt, il vérifia que tout fonctionnait, se rassura, alluma une cigarette. À trois, ils tirèrent ensuite le scooter des buissons qui le retenaient. On le remit sur la route à son tour, Mai, serrant la roue avant entre ses jambes, redressa le guidon. Elle fit un rapide tour de la motocyclette, joua des freins, le régulateur et le carburateur avaient pris un coup. Duc dit qu'il devait partir, qu'il était attendu. Mai lui assura qu'il pourrait revenir dormir chez elle, s'il devait encore s'enliser dans quelque rizière de la région. Les trois riaient désormais de leur infortune. Sur un poteau électrique, des hirondelles les observaient. Sur le fleuve passèrent des pêcheurs.

Avant que Duc ne reparte pour Saigon, il prit Pierre à part. Ils longèrent l'étang. Duc, *Tu sais, quand j'étais enfant, je voulais faire du cinéma, va savoir, j'ai pas eu de chance, j'ai fini autrement. Qu'importe, ce que je vais te montrer, tu n'en parles à personne.* Il sortit son téléphone de sa veste et, fouillant ses mails, trouva de vieux tirages numérisés. Pierre crut voir une rue dans laquelle se tenaient un arbre et des choses qui flottaient, comme des chapeaux et des confettis ; plus loin, une prairie, pareille à celle qui s'étendait devant la maison de Mai ; au milieu, quelque chose de difficile à reconnaître, des chaussures peut-être, il zooma, eut un haut-le-cœur. *Ce sont les photos que ton père a prises ici en 1950 ou peut-être 1951, les négatifs avaient été volés par le Viêt-minh et gardés à Hanoï dans les archives. Quand j'ai dû faire ta fiche, j'ai trouvé une référence et vu ces photos. Je ne sais pas forcément ce qu'elles disent... Je suis désolé, vraiment désolé.* Il se tut. Sur l'écran du portable, la tête percée d'une balle de l'institutrice du village. Plus loin, à nouveau, un charnier, des restes humains. Plus avant encore, les cendres de l'officier Matthieu. Toutes les exactions que Paul-Bernard n'avait pu empêcher et qu'il avait alors prises en photo ou filmées. Conservées ensuite à l'insu de l'armée, chez Motton pour un film à venir, pour un livre à brûler. Toutes étaient faites d'une même boue, d'un même sentiment insaisissable de culpabilité et d'innocence, l'étrange faute de celui qui regarde, de celui qui ne se lève pas contre l'horreur, mais la retient dans le fond de son optique. Pierre arrêta de se repasser les archives de Paul-Bernard, rendit son téléphone à Duc et, las, accablé, fit quelques pas en direction de l'eau. Les nuages, encore, s'y dessinaient nettement dans un gris de métal, le temps paraissait flexible, répétitif, quelque chose ne tournait plus. Il chercha un appui, se laissa choir sur le sol, puis bientôt, sans un mot, s'endormit. Mai, qui, au loin sur le sentier, les attendait dans son pick-up, avait cru voir Pierre tomber. Elle sauta de sa remorque et courut. Aussitôt qu'elle eut gravi les derniers mètres qui le séparaient d'elle, elle s'agenouilla et le prit dans ses bras, le serra, chercha son pouls. Duc revint sur ses pas, sans un mot, les mains dans les poches. Mai, sévère, lui demanda, *Que lui as-tu fait ?* Duc, désolé, *Rien, je voulais lui montrer un truc, un truc qu'avait fait son père. Les photos et films que son père avait pris ici pendant la guerre. Les crimes des Français, peut-être même les crimes de son père...* Pierre, revenu à lui, essaya de sourire et voulut prendre la main de Mai. Elle avait compris sans qu'on ait eu besoin de lui expliquer, et dit à Duc avec agacement, *C'est n'importe quoi cette accusation. Et toi ? Qu'est-ce que tu crois que tes grands-parents faisaient pendant ce temps ? Et les miens, moi qui suis du Sud, tu penses qu'ils se tournaient les pouces en attendant la libération du pays ?* Elle garda la tête de Pierre contre elle, comme une mère. Duc n'osait plus rien dire.

Qu'avaient-ils fait au juste tous les trois ? Rien que pousser dans les ruines de leurs pères, sans fierté, sans raisons, sans excuses. Les hirondelles, du haut des câbles électriques, regardaient curieusement ces trois jeunes gens lourds d'une peine depuis longtemps recouverte par les rizières, les forêts et tant de crues du delta.

Hoa Binh, 2018

Six matins avaient passé. Pierre partageait désormais son temps entre la petite maison de Mai et sa boutique de Long Xuyen où, patiemment, il réparait son scooter endommagé sous les instructions de la jeune fille. Le soir, ils revenaient vers Hoa Binh dans le pick-up et allaient s'endormir bien vite dans la cabane sur la maison écroulée. Au troisième jour, ils avaient récupéré en ville la cargaison de pierres de taille, dans la benne ; ils l'avaient rapportée près de la maison, attendant de trouver un bac pour passer les pierres sur le fleuve et leur faire ainsi rejoindre le petit îlot où l'église les attendait, sans tellement s'en souvenir peut-être, depuis maintenant soixante ans.

Pierre alla visiter sa cargaison à l'aube. Il toucha du bout des doigts les poinçons martelés dans la roche rose. Il chercha la pierre creusée où se trouvaient les cendres, apposa les mains dessus et pria. Puis il s'assit, observant le ciel, les grandes nuées des oiseaux partant vers le nord, l'ondée tranquille des prairies sous le vent, quelque chose d'un présent vécu comme tel l'accueillit. Il alla ensuite préparer le café pour Mai, la surprenant par son caractère matinal. Elle trouvait qu'il allait mieux, qu'il s'était épaissi, que sa peau avait pris un teint plus rose, plus ensoleillé, que l'exil dans son petit royaume lui était bon. Il dormait encore, elle avait remarqué cette curieuse manie mais elle ne s'en inquiétait pas, elle en avait même formé une sorte de superstition, elle croyait qu'il partait vers un ailleurs divin. Le plus souvent, c'était le matin qu'ils faisaient l'amour. Il la prenait dans le dos, elle lui laissait relever sa tunique de lin d'un geste léger puis elle posait une main sur le mur, s'y retenant, il cherchait ensuite ses seins, y déposait sur les contours des caresses, une goutte de sueur lui tombait des tempes dans la montée du désir. Elle cherchait ses lèvres du bout des siennes, se contorsionnant, laissant ses cheveux lui retomber sur la poitrine, haletante ; elle les trouvait enfin, les mordillait. Leurs pieds entremêlés sur le sol se confondaient. La chaleur de la saison leur faisait perdre des perles de sueur, de sel, d'amour. Parfois, elle demeurait là, vidée, pas encore rincée à l'eau claire, allongée entre ses jambes à lui, et elle observait son sexe se désemplissant de force.

Elle lui avait demandé, le deuxième jour, s'il pensait à d'autres femmes quand il la prenait. Il avait dit non, sans y penser. Elle avait rétorqué, comme vexée, qu'elle, elle pensait toujours à d'autres hommes que lui. Elle voulut qu'il en fasse autant. Toute la journée suivante, il resta habité par cette question. Il la regarda à la dérobée ce jour-là, se demandant de quels hommes elle parlait, quels étaient ceux qui étaient dans ses pensées, il en conçut une pointe de jalousie, la perdit aussitôt, reconnaissant qu'il était un intrus dans sa vie à elle, et il se demanda si elle pensait à un homme qui avait été avant lui, qui avait peut-être été *celui-là*, celui qu'elle avait voulu, celui qu'elle avait perdu, il sut alors qu'il ne pourrait rien contre un tel passé, ne voudrait rien contre un tel passé. Il songea que ça ne valait pas la peine de s'y attarder. Il tenta de réfléchir en des termes plus simples : n'était-il pas empli d'une étrange allégresse le matin, après l'avoir prise ? Il jugea qu'il ne pouvait rien demander de plus que cet instant où il jouissait, qu'il n'y aurait jamais rien de plus inattendu que d'en être heureux et délassé, que c'était déjà le sommet, comme cueillir, matin après matin, un fruit mûr jusqu'à l'excès, jusqu'à ce que le nectar en sue, sur un arbre infiniment donnant. Ainsi, il ne voulut plus en savoir davantage. Ne sachant plus rien, ne pensant plus rien, il sentit le glaive tomber à ses pieds : toutes les femmes, tous les hommes, toutes leurs unions venaient à ses pensées quand il la prenait. Ce fut d'une clarté sans détours. Il lui avait enfin répondu, *Oui*. Elle avait alors dit, *Tant mieux*, puis s'était levée et avait lavé son sexe à l'eau claire. Depuis, ils n'en parlaient plus, il n'y avait rien de plus à dire. Ils se levaient, portaient le café à leurs lèvres, s'approchaient, s'épuisaient, jouissaient, se lavaient, partaient vers la ville, travaillaient, revenaient à la maison, dînaient, marchaient un instant dans la nuit bleutée, montaient finalement l'échelle et s'endormaient. Au lever du jour, sous une lune à peine changeante, recommençaient. N'était-ce pas l'éternité ? Toutes les unions ne venaient-elles pas s'abreuver dans leur lit, dans l'eau qui de leurs corps s'évaporait ? Linda, Paul-Bernard, Marguerite, Angelo, et combien d'autres encore persistaient dans leur éternité à travers ces deux-là qui s'unissaient ? N'est-ce pas ainsi, dans la sueur des amoureux, que subsistent tous les amoureux depuis l'aube des temps ?

Au sixième jour, le scooter repartait. Il roula dans la ville de Long Xuyen où le matin était sombre, couvert d'un matelas lointain de nuages verts. Il alla de quartier en quartier, fuyant sur la quatre voies enfin apprivoisée. L'oncle de Mai était à l'échoppe lorsque Pierre revint. L'homme rentrait de Saigon avec encore d'autres jouets électroniques, qu'il disposait sur les étagères. Pierre se présenta. L'oncle lui demanda aussitôt s'il voulait vraiment reconstruire l'église de l'îlot. Pierre opina de la tête, vaguement, sans en être complètement certain. L'oncle fut amusé. Il expliqua que Mai lui avait raconté pour les funérailles d'Alexandre et de Paul-Bernard. Pierre chercha à comprendre les expressions du visage de l'oncle, mais quelque chose lui échappait. L'homme continuait à installer ses petites choses plastifiées sur les étagères. Bientôt, il les allumerait et elles se mettraient à gigoter. L'oncle, finalement, dit, *Le grand-père parle aux morts, tu veux parler avec les tiens ?* Pierre, croyant ne plus comprendre, sans trop savoir démêler la blague de la légende, répondit, *Seulement penser à eux. Ah !*

fit, ragaillardi, l'oncle. *Penser à eux… On pense, on pense, on pense et puis plus rien, pfiou, plus rien.* Il prit sur l'étagère un ourson en plastique, le tendit à Pierre. Celui-ci le prit dans ses mains, le jouet était éclairé de l'intérieur par des diodes roses, bleues, jaunes, qui s'allumaient et s'éteignaient sans tellement d'ordre. Il le regardait de deux yeux fixes creusés dans le plastique, une langue brillante pendait du bout de son museau. Pierre l'observa, curieux. L'oncle dit alors, *C'est pour ceux qui pensent un peu trop.* Puis il éclata de rire. Pierre persista à fixer l'ourson en plastique, il s'allumait, s'éteignait, s'allumait encore. Il se sentit fatigué.

Mai était partie louer un petit bateau pour conduire les pierres de roches roses sur l'îlot. Ils partiraient le lendemain matin à l'aube. La jeune fille savait que, le scooter réparé, l'homme ne tarderait pas à quitter le nid. C'était ainsi depuis l'aube du temps, les chansons folkloriques ne disaient rien d'autre.

Thap Dao, 2018

Ils s'y reprirent à quatre reprises pour traverser le fleuve Bassac avec les pierres de taille. Duc avait été convoqué pour donner de sa personne, il se tenait au loin sur la berge, halant le bac au retour ; Mai, elle, sur l'îlot en face, tirait l'embarcation. Pierre, au milieu, forçait l'eau d'une longue pagaie pour guider le bateau à moteur. Sur les flots cuivrés, l'embarcation avançait sans tellement de difficulté mais ne pouvait supporter le poids que d'une vingtaine de pierres à la fois. Au loin, on distinguait les roseaux qui s'avançaient par-delà l'îlot sur des dizaines de mètres et dressaient là comme une muraille naturelle. C'était au travers de ceux-ci qu'on gagnait la rive, doucement, en faisant attention de ne pas y rester prisonnier ; au retour, on empruntait le même chemin, puis on chargeait à nouveau le bac de pierres. Duc se plaignait d'être venu jusqu'ici faire une tâche aussi insensée, Mai ignorait superbement ses récriminations, Pierre le remerciait. En vérité, l'espion était ravi de revenir chez ses amis. Il n'en avait pas tellement d'autres. Ses mains de fonctionnaire étaient lacérées et brûlées à force de guider la corde, il les regardait avec un dégoût fasciné, s'en sentait curieusement vivifié. Lors du dernier passage, il monta avec Pierre sur l'embarcation et se laissa choir contre les pierres. De là, il regarda le ciel, épuisé, et ses muscles sonnés lui parurent vibrer sous sa peau. Il aperçut des canards qui voguaient tranquillement vers la berge. Une aigrette fila au-dessus d'eux. Le ciel caressait sans efforts les contours de la rivière, comme un reflet. Le clapotis indolent de l'eau montait à lui tel un soupir.

Ils descendirent du bac et trouvèrent la vieille 50 Ape du grand-père de Mai. Ils la chargèrent et partirent, Pierre et Mai à l'avant, Duc fumant à l'arrière de la remorque, brinquebalé par les sinuosités du sentier, se retenant pour ne pas tomber. On atteignit ainsi la confluence de la rivière Vam Nao et du Bassac, une bande de terre à peine émergée qui culminait en son centre par une modeste colline qui ne devait pas dépasser les six mètres de haut. Sur ses flancs, une dense végétation d'arbres d'où tombaient de petits fruits ronds et verts, des résédas aux grandes flammes mauves, des fourrages rampants. À peine distinguait-on le sentier qui menait en haut de la colline où s'élevait dans l'invasion des lierres et des chèvrefeuilles l'église abandonnée. De là où se tenaient les trois jeunes gens, on n'en apercevait que les voûtes couronnant la nef. Des lunes de pierres roses qui se dressaient vers le ciel. Le soleil filtrait à travers les bottes d'herbes sèches qui s'étaient installées dans les cavités de la roche, les rayons y filaient comme dans un tamis. Pierre sentit une vibration lointaine dans son crâne, il se sentit envahi d'une eau nouvelle, fraîche. Il descendit du vieux tacot et fit un premier pas sur le sol humide, les autres le suivaient, s'attendant à un miracle sans même se l'être dit. Il ne pouvait plus en être autrement, tant de hasards, de circonstances avaient conduit à ce jour que Mai et Duc espéraient que l'eau des fleuves pourrait s'évaporer, que le ventre du monde pourrait se refermer, que le chant des anges pourrait résonner dans la plaine. On marcha ainsi jusqu'à la pente de la colline. Au loin, des bateaux de commerce passaient sur la rivière Vam Nao et descendaient vers le Mékong. Les alluvions de la saison teintaient la rivière d'un rouge de terre et, à la rencontre de l'affluent, les couleurs se mêlaient comme sur une palette de peintre, s'étalant en de grandes circonvolutions vermillon, brunes, verdâtres où venaient mourir de petits tourbillons blancs.

Seul, Pierre gravit les quelques mètres qui le séparaient de l'église. Il avança ensuite dans la nef dont le sol était pavé de dalles de granit. Un crucifix, lustré par le temps et la pluie, surplombait encore l'autel. Le transept n'était plus marqué que par les pierres posées sur le sol comme autant de murs à venir, et, selon les souvenirs exacts de la grand-mère d'Alexandre, le chevet était en son milieu ouvert sur le ciel, donnant sur les deux cours d'eau qui s'embrassaient et, au-dessus, les sommets des montagnes bleues. Pierre souffla un instant, inspirant l'haleine des roches et de la nature envahissante. Il y retrouva le parfum qui nous retient longuement dans les ruines, cette trace de vie qu'elles persistent à contenir dans l'humidité qui, comme dans un ventre, digère les pierres dans leur sommeil. Il pivota sur lui-même pour mieux saisir la forme qui n'était pas advenue, essaya de situer où auraient dû s'élever les murs et la voûte. Le temps n'avait pas été clément, il avait façonné la vieille église selon sa propre volonté et bientôt on eût gagé qu'elle n'avait jamais été que cette forme étrange, organique, comme les ossements d'un Léviathan dont les côtes traversaient le ciel. Il redescendit de la colline sous les yeux impatients de Mai et Duc qui se jetèrent sur lui, *Alors ?* Pierre, ne sachant pas quoi leur répondre, mal à l'aise devant leur excitation, signala simplement que les pierres étaient bien roses. Ils s'assirent alors tous les trois au bord du chemin. Duc lut sur son téléphone, sur un ton de dictionnaire, *L'église Sainte-Marie-de-l'Espérance a été construite en 1951 sur l'îlot sauvage de Thap Dao, îlot alluvionnaire du Bassac, par un missionnaire français du nom de François Taillefer. Jamais achevée, la petite église aurait été victime du trafic de piastres indochinoises. En raison du changement climatique, l'îlot Thap Dao pourrait connaître bientôt le même sort que l'îlot de Ca Doi, disparu en 2005.* Il rit, *Il ne va pas falloir traîner pour la reconstruire*. Pierre regardait dans le vague, ne savait plus quoi penser. Ignorait s'il était déçu ou bouleversé. Ne sut que faire du deuil et des mots avec lesquels il était venu jusqu'ici. Les gestes qu'il aurait dû faire, les émotions qu'il aurait dû ressentir lui apparaissaient une nouvelle fois dans le dénuement d'une langue étrangère.

Ils montèrent les pierres en haut de la colline. Ils les réunirent au centre de la nef. À côté des fondations de l'église, elles étaient d'un rose éclatant. Épuisés, ils s'installèrent sur le tas ainsi formé et s'abandonnèrent un instant à une divagation sans plus de paroles. Les uns cherchant à se mettre à la place de Pierre, à donner du sens à la situation, voulant trouver le geste qu'il pourrait faire ; l'autre se mettant à la place d'Alexandre, imaginant ce qu'il aurait voulu, ce qu'il aurait fait. Ils restèrent jusqu'à ce qu'un vieux monsieur, trempé jusqu'aux os, habillé d'une tunique de lin rapiécée, entre dans la nef. De longs cheveux blancs épars lui tombaient sur les épaules en dégouttant, une barbe, au moins aussi longue, se confondait avec la couleur passée de son vêtement. Il prononça le prénom de Mai et la jeune fille sortit de sa rêverie, s'approcha de son grand-père. Le salua avec dignité puis, lui donnant le bras, le rapprocha des deux garçons. Sur ses pas, il laissait des traces d'eau. Finalement à l'approche du tas de roches, il avisa Pierre et lui dit, *Alors, c'est toi qui viens finir le boulot ?* Pierre le salua, imitant Mai, et vint à sa rencontre. De ses yeux voilés par l'âge, le grand-père ausculta le visage de Pierre. Puis glissa dans le cou du jeune homme sa main droite. L'eau et la froideur de la peau du vieillard firent frissonner Pierre. Le vieux, s'approchant encore, releva le menton du jeune homme de sa main gauche et lui fit regarder le ciel. À son oreille, il dit, *Combien de fois t'es-tu assis dans l'oubli, petit*

Pierre ? Ne lâchant pas le jeune homme, le forçant à viser dans le ciel le passage des oiseaux, la densité des nuages, l'éclat passé du soleil, il continua, *Es-tu sourd au cri que peut nous arracher l'effroyable disproportion de ce qui est gagné à ce qui est perdu, de ce qui est accordé à ce qui est souffert ?* Il relâcha le jeune homme.

Pierre, incrédule, se laissa retomber sur le tas de roches roses. Duc et Mai restèrent silencieux, comprenant que le miracle attendu était arrivé. Le vieil homme s'assit à côté de Pierre et lui dit, *Tu ne dois poser qu'une seule pierre dans cette église, les autres, jette-les dans le fleuve.* Mai dit à son grand-père, *Sois gentil avec lui, laisse-le comprendre.* Le grand-père, faisant un signe net, *Il a déjà compris, dans le sommeil il est déjà venu ici tant de fois.* Le vieillard prit les mains de Pierre et, le relevant, le conduisit par le transept devant l'église, là où la colline plongeait dans les eaux. Puis Pierre, le vieillard, Duc et Mai à leur suite, allèrent vers la muraille bâtie entre la végétation et l'église. Au centre du mur, une pierre semblait manquer, à dessein. Face à la confluence, ils trouvèrent une roche gravée où ils purent lire, inscrit en français,

Ici repose le secret des fleuves,
le livre à brûler de Li Wen – 1953, P. MOTTON

Pierre éprouva une sorte de stupeur. Mai lui entoura les épaules de ses bras, comme pour le retenir. Le vieillard dit,

Tu n'as pas sommeil, Pierre, tu as vaincu la mort, tu as appris la voie de la nage. Tu as cru que c'était une malédiction ? Te voilà abreuvé de l'infini, te voilà assis dans l'oubli. Difficilement, le vieillard s'accroupit devant lui, fit un signe de prosternation puis, se relevant, demanda à Mai et Duc de repartir. Ils pourraient revenir demain, à l'aube. Les deux amis, éberlués, sans un mot, reprirent la route avec la vieille Ape. Ils passèrent la rivière à bord du bac et jetèrent un dernier regard sur l'îlot verdoyant. Ils se sentaient lourds d'un secret mais n'auraient pas su dire de quoi il s'agissait.

Pierre était désormais seul avec le vieux bonze. Celui-ci l'entraîna vers l'intérieur de l'église, désigna dans la pile la pierre où étaient enfouies les cendres et, ensemble, ils la portèrent sur le mur où elle manquait. Le vieillard laissa Pierre la déposer tout en déclamant, *Heureux les affligés car ils seront consolés*... Puis, se tournant, prit la direction de la pente proche. Descendant la colline parmi les arbres, il partit ensuite vers le Bassac. Pierre, assis sur la muraille, regarda la forme blanche de sa tunique disparaître entre les arbres, puis, au loin, aperçut brièvement le vieil homme qui défit son vêtement, l'abandonna sur la berge et plongea dans l'eau. En quelques foulées, il s'éclipsa finalement à la confluence des deux rivières, dans un nuage trouble d'alluvions. Le soir commençait à venir sur la plaine du delta. Les fleurs bleuissaient, les lierres se resserraient sur les roches. Le soupir nocturne de l'eau montait en alizé. Une lune gibbeuse apparut dans une voûte encore confuse de nuages.

Bientôt, l'obscurité rampa sur les prairies et les rizières, noircissant les rivages comme les feuilles d'un livre. Le vent des plaines caressait ce monde insensible, immémorial. Pierre se laissa aspirer. Avant de s'enfuir à son tour, de rejoindre les nuits et les jours à jamais inscrits dans le fleuve, il posa une main sur la pierre nouvellement posée. Il ferma les yeux et le passé apparut.

Note de l'auteur

Claude-Bernard Aubert, né en 1930 et mort en 2018 à l'âge de quatre-vingt-huit ans, est un réalisateur français. Son premier long-métrage, *Patrouille de choc* – dont les premières lignes de la voix off sont reprises dans ce texte –, s'appelait originellement *Patrouille sans espoir*. Le titre a été modifié, la fin également. La censure reprochait au film une coloration trop négative sur le conflit indochinois. Il sort en salle en 1957. Par la suite, Claude-Bernard Aubert s'engage financièrement comme producteur sur le long-métrage *L'Aigle et la Colombe*. Diffusé uniquement au cinéma du Panthéon, le film emporte le réalisateur dans une longue traversée du désert, financièrement comme artistiquement. Peu après, il se lance dans le cinéma pornographique sous le pseudonyme de Burd Tranbaree.

Linda Williams, née en 1964 et morte en 2010 à l'âge de quarante-cinq ans, est une chanteuse française. À l'aide du producteur Romano Musumarra, elle sort en 1989 l'album (et le single du même titre) *Traces*. La chanson connaît un succès encourageant. La suite de sa carrière est plus difficile. En 2020, elle se donne la mort à Orvieto, petite ville d'Ombrie. Sur Wikipédia, il est rapporté qu'elle s'est suicidée « à cause d'une vie trop difficile à vivre ». Je n'ai jamais trouvé la source exacte de ces propos.

Nino Ferrer, né en 1934 et mort en 1988 à l'âge de soixante-trois ans, est un chanteur et producteur français. À Paris, dans les années 1950, Nino Ferrer s'essaie au jazz, au rock. Les années 1960 font de lui la star que l'on connaît. Hanté par l'ambition esthétique, influencé par le rock progressif italien, Nino Ferrer veut pourtant rapidement faire oublier ses succès. Il enchaîne les disques plus expérimentaux les uns que les autres, sans obtenir la reconnaissance espérée. Il finit par se retirer de la scène pour s'installer dans une villa dans le Lot. En 1988, il prépare son dernier album *Suite et fin*. Laissant inachevée cette œuvre, il se suicide à l'aide d'un fusil la même année.

Née en 1959, Dominique T., dite Marilyn Jess, ou encore Patinette, est une actrice pornographique française. Elle est l'une des figures majeures du milieu pornographique français des années 1970. Elle tourne notamment pour Claude-Bernard Aubert (*La Grande Mouille*, 1979). Dans *Gamines en chaleur* de Jean Rollin (1979), elle se met en scène avec Didier Humbert, son amant d'alors. Elle rencontre ce dernier lorsqu'elle n'a que seize ans. Le motard Humbert emmène l'adolescente en virée et profite de ce périple pour prendre d'elle et lui des photos dénudées. Ces photos sont repérées lors de leur développement et la toute jeune fille débute peu de temps après sur les plateaux. En 1987, l'actrice met fin à sa carrière.

Les citations et références du *Tchouang-Tseu* sont issues de l'œuvre de Jean-François Billeter. Le penseur de mon invention

Li Wen est en réalité inspiré des travaux du même Billeter sur Li Zhi : le prénom est formé de la transcription de 自问 (tseu wen), concept utilisé par Li Zhi. Ce dernier, véritable auteur du *Livre à brûler* ainsi que du *Livre à cacher* sous les Ming, fut un défenseur immodéré de la littérature en langue commune, que nous aimons appeler *le roman*.

*

Outre les destins ci-dessus mentionnés, *Sarabandes X* est une tentative d'exaucer ma croyance en cette étrange invention qu'est la littérature. Ce roman, très librement inspiré de ces vies, est résolument de l'ordre de la fiction. Il me semble requis qu'on admette que les notices biographiques trouvées sur Internet puissent, à leur tour, rêver.

Roman, rêve, rivière : trois mots emmêlés. Trois idéogrammes que j'aimerais avoir tenus ici presque indissociables tant ils m'apparaissent reproduire le même geste : les romans sont des rivières qui rêvent – et inversement.

RÉALISATION : NORD COMPO À VILLENEUVE-D'ASCQ
ACHEVÉ D'IMPRIMER SUR ROTO-PAGE
PAR L'IMPRIMERIE FLOCH À MAYENNE
DÉPÔT LÉGAL : JANVIER 2025. N° 156490 (105757)
IMPRIMÉ EN FRANCE